Die Anwendbarkeit des *forum non conveniens* im deutschen und europäischen Zivilverfahrensrecht

Schriften zum internationalen Privat- und Verfahrensrecht

Herausgegeben von Rainer Hausmann
und Astrid Stadler

Band 13

PETER LANG
Frankfurt am Main · Berlin · Bern · Bruxelles · New York · Oxford · Wien

Monika König

Die Anwendbarkeit des *forum non conveniens* im deutschen und europäischen Zivilverfahrensrecht

PETER LANG
Internationaler Verlag der Wissenschaften

Bibliografische Information der Deutschen Nationalbibliothek
Die Deutsche Nationalbibliothek verzeichnet diese Publikation in der Deutschen Nationalbibliografie; detaillierte bibliografische Daten sind im Internet über http://dnb.d-nb.de abrufbar.

Zugl.: Konstanz, Univ., Diss., 2011

1. Referent: Professor Dr. Rainer Hausmann
2. Referent: Professor Dr. Christoph Althammer
Tag der mündlichen Prüfung: 18. August 2011

D 352
ISSN 1862-099X
ISBN 978-3-631-63126-3

www.peterlang.de

Vorwort

Die vorliegende Arbeit wurde im Sommersemester 2011 von dem Fachbereich Rechtswissenschaften der Universität Konstanz als Doktorarbeit angenommen. Das Manuskript wurde im Frühjahr 2011 abgeschlossen. Wichtige Veröffentlichungen wurden bis Ende des Jahres 2011 berücksichtigt.

Mein besonderer Dank gilt Herrn Professor Dr. Rainer Hausmann für die wertvolle Betreuung dieser Arbeit und darüber hinaus für die lehrreichen Jahre als wissenschaftliche Mitarbeiterin an seinem Lehrstuhl. Danken möchte ich ferner Herrn Professor Dr. Christoph Althammer für die Übernahme und Erstellung des Zweitgutachtens.

Schließlich danke ich meinen Eltern, die mich in all den Jahren meiner Ausbildung stets verständnisvoll unterstützt haben.

Stuttgart, im Februar 2012 Monika König

Inhaltsübersicht

Inhaltsverzeichnis

Abkürzungsverzeichnis

a.A.	anderer Ansicht
ABl.	Amtsblatt
Abs.	Absatz
A.C.	Law Reports, Appeal Cases
AcP	Archiv für die civilistische Praxis
a.E.	am Ende
AEUV	Vertrag über die Arbeitsweise der Europäischen Union
AG	Amtsgericht
All ER	All England Law Reports
Anh.	Anhang
Anm.	Anmerkung
AnwK-BGB	Anwaltkommentar BGB
Art.	Artikel
Aufl.	Auflage
AWD	Außenwirtschaftsdienst des Betriebs-Beraters
BayObLG	Bayerisches Oberstes Landesgericht
B.C.C.	British Company Law Cases
Bd.	Band
BGB	Bürgerliches Gesetzbuch
BGBl.	Bundesgesetzblatt
BGH	Bundesgerichtshof
BGHZ	Entscheidungen des Bundesgerichtshofs in Zivilsachen
Brüssel I-VO/ EuGVO/EuGVVO	Verordnung (EG) Nr. 44/2001 des Rates über die gerichtliche Zuständigkeit und die Anerkennung und Vollstreckung von Entscheidungen in Zivil- und Handelssachen vom 22. 12. 2000
Brüssel II *bis*-VO/ EheVO/EheGVO/ EheGVVO/EuEheVO	Verordnung (EG) Nr. 2201/2003 des Rates über die Zuständigkeit und die Anerkennung und Vollstreckung von Entscheidungen in Ehesachen und in Verfahren betreffend die elterliche Verantwortung und zur Aufhebung der Verordnung (EG) Nr. 1347/2000 vom 27. 11. 2003

BT-Drucks.	Drucksache des Deutschen Bundestages
BVerfG	Bundesverfassungsgericht
BVerfGE	Entscheidungen des Bundesverfassungsgerichtes
bzw.	beziehungsweise
C.A.	Court of Appeal
Cal.	California Reports
Calif. L. Rev.	California Law Review
Ch.	Law Reports, Chancery Division (3rd Series)
Ch. D.	Law Reports, Chancery Division (2nd Series)
CLC	Commercial Law Cases
C.P.R.	Civil Procedure Rules
ders.	derselbe
DWiR	Deutsche Zeitschrift für Wirtschaftsrecht
DZWiR	Deutsche Zeitschrift für Wirtschaftsrecht
E.C.C.	European Commercial Cases
EG	Europäische Gemeinschaften
EGBGB	Einführungsgesetz zum Bürgerlichen Gesetzbuch
EGV	Vertrag zur Gründung der Europäischen Gemeinschaft
EMRK	Menschenrechtskonvention des Europarates
endg.	endgültig
Ent.L.R.	Entertainment Law Review
EPS	Europejski Przegląd Sądowy
EU	Europäische Union
EuErbVO	Vorschlag für eine Verordnung des Europäischen Parlaments und des Rates über die Zuständigkeit, das anzuwendende Recht, die Anerkennung und die Vollstreckung von Entscheidungen und öffentlichen Urkunden in Erbsachen sowie zur Einführung eines Europäischen Nachlasszeugnisses v. 14. 10. 2009
EuGH	Europäischer Gerichtshof
EuGHE	Entscheidungssammlung des EuGH
EuGVÜ	Brüsseler EWG-Übereinkommen über die gerichtliche Zuständigkeit und die Vollstreckung gerichtlicher Entscheidungen in Zivil- und Handelssachen vom 27. 9. 1968
EuLF	The European Legal Forum
Eur.L.Rev.	European Law Review

EuZPR	Europäisches Zivilprozessrecht
EuZVR	Europäisches Zivilverfahrensrecht
EuZW	Europäische Zeitschrift für Wirtschaftsrecht
EWHC	England & Wales High Court
EWiR	Entscheidungen zum Wirtschaftsrecht
f.	(und) folgende (Seite)
FamFG	Gesetz über das Verfahren in Familiensachen und in den Angelegenheiten der freiwilligen Gerichtsbarkeit
FamRBint	Der Familienrechtsberater international
FamRZ	Zeitschrift für das gesamte Familienrecht
ff.	(und) folgende (Seiten)
FGG-RG	Gesetz zur Reform des Verfahrens in Familiensachen und in den Angelegenheiten der freiwilligen Gerichtsbarkeit
Fn.	Fußnote
FPR	Familie Partnerschaft und Recht
FS	Festschrift
F.Supp.	Federal Supplement
FuR	Familie und Recht
F.3d	Federal Reporter, Third Series
GG	Grundgesetz
GPR	Zeitschrift für das Gemeinschaftsprivatrecht
GRUR Int.	Gewerblicher Rechtsschutz und Urheberecht – Internationaler Teil
Harv. L. Rev.	Harvard Law Review
Hdb.	Handbuch
Hk	Handkommentar
H.L.	House of Lords
h.M.	herrschende Meinung
Hrsg.	Herausgeber
ICLQ	International and Comparative Law Quarterly
IESC	Supreme Court of Ireland Decisions
I.L.Pr.	International Litigation Procedure
IPRax	Praxis des Internationalen Privat- und Verfahrensrechts
IPRspr.	Die deutsche Rechtsprechung auf dem Gebiete des Internationalen Privatrechts

IRV	Internationaler Rechtsverkehr
i. V. m.	in Verbindung mit
IZPR	Internationales Privatrecht
IZVR	Internationales Zivilverfahrensrecht
J.B.L.	Journal of Business Law
J.Pr.I.L.	Journal of Private International Law
JR	Juristische Rundschau
JURA	Juristische Ausbildung
jurisPR-FamR	juris Praxisreport Familienrecht
JZ	Juristenzeitung
Kap.	Kapitel
K.B.	Law Reports, King's Bench
KG	Kammergericht
KGR	KG-Report Berlin Schnelldienst zur Zivilrechtsprechung des Kammergerichts
kpc	kodeks postępowania cywilnego
LG	Landgericht
lit.	Litera
Lloyd's Rep.	Lloyd's Law Reports
Lloyd's M.C.L.Q.	Lloyd's Maritime and Commercial Law Quarterly
L.Q.R	The Law Quarterly Review
Ltd.	Limited (Private Limited Company by Shares oder Private Limited Company by Guarantee)
MDL	Multidistrict Litigation
Mio.	Million(en)
MittBayNot	Mitteilungen des Bayerischen Notarvereins, der Notarkasse und der Landesnotarkammer Bayerns
m.w.N.	mit weiteren Nachweisen
NCPC	Nouveau Code de procédure civile
NILR	Netherlands International Law Review
NJW	Neue Juristische Wochenschrift
Nr.	Nummer
NZG	Neue Zeitschrift für Gesellschaftsrecht

OLG	Oberlandesgericht
Oxford J.L.S.	Oxford Journal of Legal Studies
PHi	Produkthaftpflicht international
Plc.	Public Limited Company
QB	Law Reports, Queen's Bench (3rd Series)
R.	Rettie, Crawford & Melville, Session Cases
RabelsZ	Rabels Zeitschrift für ausländisches und internationales Privatrecht
RCDIP	Revue critique de droit international privé
RGZ	Entscheidungen des Reichsgerichts in Zivilsachen
RIW	Recht der internationalen Wirtschaft
Rn.	Randnummer
Rs.	Rechtssache
R. S. C.	Rules of the Supreme Court
Rv	Wetboek van Burgerlijke Rechtsvordering
S.	Seite
SchiedsVZ	Zeitschrift für Schiedsverfahren
Sess. Cas. M.	Sessions Cases touching Settlements
Slg.	Sammlung
S.L.T.	Scots Law Times
StA	Das Standesamt
Texas IntLJ	Texas International Law Journal
u.a.	und andere
Urt.	Urteil
U.S.	United States Supreme Court Reports
USC	United States Code
v.	versus, von
Vand. J. Transnat'l L.	Vanderbilt Journal of Transnational Law
vgl.	vergleiche
VO	Verordnung
Vorbem.	Vorbemerkungen

WL	Westlaw
WLR	Weekly Law Reports
z.B.	zum Beispiel
ZErb	Zeitschrift für die Steuer- und Erbrechtspraxis
ZEuP	Zeitschrift für Europäisches Privatrecht
ZEV	Zeitschrift für Erbrecht und Vermögensnachfolge
ZfRV	Zeitschrift für Rechtsvergleichung, Internationales Privatrecht und Europarecht
ZfRvgl.	Zeitschrift für Rechtsvergleichung
ZiP	Zeitschrift für Wirtschaftsrecht
ZPO	Zivilprozessordnung
ZVglRWiss	Zeitschrift für Vergleichende Rechtswissenschaft
ZZP	Zeitschrift für Zivilprozess
ZZP Int.	Zeitschrift für Zivilprozess International

Einleitung

Die *forum non conveniens*-Lehre besagt, dass ein an sich international zuständiges Gericht die Ausübung seiner Zuständigkeit ablehnen kann, wenn es der Ansicht ist, dass die Gerichte eines anderen Staates besser geeignet sind, das Verfahren durchzuführen. Hierbei steht dem Gericht ein erheblicher Ermessensspielraum zu. Die Ursprünge der Lehre reichen bis nach Schottland ins 17. Jahrhundert zurück. Zunächst erfolgte eine Übernahme der Lehre ins amerikanische Recht, wo sie heute ihre größte Popularität genießt. Nach langem Zögern wurde sie im Verlauf des 20. Jahrhunderts auch in Europa – vor allem in den *common law*-Rechtsordnungen England und Irland – rezipiert und zu einem wichtigen Instrument des Zivilverfahrensrechts ausgebaut. In Kontinentaleuropa hat die Lehre zwar immer wieder von großen Teilen der Literatur Zuspruch erhalten, in der gerichtlichen Praxis jedoch kaum Niederschlag gefunden. In England war die Begeisterung der Gerichte für das neue Rechtsinstitut dagegen so hoch, dass sie sich auch für eine Anwendung der Lehre im Rahmen des damals für England geltenden Europäischen Gerichtsstands- und Vollstreckungsübereinkommens (EuGVÜ)[1] ausgesprochen haben. Die Praxis führte zum heftigen Widerspruch und folgend zu einer Vorlage des *Court of Appeal* an den Europäischen Gerichtshof. In einer Grundsatzentscheidung vom 1. 3. 2005 hat dieser die Vereinbarkeit der Lehre mit der Zuständigkeit aus Art. 2 EuGVÜ verneint.[2] Doch damit wurden nicht alle Unklarheiten beseitigt und die Integration des Rechtsinstituts des *forum non conveniens* ins europäische Zivilverfahrensrecht blieb weiterhin eine spannende Frage. Konfliktpotential liegt vor allem darin, dass die gerichtliche Zuständigkeit im *common law* stark von Ermessenserwägungen abhängt,[3] während das Brüsseler Zuständigkeitssystem kontinentaleuropäisch geprägt ist und damit abstrakt-generelle Regelungen bereithält. Die Möglichkeit der Kor-

---

1 Brüsseler EWG-Übereinkommen über die gerichtliche Zuständigkeit und die Vollstreckung gerichtlicher Entscheidungen in Zivil- und Handelssachen vom 27. 9. 1968. Für das Vereinigte Königreich galt das Übereinkommen in der Fassung des 1. Beitrittsübereinkommens vom 9. 10. 1978 seit dem 1. 1. 1987. In dieser Fassung ist es abgedruckt im ABl. EG 1978 Nr. 304, S. 97. Der Beitritt weiterer Staaten führte zu jeweils neuen Fassungen. Vgl. hierzu *Jayme/Hausmann*, Internationales Privat- und Verfahrensrecht, 14. Auflage, Nr. 151.

2 *EuGH,* Urt. v. 1. 3. 2005, Rs. C-281/02 – *Owusu ./. Jackson u.a.,* Slg. 2005, I-1383 = EuZW 2005, 345.

3 *Mansel,* EuZW 1996, 335, 336 spricht insoweit vom stiltypischen Merkmal dieses Rechtskreises.

rektur europäischer Zuständigkeiten stellt jedoch nicht die einzige Diskussionsplattform für *forum non conveniens*-Aspekte im europäischen Zivilverfahrensrecht dar. Bemerkenswerterweise am selben Tag wie dem der *Owusu*-Entscheidung trat die europäische Verordnung für Ehe- und Kindschaftssachen – die sog. Brüssel II *bis*-VO[4] – in Kraft, die in ihrem Art. 15 eine Regelung enthält, die oft als europarechtliche Ausprägung des *forum non conveniens* bezeichnet wird. Die Vorschrift hat weite Anerkennung gefunden und bereits Vorbildwirkung für eine weitere Regelung des europäischen Verfahrensrechts entfaltet, namentlich den Art. 5 der geplanten Erbrechtsverordnung.[5] Im Folgenden soll den Ursachen für derart diskrepante Reaktionen der Rechtsprechung einerseits und des Verordnungsgebers andererseits nachgegangen und die Frage geklärt werden, welche Zukunftsperspektiven die *forum non conveniens*-Lehre im nationalen und europäischen Kontext noch hat.

Die Arbeit gliedert sich in drei Teile. Der erste Teil behandelt die Entwicklung des *forum non conveniens* im Bereich des autonomen englischen Zuständigkeitsrechts und beleuchtet die Grundzüge seiner Anwendung in der gerichtlichen Praxis. Anschließend erfolgt eine Bewertung des Rechtsinstituts. Die *forum non conveniens*-Lehre kommt im englischen Zivilverfahrensrecht an mehreren Stellen zum Tragen. Die vorliegende Arbeit beschränkt sich auf die Darstellung der Lehre als Mittel zur Korrektur gegebener Zuständigkeiten. Ausgeklammert bleiben grundsätzlich Ermessensspielräume, die bei der Inanspruchnahme der Zuständigkeit über abwesende Beklagte (sog. *forum conveniens*-Fälle) sowie beim Erlass einer *anti-suit injunction* bestehen. Entscheidungen zu diesen Themenkreisen fanden nur insofern Beachtung als sie auch für den klassischen Anwendungsbereich der Lehre bedeutsam sind. Der zweite Teil untersucht die mögliche Bedeutung des *forum non conveniens* für das deutsche Zivilprozessrecht. Hier werden die wenigen vorhandenen Ansätze der Lehre im deutschen Recht veranschaulicht und es wird die Frage geklärt, ob eine generalklauselartige Übernahme des Ermessensinstruments ins deutsche Recht wünschenswert wäre. Der dritte Teil widmet sich schließlich der Anwendbarkeit der Lehre im europäi-

4 Verordnung (EG) Nr. 2201/2003 des Rates über die Zuständigkeit und die Anerkennung und Vollstreckung von Entscheidungen in Ehesachen und in Verfahren betreffend die elterliche Verantwortung und zur Aufhebung der Verordnung (EG) Nr. 1347/2000 vom 27. 11. 2003, ABl. EG 2003 Nr. L 331, S. 1, abgedruckt bei *Jayme/Hausmann,* Internationales Privat- und Verfahrensrecht, Nr. 162.

5 Vorschlag für eine Verordnung des Europäischen Parlaments und des Rates über die Zuständigkeit, das anzuwendende Recht, die Anerkennung und die Vollstreckung von Entscheidungen und öffentlichen Urkunden in Erbsachen sowie zur Einführung eines Europäischen Nachlasszeugnisses vom 14. 10. 2009, KOM (2009) 154 endg., abgedruckt bei *Jayme/Hausmann,* Internationales Privat- und Verfahrensrecht, Nr. 61.

schen Zivilverfahrensrecht. Im Wesentlichen sollen in diesem Abschnitt die Motive der *Owusu*-Rechtsprechung dargestellt und die für die Lehre verbleibenden Anwendungsmöglichkeiten aufgezeigt werden.

Erstes Kapitel: Die Lehre vom *forum non conveniens* im englischen Zivilprozess

I. Begriff und Rechtsnatur

Die Bezeichnung *forum non conveniens* ist eine neulateinische Übersetzung des englischen Begriffs *inconvenient forum*[6] und bedeutet wörtlich übersetzt soviel wie unbequemes oder unpassendes Gericht.[7] Eine allgemeingültige Definition lässt sich nicht finden, da die Lehre aufgrund mannigfaltiger Faktoren[8] in den verschiedenen Rechtsordnungen eine unterschiedliche Entwicklung erfahren hat.[9] Die Ansätze unterscheiden sich nicht nur hinsichtlich der Voraussetzungen der Anwendung der Lehre, sondern auch in Bezug auf deren Reichweite. Die Kernaussage aller Ausprägungen bleibt indes im Wesentlichen identisch: Nach der Lehre vom *forum non conveniens* kann ein Gericht die Ausübung seiner an sich gegebenen Zuständigkeit verweigern, wenn die Gerichte eines anderen Staates besser geeignet sind, das betreffende Verfahren durchzuführen. Rechtstechnisch handelt es sich hierbei um eine Einrede des Beklagten.[10]

II. Zweck

Das Rechtsschutzziel des Beklagten, der sich auf *forum non conveniens* beruft, richtet sich auf eine Aussetzung des inländischen Verfahrens (*stay*).[11] Die Lehre stellt eine richterliche Beschränkung der Wahl des Klägers zwischen verschiedenen Gerichtsständen. Grundsätzlich kann sich der Kläger zwischen mehreren Gerichtsständen entscheiden. Er wird die Wahl regelmäßig zugunsten des Forums

---

6 *Braucher*, 60 Harv. L. Rev. 908, 909.

7 Vgl. etwa PONS-Großwörterbuch Englisch.

8 Als Beispiel hierfür können unter anderem die Auswirkungen der *Spiliada*-Entscheidung genannt werden, vgl. *Spiliada Maritime Corp. v. Cansulex Ltd.* [1987] A.C. 460 (*H.L.*).

9 Verschiedene Definitionen als Beispiele führen *Erwand*, Forum non conveniens und EuGVÜ, S. 67 f. und *Blum*, Forum non conveniens, S. 66 f. auf.

10 *Spiliada Maritime Corp. v. Cansulex Ltd.* [1987] A.C. 460, 474 (*H.L.*).

11 *Cheshire/North/Fawcett*, S. 425 f. Nach einem *stay* kann das Verfahren wiederaufgenommen werden, wenn sich die Umstände des Falles geändert haben, vgl. *Blobel/Späth,* RIW 2001, 598, 599.

treffen, das für ihn mit Hinblick auf den Ausgang des Prozesses am günstigsten erscheint. Die Interessen des Beklagten sowie der Allgemeinheit werden dabei nicht berücksichtigt, was zu unerwünschten Folgen führen kann. So kann es z.B. vorkommen, dass der Streitfall bei einem Gericht ausgetragen wird, das zu einer unmittelbaren Beweisaufnahme nicht in der Lage ist, weil ausländische Zeugen nicht erreichbar sind oder der Lageort von Beweismitteln weit vom Gerichtsort entfernt ist. Darüber hinaus ist es möglich, dass der Wohnsitz des Beklagten oder der Ort des dem Rechtsstreit zugrundeliegenden Geschehens im Ausland liegen. Eine wichtige Rolle können auch öffentliche Interessen spielen. So würde sich die Arbeitsbelastung zwischen den Gerichten unter Umständen ungleichmäßig verteilen, wenn dem Kläger eine unbeschränkte Wahl zwischen den Gerichtsständen zustehen würde: Staaten, deren Gerichte grundsätzlich klägerfreundlich entscheiden, würden mehr Prozesse an sich ziehen als Gerichte anderer Staaten und das unabhängig von deren Eignung zur konkreten Streitentscheidung. Wenngleich in grenzüberschreitenden Fällen die Suche nach einem idealen Gericht wohl ein vergebliches Bemühen[12] darstellt, so ist es zumindest erstrebenswert, das zur konkreten Streitentscheidung am besten geeignete Forum zu finden. Um diesen Zweck zu erreichen, greifen viele Rechtsordnungen auf die *forum non conveniens*-Lehre zurück. Bevor ihre Anwendungspraxis im Einzelnen untersucht wird, soll hier zunächst die Entwicklung dieser Rechtsfigur kurz dargestellt werden.

III. Historische Entwicklung der Lehre

1. Schottland

Der eigentliche Ursprung der Lehre vom *forum non conveniens* ist weitgehend ungeklärt.[13] Als Vorläufer der Lehre wird von den meisten Autoren der Einwand *forum non competens* des schottischen Rechts angesehen.[14] Die ersten Entschei-

---

12 *Nagel/Gottwald*, IZPR, § 3 Rn. 311 unter Berufung auf *Juenger*, FS Voskuil, S. 137, 147. Vgl. auch *Geimer*, IZPR, Rn. 1075.

13 Vgl. *Berger*, RabelsZ 41 (1977) 39, 47; *Dorsel*, Forum non conveniens, S. 41.

14 *Barrett*, Calif. L. Rev. 35 (1946/47) 380, 387; *Blum*, Forum non conveniens, S. 41; *Dorsel*, Forum non conveniens, S. 41; *Gloag/Henderson*, Introduction to the Law of Scotland, Rn. 2.22. Schottland besitzt ein eigenes vom *common law* teilweise stark abweichendes Rechtssystem. Erst mit Beginn des 19. Jahrhunderts ist das zuvor stark kontinentaleuropäisch geprägte Rechtssystem unter den Einfluss des englischen *common law* geraten. Dennoch hat das schottische Recht seinen eigenständigen Charakter bis heute bewahrt. Vgl. hierzu *Zweigert/Kötz*, Einführung in die Rechtsvergleichung, S. 198 ff.

dungen zu *forum non competens* stammen aus dem 17. Jahrhundert. In seiner frühesten Form wurde dieser Einwand bei völliger Unzuständigkeit[15] des Gerichts angewandt.[16] Später wandten ihn die Gerichte aber vor allem dann an, um eine an sich gegebene Zuständigkeit nicht auszuüben.[17] So wurde hauptsächlich in Fällen des *arrestment ad fundandam iurisdictionem* von dem Einwand Gebrauch gemacht.[18] Hierbei handelt es sich um eine Institution, die dem Kläger zum Zwecke der Zuständigkeitsbegründung die Beschlagnahme von in Schottland belegenen Vermögensgegenständen des auswärtigen Beklagten erlaubte.[19] Hatte ein Fall außer der Belegenheit des Vermögens des Beklagten keinerlei Beziehungen zum Gerichtsstaat, so konnte das Gericht die Ausübung gegebener Zuständigkeit aus Billigkeitserwägungen verweigern. Darüber hinaus wurde der Einwand aber auch in Fällen der *in-personam*-Zuständigkeit[20] zugelassen.[21]

Ende des 19. Jahrhunderts wurde schließlich der Begriff *forum non competens* durch den zutreffenderen des *forum non conveniens* ersetzt. Für die Praxis als wichtigster Fall, aus dem sich die Grundsätze für die Anwendung der Lehre auch heutzutage noch ergeben, gilt die Entscheidung *Société du Gaz de Paris v. „Les Armateurs Français“*.[22] Das Gericht entschied dort, dass eine Klageabweisung dann zulässig sei, wenn ein anderes zuständiges Gericht gegeben ist, bei dem der Rechtsstreit besser im Interesse der Parteien und der Gerechtigkeit ausgetragen

15 Dies entspricht auch der genauen Übersetzung des lateinischen Ausdrucks *forum non competens*, vgl. etwa PONS-Wörterbuch für Schule und Studium Latein-Deutsch.

16 *Abbott,* 18 Vand. J. Transnat'l L. 111, 114 (1985); *Braucher*, 60 Harv. L. Rev. 908, 909 f. (1947).

17 Als eine der ersten Entscheidungen, in der sich ein zuständiges Gericht mit der Frage befasste, ob es geeignet ist, in der Sache zu entscheiden, gilt *Clements v. Macaulay* (1866) 4 Sess. Cas. M. 583. Das Gericht führte aus, dass eine an sich gegebene *jurisdiction* nur bei Vorliegen zwingender Gründe abgelehnt werden dürfe. Ein solcher Grund könne z.B. in der mangelnden Geeignetheit des angerufenen Forums liegen. Im Ergebnis hielt sich hier das Gericht aber für geeignet und wies die auf Rechnungslegung gerichtete Klage zwischen zwei Amerikanern gerade nicht ab. Näher hierzu *Abbott,* 18 Vand. J. Transnat'l L. 111, 115 (1985). Sie auch *Sim v. Robinow* [1892] 19 R. 665, 668.

18 *Berger*, RabelsZ 41 (1977) 39, 48; *Reus*, RIW 1991, 542, 543.

19 Hierzu *Gloag/Henderson,* Introduction to the Law of Scotland, Rn. 2.19.

20 Für die Begründung der *jurisdiction in personam* genügt der übliche Aufenthalt des Beklagten im Inland im Zeitpunkt der Klagezustellung. Darüber hinaus bestimmt sich hier die Zuständigkeit nach dem Sitz der Geschäftsniederlassung oder dem Ort, an dem der Anspruch entstanden ist. Vgl. *Böttger*, Das schottische Zivilprozeß-, Zwangsvollstreckungs- und Konkursrecht, S. 16.

21 *Berger*, RabelsZ 41 (1977) 39, 48.

22 *Société du Gaz de Paris v. Société Anonyme de Navigation » Les Armateurs Français »* (1926) S.L.T. 33.

werden könne.[23] Die darauffolgenden Entscheidungen lassen grundsätzlich eine steigende Bereitschaft der Gerichte erkennen, Klagen wegen *forum non conveniens* abzuweisen. Immer öfter lassen die Gerichte Kriterien in die Entscheidungen einfließen, die früher keine nennenswerte Rolle gespielt haben,[24] was im Ergebnis eine flexiblere Handhabung der Lehre ermöglicht. Das Ziel, ein Gericht zu finden, bei dem sowohl die Partei- als auch die Gerichtsinteressen am besten berücksichtigt werden können, wird im Vergleich zu früheren Entscheidungen weitaus internationaler verstanden. Es geht nicht mehr um die Frage, ob die Beibehaltung der schottischen Gerichtsbarkeit der Gerechtigkeit diene, sondern vielmehr darum, in welchem Forum, unter Abwägung aller Umstände und Interessen, der Gerechtigkeit am ehesten Rechnung getragen werden könne.[25] Prägend für die schottische Variante der Lehre ist mithin insbesondere das Bestreben der Richter, unter mehreren Gerichten das zur Streitentscheidung geeignetste zu finden. Dementsprechend wird der Ansatz oft als *most suitable forum-approach* bezeichnet. Eine Formel, die dem Richter nur in Missbrauchsfällen ein Abweisungsermessen einräumt, sog. *abuse of process-approach*, hat in Schottland dagegen keine Befürworter gefunden.[26]

2. England

a) Grundregeln der internationalen Zuständigkeit der englischen Gerichte

Um die Entwicklung der *forum non conveniens*-Lehre in England näher beleuchten zu können, ist es erforderlich, sich zunächst ein Bild von den Grundregeln des gerichtlichen Zuständigkeitssystems im englischen internationalen Zivilprozessrecht zu machen. Die Regeln werden hier nur insoweit erläutert, als sie für die *forum non conveniens*-Doktrin von Bedeutung sind.

---

23 *Société du Gaz de Paris v. Société Anonyme de Navigation » Les Armateurs Français »* (1926) S.L.T. 33, 38; vgl. auch *Blum*, Forum non conveniens, S. 44; *Dorsel*, Forum non conveniens, S. 42, *Erwand,* Forum non conveniens und EuGVÜ, S. 61 f.; *Gloag/Henderson,* Introduction to the Law of Scotland, Rn. 2.22.

24 Im Fall *Chimique v. James Scott Engineering Group Ltd.* [1982] S.L.T. 131, wurde entgegen der früheren Gerichtspraxis die Klage aufgrund der Anwendbarkeit des ausländischen Rechts auf einen komplexen Sachverhalt abgewiesen. Keine nennenswerte Bedeutung wurde dagegen dem Umstand beigemessen, dass die Klage am Sitz des Beklagten erhoben wurde. Ausführlicher hierzu *Abbott,* 18 Vand. J. Transnat'l L. 111, 121 ff. (1985).

25 Vgl. *Abbott,* 18 Vand. J. Transnat'l L. 111, 125 (1985).

26 Vgl. *Reus,* RIW 1991, 542, 543.

Ein englisches Gericht kann nur dann eine Sachentscheidung treffen, wenn es *jurisdiction*[27] hat. Diese kann sich entweder aus EG-Verordnungen,[28] aus völkervertraglichen Rechtsquellen oder aus traditionellen Regeln ergeben.[29] Mit zunehmender Europäisierung des internationalen Zivilprozessrechts nimmt zwar die Bedeutung der traditionellen Regeln ab. Die *forum non conveniens*-Doktrin wurde zunächst einmal jedoch nur im Bereich der traditionellen Regeln relevant, so dass die vorliegende Arbeit in erster Linie diese erörtert. Auf die Entwicklungen im Gemeinschaftsrecht soll an einer späteren Stelle näher eingegangen werden.[30]

Die traditionellen Regeln wurden durch die Rechtsprechung entwickelt und sind nunmehr in den Civil Procedure Rules 1998[31] kodifiziert. Sie unterscheiden im Wesentlichen zwischen zwei Klagearten: den *actions in personam* und den *actions in rem*. Die Bestimmung der Zuständigkeit gestaltet sich bei beiden Klagearten unterschiedlich.

aa) Actions in rem

Die *action in rem* soll den Gläubiger aus der Sache befriedigen, indem diese mit einem Arrest belegt und sodann verwertet wird. Sie ist auf Streitigkeiten über Schiffe, deren Ladung und Zubehör vor dem Admiralty Court des *High Court* in London begrenzt.[32] Für *forum non conveniens*-Erwägungen besteht in ihrem Anwendungsbereich kein Raum,[33] so dass sich die nachfolgenden Ausführungen ausschließlich mit der *action in personam* befassen.

---

27 *Jurisdiction* wird allgemein als die Fähigkeit eines Gerichts, einen Rechtsstreit zu verhandeln und zu entscheiden definiert. Der Begriff umfasst daher sowohl die Gerichtsbarkeit als auch die Zuständigkeit. Vgl. *Dietl/Lorenz,* Wörterbuch für Recht, Wirtschaft und Politik. Ausführlicher hierzu *Blum,* Forum non conveniens, S. 20.

28 Die wichtigste Stellung nimmt hierbei die Verordnung (EG) Nr. 44/2001 des Rates über die gerichtliche Zuständigkeit und die Anerkennung und Vollstreckung von Entscheidungen in Zivil- und Handelssachen vom 22. 12. 2000 ein; ABl. EG 2001 Nr. L 12, S. 1; abgedruckt bei *Jayme/Hausmann,* Internationales Privat- und Verfahrensrecht, Nr. 160. Im Folgenden soll diese mit Brüssel I-VO bezeichnet werden.

29 *Cheshire/North/Fawcett,* S. 199; *Morris/McClean/Beevers,* Rn. 4-007.

30 Siehe Kap. 3.

31 In Kraft seit dem 26. 4. 1999.

32 *Cheshire/North/Fawcett,* S. 414.

33 In der Praxis erlangt die *action in rem* allerdings dadurch eine große Bedeutung, dass in den meisten Fällen das arrestierte Schiff gegen eine Sicherheitsleistung und eine Unterwerfung des Beklagten unter die englische Gerichtsbarkeit freigegeben und das Verfahren als eine *action in personam* fortgeführt wird. Vgl. *Dicey, Morris and Collins,* Rn. 13-003.

bb) Actions in personam

Als *actions in personam* bezeichnet man demgegenüber Klagen gegen eine Person mit dem Ziel der Verurteilung zu einer Leistung. Ausgenommen sind indes Verfahren, die keine *action* im eigentlichen Sinne darstellen. Dazu zählen unter anderem Streitigkeiten in Ehe- und Kindschaftsangelegenheiten sowie Insolvenz- und Schiedsgerichtsverfahren.[34]

Das besondere Merkmal der *action in personam* ist ihr rein prozessualer Charakter. Die Zuständigkeit der Gerichte ist hier stets von der Zustellung des klageeinleitenden Schriftstücks (*claim form*)[35] abhängig.[36] Die Zustellungsmöglichkeiten sind in Part 6 der Civil Procedure Rules 1998[37] geregelt. Ist danach eine Zustellung möglich, so ist auch die Zuständigkeit der Gerichte gegeben. Die genauen Voraussetzungen der Zustellung und somit der Zuständigkeitsbegründung hängen davon ab, ob der Beklagte in England anwesend ist oder nicht.

(1) Zuständigkeit gegen einen anwesenden Beklagten

Im Grundsatz ist für eine rechtmäßige Zustellung und damit für eine Zuständigkeitsbegründung die Anwesenheit des Beklagten in England im Zeitpunkt der Zustellung notwendig aber auch ausreichend. Auf die Dauer des Aufenthalts sowie auf einen Aufenthaltswillen kommt es dabei nicht an.[38] Dieser Ansatz wird allgemein als die *transient rule* bezeichnet.[39]

---

34 Vgl. *Dicey, Morris and Collins,* Rn. 11-002.

35 Früher bekannt unter den Begriffen *writ of summons* oder *originating summons.*

36 *Cheshire/North/Fawcett,* S. 353; *Morris/McClean/Beevers,* Rn. 5-002.

37 Abrufbar unter: http://www.justice.gov.uk/civil/procrules_fin/menus/rules.htm (zuletzt abgerufen am 26. 2. 2012).

38 Dies kann unter Umständen zur Folge haben, dass die *jurisdiction* nur aufgrund vorübergehender Anwesenheit des auswärtigen Beklagten in England begründet wird und das Gericht einen Fall zu entscheiden hat, der keinerlei Verbindungen zu England aufweist. Vgl. *Cheshire/North/Fawcett,* S. 355. Sehr oft wird in diesem Zusammenhang der Fall *Maharanee of Baroda v. Wildenstein* (1972) 2 QB 283 (*C.A.*) zitiert, in dem die Zuständigkeit auf Klagezustellung während eines Besuchs eines Ausländers auf dem Pferderennen von Ascot basierte. Ausführlicher hierzu *Morris/McClean/Beevers,* Rn. 5-003; *Niegisch,* Mehrspurigkeit des Internationalen Zivilverfahrensrechts in den Mitgliedstaaten der Europäischen Gemeinschaft am Beispiel des Vereinigten Königreiches: Die Doktrin *forum non conveniens* und das EuGVÜ, S. 51.

39 Vgl. *Dorsel,* Forum non conveniens, S. 40; *Niegisch,* Mehrspurigkeit des Internationalen Zivilverfahrensrechts in den Mitgliedsstaaten der Europäischen Gemeinschaft am Beispiel des Vereinigten Königreiches: Die Doktrin forum non conveniens und das EuGVÜ, S. 50 f.; *Schack,* IZVR, Rn. 468 und 561. Im Geltungsbereich der Brüssel I-VO kann die *transient rule* als exorbitante Zuständigkeitsvorschrift dann nicht geltend gemacht werden, wenn der Beklagte einen Wohnsitz in einem Mitgliedstaat hat, Art. 3 II Brüssel I-VO in Verbindung mit Anhang I.

Im Falle einer *partnership* stehen dem Kläger zwei Möglichkeiten offen: Er kann die Klageschrift entweder an einen der Partner, der in England anwesend sein muss, oder an den Hauptsitz der *partnership* zustellen lassen. Im letztgenannten Fall muss die Klage am inländischen Hauptsitz der Gesellschaft einem Partner, einer geschäftsführenden Person oder einer Person, die die Kontrolle über die *partnership* ausübt, zugestellt werden.[40]

Für rechtsfähige Gesellschaften (*companies*) finden sich Regelungen im Companies Act 2006[41] und in Part 6 der Civil Procedure Rules. Eine Gesellschaft, die nach dem Companies Act 2006 in England registriert ist, gilt als in England anwesend und kann verklagt werden. Die Klageschrift wird am registrierten Sitz der Gesellschaft zugestellt.[42] Besondere Regeln gelten für außerhalb Englands gegründete Gesellschaften (sog. *overseas companies*).[43]

(2) Zuständigkeit gegen einen auswärtigen Beklagten

Damit auch Personen, die sich nicht in England aufhalten, in Fällen mit Inlandsbezug der englischen Rechtsprechung unterworfen werden können, wurde die sog. *assumed jurisdiction*[44] entwickelt. Darüber hinaus wird die Zuständigkeit gegen einen auswärtigen Beklagten auch für den Fall anerkannt, dass sich dieser der Zuständigkeit der englischen Gerichte persönlich unterwirft.[45] Die *assumed jurisdiction* ist gegenwärtig in rule 6.33 sowie in den rules 6.36/6.37 der Civil Procedure Rules 1998[46] geregelt.[47] Die rule 6.33 betrifft Fälle, in denen eine gerichtliche Erlaubnis zur Klagezustellung im Ausland nicht notwendig ist. Hierzu zählen zum einen Streitigkeiten, die in den Anwendungsbereich der Brüssel I-VO[48]

---

40 Civil Procedure Rules, rule 6.5 (3) (c). Besonderheiten gelten für eine *limited partnership*, Civil Procedure Rules, rule 6.3 (3). Ausführlicher hierzu *Cheshire/North/Fawcett*, S. 357 f.

41 Abrufbar unter: http://www.legislation.gov.uk/ukpga/2006/46/pdfs/ukpga_20060046_en.pdf (zuletzt abgerufen am 26. 2. 2012).

42 Companies Act 2006, section 1139 (1).

43 Hierzu Companies Act 2006, Part 34.

44 *Cheshire/North/Fawcett*, S. 372. Teilweise ist auch die Bezeichnung *extended jurisdiction* gebräuchlich, vgl. *Jasper*, Forum shopping in England und Deutschland, S. 34; *Morris/McClean/Beevers*, Rn. 5-011 ff.

45 Näher hierzu *Cheshire/North/Fawcett*, S. 370 ff.; *Morris/McClean/Beevers*, Rn. 5-010. *Niegisch*, Mehrspurigkeit des Internationalen Zivilverfahrensrechts in den Mitgliedsstaaten der Europäischen Gemeinschaft am Beispiel des Vereinigten Königreiches: Die Doktrin forum non conveniens und das EuGVÜ, S. 55.

46 Im Folgenden nur als rule 6.33 bzw. rules 6.36/6.37 bezeichnet.

47 Die *assumed jurisdiction* wurde zunächst durch den Common Law Procedure Act 1852 eingeführt; danach fand sich die Regelung in Order 11 der Rules of the Supreme Court wieder. Die Civil Procedure Rules gelten seit dem 26. 04. 1999.

48 Siehe Fn. 28.

bzw. des Lugano-Übereinkommes[49] fallen und zum anderen Fälle, in denen das englische Gericht aufgrund bestimmter spezieller Gesetze zur Entscheidung berufen ist.[50] In allen anderen Konstellationen muss der Zustellung nach Maßgabe der rules 6.36/6.37 eine gerichtliche Genehmigung vorangehen. Die Voraussetzungen, unter denen eine Genehmigung erfolgen kann, werden enumerativ in paragraph 3.1 Practice Direction 6B aufgezählt.[51]

Während bei der Zuständigkeit aufgrund des schlichten Aufenthaltes im Inland dem Richter keinerlei Ermessen hinsichtlich der Frage zukommt, ob *jurisdiction* gegeben ist oder nicht, steht dem Gericht in den rule 6.36-Fällen grundsätzlich ein erheblicher Ermessensspielraum zu. Für die Ausübung des Ermessens kommt es maßgeblich auf die Frage an, ob das angerufene Gericht *forum conveniens* ist.[52] Das angerufene englische Gericht muss also zur Durchführung des Verfahrens besser geeignet sein als ein ebenfalls zuständiges ausländisches Forum. Bei der Prüfung der Eignung werden vor allem die Natur des Rechtsstreits, die Verfügbarkeit von Zeugen, die Beweisnähe sowie die Verfahrenskosten berücksichtigt.[53] Nach der Rechtsprechung hat der mit dem Fall befasste Richter bei der Prüfung dieser Kriterien vier Leitlinien zu beachten. Zum einen ist bei der Auslandszustellung äußerste Zurückhaltung geboten,[54] denn sie ist geeignet, fremdstaatliche Interessen zu tangieren und damit gegen den Grundsatz des völkerrechtsfreundlichen Verhaltens zu verstoßen.[55] Zweitens dürfen Zweifel

49 Luganer Übereinkommen über die gerichtliche Zuständigkeit und die Vollstreckung gerichtlicher Entscheidungen in Zivil- und Handelssachen vom 30. 10. 2007, ABl. EU 2009 Nr. L 147, S. 5, abgedruckt bei *Jayme/Hausmann*, Internationales Privat- und Verfahrensrecht, Nr. 152.

50 *Cheshire/North/Fawcett*, S. 412.

51 Ebenfalls abrufbar unter: http://www.justice.gov.uk/guidance/courts-and-tribunals/courts/procedure-rules/civil/menus/rules.htm (zuletzt abgerufen am 26. 2. 2012). Die Klagezustellung außerhalb Englands – also der sogenannte *service out of the jurisdiction* – ist insbesondere dann zulässig, wenn der Beklagte sein *domicile* in England hat, wenn Ansprüche aus einem Vertrag geltend gemacht werden, der in England oder durch einen dort wohnenden Vertreter geschlossen wurde, der englischem Recht unterliegt oder in dem die internationale Zuständigkeit englischer Gerichte vereinbart wurde. Darüber hinaus kann die Erlaubnis einer Auslandszustellung auch dann erfolgen, wenn die Klage unbewegliches Vermögen zum Gegenstand hat oder der Kläger ein Handeln oder Unterlassen innerhalb Englands im Wege einer einstweiligen Verfügung begehrt. Außerdem kann auch eine unerlaubte Handlung in England Anknüpfungspunkt sein. Eine abschließende Aufzählung mit Erläuterungen findet sich bei *Morris/McClean/Beevers,* Rn. 5-016 ff.

52 *Cheshire/North/Fawcett,* S. 399 f.; *Morris/McClean/Beevers,* Rn. 5-013.

53 Vgl. *Spiliada Maritime Corp. v. Cansulex Ltd.* [1987] A.C. 460, 478 ff. (*H.L.*) in Anlehnung an die Ausführungen von *Lord Wilberforce* in *Amin Rasheed Shipping Corp. v. Kuwait Insurance Co.* [1984] A.C. 50, 72 (*H.L.*).

54 *Mackender v. Feldia AG* [1967] 2 QB 590, 599.

55 Hierzu *Fawcett,* (1989) 9 Oxford J.L.S. 205, 209.

nicht zu Lasten des Beklagten gehen.[56] Drittens muss der Kläger, wenn das Genehmigungsverfahren ohne Beteiligung des Beklagten stattfindet, vollständig alle relevanten Tatsachen vortragen[57] und zuletzt wird nach der Rechtsprechung die Genehmigung einer Auslandszustellung dann abgelehnt, wenn der Fall zwar unter den Wortlaut der rules 6.36/6.37 fällt, jedoch mit dem Sinn und Zweck des Gesetzgebers nicht zu vereinbaren ist.[58] Die Prüfung dieser Kriterien ist im Grunde dieselbe, die auch im Vorfeld der Anwendung der *forum non conveniens*-Doktrin vorzunehmen ist.[59] Dennoch unterscheiden sich die beiden Rechtsinstitute voneinander. In den *forum conveniens*-Fällen hält sich das angerufene Gericht für das angemessene Gericht; in den *forum non conveniens*-Fällen geht das angerufene Gericht dagegen davon aus, dass es selbst das unangemessene Gericht ist.[60] Unterschiedlich ist darüber hinaus die Beweislastverteilung. In der erstgenannten Fallgruppe muss der Kläger die Eignung des Gerichts beweisen, in der zweiten trägt dagegen der Beklagte die Beweislast für die fehlende Eignung des angerufenen Gerichts.[61]

Zusammenfassend lässt sich festhalten, dass die rule 6.36/6.37-Fälle im Zuständigkeitsgefüge des englischen internationalen Zivilprozessrechts insofern eine besondere Stellung einnehmen, als sie dem Richter einen – dem *forum non conveniens* weitgehend ähnlichen – Ermessensspielraum hinsichtlich der Prüfung der Zuständigkeitsfrage gewähren. Für eine Anwendung der klassischen *forum non conveniens*-Doktrin bleibt damit Raum nur in Fällen einer eigentlich ohne Ermessen des Gerichts begründeten Zuständigkeit. Nach dem oben Ausgeführten sind dies die Zuständigkeit aufgrund des schlichten Aufenthaltes, der Unterwerfung des Beklagten oder nach den wenigen Varianten der *assumed jurisdiction*, in denen eine gerichtliche Zulassung der Zustellung unterbleiben darf. Inwieweit für diese Fälle eine Übernahme der *forum non conveniens*-Doktrin durch die englischen Gerichte erfolgte, soll nun im Folgenden dargestellt werden.

b) Herausbildung der englischen *forum non conveniens*-Lehre

In England vollzog sich die Entwicklung einer *forum non conveniens*-Doktrin in mehreren Schritten. Lange Zeit lehnten zwar die englischen Gerichte immer wieder ihre Zuständigkeit aufgrund Ermessens ab, doch wagten sie nicht, ihre Entscheidung auf die *forum non conveniens*-Lehre zu stützen. Anfangs war die-

56 *The Siskina* [1979] A.C. 210, 254 f.

57 Vgl. *Morris/McClean/Beevers*, Rn. 5-013 m.w.N.

58 Siehe z.B. *Johnson v. Taylor Brothers* [1920] A.C. 144, 153.

59 So auch *Morris/McClean/Beevers*, Rn. 5-013.

60 So auch *Jasper*, Forum shopping in England und Deutschland, S. 65.

61 So ausdrücklich in *Spiliada Maritime Corp. v. Cansulex Ltd.* [1987] A.C. 460, 480 (*H.L.*).

ses Ermessen auch vergleichsweise sehr eng gefasst.[62] Prozessabweisungen erfolgten nur unter *lis alibi pendens*-Gesichtspunkten, namentlich in Fällen, in denen bereits vor anderen Gerichten eine Klageerhebung erfolgt war.[63] Auch inhaltlich wies der englische Ansatz Unterschiede im Vergleich zum schottischen auf. Während in Schottland nach dem Forum gesucht wurde, welches unter mehreren zuständigen am geeignetsten erschien, stellten die englischen Richter insbesondere darauf ab, ob die Klageerhebung einen Rechtsmissbrauch darstelle. So wurde die Aussetzung (*stay*) eines Verfahrens in England sowohl in *lis alibi pendens*-Fällen als auch später in Fällen ohne doppelte Rechtshängigkeit lange Zeit nur dann gewährt, wenn die Klage für den Beklagten schikanös und bedrängend oder rechtsmissbräuchlich („vexatious or oppressive" bzw. „an abuse of process")[64] war. Die entscheidende Prägung erhielt die Lehre erst durch das Urteil *Spiliada Maritime Corporation v. Cansulex Ltd.* aus dem Jahre 1986.[65] Die Einzelheiten des Entwicklungsprozesses der englischen *forum non conveniens*-Lehre bis zu dieser Entscheidung werden nun in den folgenden Abschnitten näher umschrieben.

aa) Logan v. Bank of Scotland

Zunächst lehnten die englischen Gerichte die Ausübung ihrer *jurisdiction* nur in Fällen der parallelen Rechtshängigkeit ab;[66] und zwar dann, wenn die zeitlich später erfolgte Klageerhebung schikanös und bedrängend war. Im Fall *Logan v. Bank of Scotland*[67] setzte der *Court of Appeal* zum ersten Mal das Verfahren aus, obwohl keine anderweitige Rechtshängigkeit gegeben war. Beide Prozessparteien waren in Schottland ansässig und stritten wegen Schäden aus in Schottland begangener unerlaubter Handlung. Zur Begründung der Entscheidung führte das Gericht wie in Fällen doppelter Rechtshängigkeit aus, dass die Klageerhebung in England als schikanös, bedrängend und rechtsmissbräuchlich („vaxatious and opressive and an abuse of the process of the Court") anzusehen und damit abzuweisen sei. Die Gerichte Schottlands seien zur Entscheidung des Falles besser

62 *Dorsel,* Forum non conveniens, S. 43.

63 *Reus,* RIW 1991, 542, 545.

64 *Logan v. Bank of Scotland* [1906] 1 K.B. 141; *St. Pierre v. South American Stores* [1936] 1 K.B. 382. Zur Bedeutung der englischen Begriffe vgl. *Dietl/Lorenz,* Wörterbuch für Recht, Wirtschaft und Politik.

65 *Spiliada Maritime Corp. v. Cansulex Ltd.* [1987] A.C. 460, 475 (*H.L.*).

66 *McHenry v. Lewis* 22 Ch.D. 397; *Peruvian Guano Co. v. Bockwoldt* 23 Ch.D. 225; *Erwand,* Forum non conveniens und EuGVÜ, S. 65; *Niegisch,* Mehrspurigkeit des Internationalen Zivilverfahrensrechts in den Mitgliedstaaten der Europäischen Gemeinschaft am Beispiel des Vereinigten Königreiches: Die Doktrin forum non conveniens und das EuGVÜ, S. 69.

67 *Logan v. Bank of Scotland* [1906] 1 K.B. 141.

geeignet.[68] Die genannten Kriterien blieben jedoch sehr unbestimmt, so dass sich im Grunde jedes gewünschte Ergebnis darunter subsumieren ließ. Die Rechtsunsicherheit lag auf der Hand.

bb) St. Pierre v. South American Stores

Erst in *St. Pierre v. South American Stores*[69] wurden die Voraussetzungen näher umschrieben, unter denen eine Aussetzung des Verfahrens erfolgen durfte. Das Gericht stellte fest, dass eine bloße Abwägung von *convenience*-Faktoren keine ausreichende Grundlage für einen *stay* darstellen könne, wenn das englische Gericht *jurisdiction* habe. Eine Aussetzung des Verfahrens dürfe nur unter zwei Bedingungen geschehen: Der Beklagte müsse das Gericht davon überzeugen, dass die Weiterverfolgung der Klage für ihn schikanös und belästigend oder in sonstiger Weise rechtsmissbräuchlich wäre. Darüber hinaus dürfe eine Aussetzung des Verfahrens keine Rechtsnachteile für den Kläger mit sich bringen. Auch hierfür solle der Beklagte die Beweislast tragen.[70] Diese restriktive Auslegung sollte vor allem den Zugang zu den englischen Gerichten erleichtern. Sie basierte auf der überkommenen Vorstellung, dass das englische Rechtssystem allen anderen Rechtssystemen überlegen und damit immer hilfreich sei. Eine Entscheidung vor den englischen Gerichten sei daher stets sinnvoller.[71] Trotz dieser Rechtsprechung blieb jedoch weiterhin unklar, wie die aufgestellten Kriterien für die Nichtausübung der internationalen Zuständigkeit genau zu interpretieren sind.[72] Die bestehende Rechtsunsicherheit wurde durch diese Entscheidung mithin nicht vollständig beseitigt.

cc) The Atlantic Star

The Atlantic Star[73] war der erste Fall, in dem sich das *House of Lords* ausdrücklich und umfassend mit dem Ermessen auseinandersetzte. Die bisher sehr unbestimmten Begriffe vexation, oppression und abuse of process wurden mit neuen Inhalten gefüllt. Das Gericht führte aus, dass diese Kriterien extensiv und liberal

68 *Logan v. Bank of Scotland* [1906] 1 K.B. 141, 150.

69 *St. Pierre and Others v. South American Stores* [1936] 1 K.B. 382.

70 *St. Pierre and Others v. South American Stores* [1936] 1 K.B. 382, 398.

71 Vgl. *St. Pierre and Others v. South American Stores* [1936] 1 K.B. 382, 398 (*Lord Scott L.JJ*): „The right of access to the King's Court must not be lightly refused."

72 Vgl. *Abbott,* 18 Vand. J. Transnat'l L. 111, 128 (1985).

73 *The Atlantic Star* [1974] A.C. 436; dazu *Abbott,* 18 Vand. J. Transnat'l L. 111, 128 f. (1985); *Kronke,* RIW 1977, 613, 614 f.

auszulegen seien: Ihnen sei eine „moralisch neutrale Bedeutung“ zu geben.[74] Sie sollen dem Richter lediglich als Hinweise dienen und nicht die Gerichtszuständigkeit einschränken. Dies bedeutete vor allem, dass das Gericht seine Entscheidung auf eine umfassende Abwägung der aus einer Klage in England folgenden Vorteile des Klägers und der Nachteile des Beklagten stützen sollte. Eine Anerkennung der *forum non conveniens*-Lehre wollte jedoch das Gericht darin nicht sehen.[75] Dennoch wurde diese Entscheidung überwiegend als eine Abkehr von dem grundsätzlichen Erfordernis eines Rechtsmissbrauchs für eine Verfahrenseinstellung verstanden.[76] Sie läutete einen Prozess der Angleichung der Fälle, in denen eine Verfahrensaussetzung wegen mangelnder Eignung des angerufenen Gerichts begehrt wurde, an die Order 11-Fälle[77] ein.

dd) MacShannon v. Rockware Glass Ltd.

Eine ebenfalls wichtige Stellung bei der Entwicklung der englischen *forum non conveniens*-Lehre nimmt die Entscheidung *MacShannon v. Rockware Glass Ltd.*[78] ein. Sie bricht insbesondere mit der engen Fixierung auf die Begriffe vaxatious und oppressive und führt neue Kriterien für die Behandlung eines Antrags auf Verfahrensaussetzung ein. Dies war notwendig, denn die Gerichte hatten oft in Erfahrung bringen müssen, dass es Konstellationen gibt, in denen das ausländische Forum als geeigneter erscheint, von einer Benachteiligung oder einem Missbrauch durch eine Klage in England jedoch nicht gesprochen werden kann. Die bisher angewandten Begriffe waren zu eng gefasst und daher nur brauchbar zur Unterbindung von Streitigkeiten, die rechtsmissbräuchlich waren. Eine flexiblere Regelung war wünschenswert. Deswegen sollte nun eine Aussetzung des Verfahrens möglich sein, wenn der Beklagte darlegen konnte, dass ein anderes Gericht internationale Zuständigkeit hatte, vor dem der Rechtsstreit wesentlich leichter und billiger ausgetragen werden könne. Eine etwaige Aussetzung des Verfahrens durfte jedoch nicht dazu führen, dass der Kläger legitimer persönlicher oder rechtlicher Vorteile beraubt würde, die ihm ein Verfahren in England garantieren würde.[79] Dieser Test sollte nach Vorstellungen des Gerichts

---

74 *The Atlantic Star* [1974] A.C. 436, 454 (*Lord Reid*), 468 (*Lord Wilberforce*) bzw. 478 (*Lord Kilbrandon*).

75 *The Atlantic Star* [1974] A.C. 436, 464 f.

76 Vgl. *Abbott,* 18 Vand. J. Transnat'l L. 111, 129 (1985).

77 Seit dem 26. 4. 1999 ist die sog. *assumed jurisdiction* in den Civil Procedure Rules normiert. Nunmehr gelten die rules 6.36/6.37. Vgl. oben Kap. 1, III, 2, a), bb), (2).

78 *MacShannon v. Rockware Glass Ltd.* [1978] A.C. 795; dazu *Abbott,* 18 Vand. J. Transnat'l L. 111, 130 ff. (1985).

79 *MacShannon v. Rockware Glass Ltd.* [1978] A.C. 795, 812 (*Lord Diplock*).

dazu führen, das „natürliche" Forum zu finden, in dem den Interessen beider Parteien am besten Rechnung getragen werden könne. Dem legitimen Vorteil für den Kläger wurde allerdings dabei eine große Bedeutung beigemessen. Selbst wenn das natürliche Gericht im Ausland lag, konnte der Kläger seine Gerichtswahl durchsetzen, wenn er durch ein ausländisches Verfahren nur einen einzigen Vorteil verlieren würde. Was indes genau als legitimer Vorteil anzusehen ist, wurde in der Entscheidung nicht näher ausgeführt, so dass auch sie keine vollkommene Klarheit und Sicherheit der Rechtsanwendung gewährleisten konnte.[80] Sowohl in der Rechtsprechung als auch in der Literatur wurde diese Entscheidung allgemein als Aufgabe des *abuse of process*-Ansatzes zugunsten des *most suitable forum*-Ansatzes interpretiert.[81] Eine Akzeptanz der schottischen *forum non conveniens*-Doktrin wurde jedoch auch in diesem Urteil ausdrücklich verneint, wenngleich sich die Richter auf die schottische Praxis durchaus beriefen.[82]

ee) The Abidin Daver

Erst im Jahre 1984 im Fall *The Abidin Daver*[83] bestätigte das *House of Lords*, dass die aufgestellten Kriterien bei der Aussetzung des Verfahrens und bei der Frage der Zulassung der Zustellung im Ausland von der schottischen *forum non conveniens*-Doktrin nicht abweichen.[84] Das Gericht wandte die in *MacShannon v. Rockware Glass Ltd.* aufgestellten Grundsätze an und lehnte eine Klage mit der Begründung ab, dass das ausländische Forum das „natürliche" sei und die klägerische Partei keinen berechtigten persönlichen oder rechtlichen Vorteil verliere, wenn sie nicht in England klage. Im Vergleich mit vorangegangenen Entscheidungen setzte sich hier aber das Gericht insbesondere intensiver mit der Frage auseinander, was genau unter „natürlichem" Forum zu verstehen ist. Nach Ansicht der Lordrichter sollten nunmehr alle legitimen Faktoren bei der Suche nach dem geeigneten Gericht Berücksichtigung finden. Dementsprechend wurde die Entscheidung über die Aussetzung des Verfahrens bei *The Abidin Daver* von folgenden Faktoren beeinflusst: Ort des Schadensereignisses, Nationalität der Parteien, Verfügbarkeit von Zeugen und Beweismitteln, Rechtsgrundlage für die

80 Kritisch hierzu *Abbott,* 18 Vand. J. Transnat'l L. 111, 132 (1985) sowie *Kronke,* RIW 1977, 613, 614 f.

81 Vgl. *Dorsel,* Forum non conveniens, S. 44.

82 Vgl. *MacShannon v. Rockware Glass Ltd.* [1978] A.C. 795, 812 und 822.

83 *The Abidin Daver* [1984] A.C. 398 (*H.L.*). Vgl. hierzu *Abbott,* 18 Vand. J. Transnat'l L. 111, 133 ff. (1985).

84 *The Abidin Daver* [1984] A.C. 398, 411. Die neue Haltung wurde vom Lordrichter *Diplock* mit Abkehr vom „judicial chauvinism" zur „judicial comity" begründet. Kritisch zu dieser Begründung *Reus,* RIW 1991, 542, 546 und *Slater,* 104 L.Q.R. (1988) 554, 563.

Zuständigkeit sowie bisheriger Arbeitsaufwand beider Gerichte. Das „natürliche“ Gericht wurde als dasjenige charakterisiert, mit dem der Rechtsstreit die engsten Verbindungen aufweise.[85] Es sei im Wege einer Abwägung von sämtlichen *convenience*-Faktoren zu ermitteln. Die *forum non conveniens*-Lehre war nunmehr als Teil des englischen Zuständigkeitssystems anerkannt.

ff) Spiliada Maritime Corp. v. Cansulex Ltd.

Den bisherigen Abschluss der Entwicklung der englischen *forum non conveniens*-Lehre brachte ein Urteil des *House of Lords* aus dem Jahr 1986 in Sachen *Spiliada Maritime Corp. v. Cansulex Ltd.,*[86] das eigentlich einen Order 11-Fall,[87] also die Frage der Zulässigkeit einer Klagezustellung außerhalb Englands, betraf. Das Gericht nahm diesen Fall zum Anlass, um die Bewertungskriterien für Order 11-Fälle mit denen des *forum non conveniens* gleichzustellen.[88] Die nunmehr gemeinsamen Voraussetzungen beider Rechtsinstitute wurden ausführlich erörtert. Das Gericht sprach sich für deren großzügige Anwendung aus.[89] Wie schon *The Abidin Daver* knüpft *Spiliada* ebenfalls an den *MacShannon*-Test an und geht davon aus, dass dieser nicht unabänderbar sei, sondern vielmehr den Anfang einer Entwicklung darstelle. Das Urteil betont insbesondere, dass ein aus der Klage in England für den Kläger folgende berechtigte persönliche oder rechtliche Vorteil alleine nicht den Ausschlag für die Versagung der Klageaussetzung bzw. – bei den Order 11-Fällen – für die Erlaubnis der Klagezustellung im Ausland geben könne.[90] Hingegen soll es maßgeblich darauf ankommen, wo der Rechts-

---

85 *The Abidin Daver* [1984] A.C. 398, 415 (*Lord Keith of Kinkel*): „most real and substantial connection“. Vgl. auch schon die Andeutung in *MacShannon v. Rockware Glass Ltd.* [1978] A.C. 795, 829 (*Lord Keith of Kinkel*).

86 *Spiliada Maritime Corp. v. Cansulex Ltd.* [1987] A.C. 460 (*H.L.*). Dazu *Blobel/Späth,* RIW 2001, 598, 600; *Huber,* RIW 1993, 977, *Reus,* RIW 1991, 542, 546; *Slater,* 104 L.Q.R. (1988) 554, 558 f.

87 Nunmehr gelten die rules 6.36/6.37. Vgl. oben Kap. 1, III, 2, a), bb), (2).

88 Unterschiedlich bleibt lediglich die Beweislast. Vgl. hierzu bereits oben Kap. 1, III, 2, a), bb), (2).

89 In diesem Zusammenhang ist gesondert darauf hinzuweisen, dass diese Rechtsprechung das lateinische Wort „conveniens“ gerade nicht in einer Weise interpretiert, die dem Sinngehalt des ähnlich lautenden englischen Wortes „convenient“ entsprechen würde. Letzteres bedeutet wörtlich übersetzt „bequem“ oder „passend“; das Wort „conveniens“ soll hingegen als „appropriate“ verstanden werden. Dies entspricht dem deutschen Wort „geeignet“. Vgl. *Spiliada Maritime Corp. v. Cansulex Ltd.* [1987] A.C. 460, 474 f. (*H.L.*) sowie *Dietl/Lorenz,* Wörterbuch für Recht, Wirtschaft und Politik.

90 *Lord Goff* nimmt in diesem Kontext Bezug auf die Entscheidung *Trendtex Trading Corp. v. Credit Suisse* [1982] A.C. 679. Dort setzte das *House of Lords* ein Verfahren aus, obwohl dies dem Kläger den Vorteil des englischen *discovery*-Verfahrens nahm. Vgl. *Spiliada Maritime Corp. v. Cansulex Ltd.* [1987] A.C. 460, 476 (*H.L.*).

streit am besten im Interesse aller Parteien und der Gerechtigkeit ausgetragen werden könne.[91] *Spiliada* sieht eine zweistufige Prüfung vor: Zunächst hat der Beklagte, der eine Aussetzung des Verfahrens begehrt, darzulegen, dass ein anderes, international zuständiges Gericht verfügbar und besser geeignet sei, das Verfahren durchzuführen.[92] Gelingt dem Beklagten dieser Nachweis, so verlagert sich die Beweislast auf den Kläger. Diesem obliegt es, das Gericht davon zu überzeugen, dass es auf Grund besonderer Umstände des Falles die Gerechtigkeit erfordere, die Aussetzung zu verweigern.[93] Bei dem ersten Prüfungsschritt, namentlich der Frage nach dem am besten geeigneten Gericht, wird geprüft, zu welchem Land die engste Verbindung besteht. Es wird also nach dem natürlichen Forum gesucht. Lässt sich das natürliche Gericht nicht eindeutig bestimmen – was insbesondere im Bereich der Handelssachen vorkommen kann – so ist der Antrag abzulehnen. Auf der zweiten Prüfungsstufe findet eine umfassende Interessenabwägung durch das Gericht statt, bei der sämtliche Umstände des konkreten Falles zu berücksichtigen sind. Die genaueren Voraussetzungen der jeweiligen Prüfungsschritte wurden in dieser Entscheidung indes nicht abschließend aufgestellt.[94] Insbesondere enthält diese Rechtsprechung auch keine konkreten Hinweise, welches Gewicht den einzelnen Faktoren beizumessen ist. Es wird lediglich festgestellt, dass die Gewichtung der einzelnen Kriterien von Fall zu Fall

---

91 *Spiliada Maritime Corp. v. Cansulex Ltd.* [1987] A.C. 460, 482 (*Lord Goff*).

92 Es genügt dagegen nicht, zu beweisen, dass England nicht das geeignete Forum sei, weil die Zuständigkeit in den *forum non conveniens*-Fällen „as of right“ durch Klagezustellung im Inland begründet wird. Das angerufene Gericht ist mithin per se zur Entscheidung geeignet, so dass es lediglich darauf ankommen kann, ob nicht ein anderes Forum noch besser geeignet ist. Vgl. ausdrücklich *Spiliada Maritime Corp. v. Cansulex Ltd.* [1987] A.C. 460, 477 (*Lord Goff*). Einige Autoren gehen dennoch davon aus, dass die Ungeeignetheit des Erstgerichts eine Voraussetzung für die Anwendbarkeit der Lehre ist. Vgl. hierzu *Erwand*, Forum non conveniens, S. 71. Unklar in dieser Hinsicht *Blobel/Späth*, RIW 2001, 598, 600. Diese Auslegung lässt sich zwar mit dem Sinngehalt der Bezeichnung *forum non conveniens* begründen, mag jedoch lediglich für die US-amerikanische Ausprägung der Lehre gelten. Hierzu *Blum*, Forum non conveniens, S. 68: „Die Beurteilung der Streitsache gerade an diesem Ort muss entweder zu einer außerordentlichen Härte für die beklagte Partei führen, oder den öffentlichen Interessen des Forumstaates krass widersprechen“; *Wahl*, Die verfehlte internationale Zuständigkeit, S. 61.

93 Dies kann insbesondere dann bejaht werden, wenn objektiv feststeht, dass dem Kläger vor dem anderen Gericht Rechtsverweigerung drohen würde. Vgl. *Spiliada Maritime Corp. v. Cansulex Ltd.* [1987] A.C. 460, 476 und 478 (*Lord Goff*).

94 Als mögliche Faktoren, die bei der Entscheidung maßgeblich eine Rolle spielen könnten, werden nur genannt: Kostenaufwand und Bequemlichkeit im Zusammenhang mit Verfügbarkeit von Zeugen, anwendbares Recht und Wohnsitz bzw. Geschäftssitz der Parteien, *Spiliada Maritime Corp. v. Cansulex Ltd.* [1987] A.C. 460, 478 (*Lord Goff*).

unterschiedlich ausfallen wird; sie soll in einer Weise erfolgen, die den Besonderheiten des jeweiligen Falles ausreichend Rechnung trägt.[95]

Mit dieser Rechtsprechung geben nun die englischen Gerichte endgültig ihre zunächst skeptische Haltung hinsichtlich der Angleichung des englischen an das schottische Recht und der Akzeptanz der *forum non conveniens*-Lehre auf. Ein relativ starres Zuständigkeitssystem, das lange Zeit nur in der Einrede des Rechtsmissbrauchs seine Schranken fand, entwickelte sich zu einer flexiblen Ordnung, die dem als natürlich empfundenen Gericht den Vorzug einräumte. Eine Rechtspraxis, die streng die Wahl des Klägers respektierte, wurde durch eine auf Berücksichtigung objektiverer Kriterien ausgerichtete Rechtsprechung ersetzt.[96] Dennoch bleibt diese Rechtsprechung kritikwürdig. Der in *Spiliada* entwickelte Ansatz scheint immer noch stark den Kläger zu bevorzugen.[97] Die Bedeutung der legitimen Vorteile für den Kläger bleibt groß, zumindest dann, wenn mit dem Vorteil kein Nachteil des Beklagten direkt korrespondiert. Das Kriterium hat lediglich insofern an Gewicht eingebüßt, als es jetzt mit anderen Faktoren abgewogen werden muss. Darüber hinaus sind auch die in *Spiliada* aufgestellten Voraussetzungen immer noch allgemein gehalten und bieten so keine verlässlichen Leitlinien für die untergeordneten Gerichte. Die Gründe für die Aufstellung derart allgemeiner Faktoren dürften rechtspolitischer Natur sein: Die obersten Gerichte, d.h. der *Supreme Court* und der *Court of Appeal*, werden weniger Arbeit auf dem Gebiet der Revisionen haben, weil sich jedes von den Untergerichten erzielte Ergebnis noch in dem vom *Supreme Court* aufgestellten rechtlichen Rahmen bewegen dürfte.[98] Inzwischen lassen sich aber mit Hilfe von Entscheiden, die nach *Spiliada* ergangen sind, die Einzelheiten des dort aufgestellten Tests etwas näher konkretisieren. Auf diese wird im Rahmen der Darstellung der richterlichen Ermessensentscheidung näher eingegangen.

---

95 *Spiliada Maritime Corp v. Cansulex Ltd.* [1987] A.C. 460, 481 f. (*Lord Goff*).

96 Kritisch hierzu äußert sich *Reus* in RIW 1991, 542, 546: Die Übernahme einer derart ausgeprägten *forum non conveniens*-Lehre sei mit einem Verlust an Klarheit, Vorhersehbarkeit und Konkretheit verbunden. Die Voraussetzung des „besser geeigneten Gerichts" als unbestimmter Rechtsbegriff könne nach seiner Ansicht Anlass zu endlosen Rechtsstreitigkeiten geben. Dem ist entgegenzuhalten, dass die Ermessensentscheidung des Richters, sei es in Fällen der Verfahrensaussetzung oder in Order 11-Fällen, im Wesentlichen ohne weitgehende berufungsgerichtliche Kontrolle ausgeübt werden können soll. Vgl. hierzu *Spiliada Maritime Corp v. Cansulex Ltd.* [1987] A.C. 460, 465 (*Lord Templeman*). Ein Mangel an Rechtssicherheit lässt sich indes nicht leugnen. Ausführlicher hierzu weiter unten Kap. 1, V, 3.

97 *Fawcett,* (1989) 9 Oxford J.L.S. 205, 219.

98 So auch *Jasper,* Forum shopping in England und Deutschland, S. 64.

c) Civil Jurisdiction and Judgments Act 1982

Der Civil Jurisdiction and Judgments Act 1982[99] setzte das EuGVÜ für Großbritannien um und brachte fühlbare Änderungen hinsichtlich der Anwendbarkeit der Lehre von *forum non conveniens* mit sich. Das EuGVÜ lässt nach allgemeiner Ansicht ein Zuständigkeitsermessen des Richters nicht zu. Gleiches gilt für das Lugano-Übereinkommen sowie für die Brüssel I-VO, die das EuGVÜ im Verhältnis der Mitgliedstaaten[100] zueinander ersetzt.[101]

IV. Die richterliche Ermessensentscheidung

Der folgende Abschnitt untersucht die Anwendung der *forum non conveniens*-Lehre in der gerichtlichen Praxis. Nicht selten verwenden die Gerichte eine allgemeine Formel und prüfen abstrakt, ob ein anderes zuständiges Gericht existiert, das im Hinblick auf die Interessen der Parteien und die Gerechtigkeit zur Entscheidung über den Rechtsstreit besser geeignet ist.[102] In den meisten Fällen wendet jedoch die Rechtsprechung den im *Spiliada*-Urteil aufgestellten zweistufigen Test[103] an, der insgesamt etwas präziser ist. Auf der ersten Stufe des

---

99 Abrufbar unter: http://www.legislation.gov.uk/ukpga/1982/27 (zuletzt abgerufen am 26. 2. 2012). Im Vereinigten Königreich wurde lange Zeit die Auffassung vertreten, dass internationale Verträge nicht unmittelbar innerstaatlich geltendes Recht werden können. Vielmehr mussten nationale Gesetze erlassen werden, die den Regelungsinhalt des Abkommens in innerstaatliches Recht transformierten. Dabei waren das nationale Gesetz und der zugrundeliegende Staatsvertrag oft nicht textgleich und daher klar voneinander zu unterscheiden, *Geimer* in Geimer/ Schütze, Internationale Urteilsanerkennung, Bd. I, 1. Halbband, § 48, 2. Nunmehr wird aber auch dort – wie in den meisten Vertragsstaaten – die unmittelbare innerstaatliche Anwendbarkeit der Übereinkommen angeordnet, *Geimer/Schütze,* EuZVR, A 1 – Einl. EuGVVO Rn. 52.

100 Vgl. Art. 68 Brüssel I-VO. Im Verhältnis zu Dänemark gilt der Inhalt der Brüssel I-VO allerdings nach Maßgabe des Abkommens zwischen der Europäischen Gemeinschaft und dem Königreich Dänemark über die gerichtliche Zuständigkeit und die Anerkennung und Vollstreckung von Entscheidungen in Zivil- und Handelssachen v. 19. 10. 2005 (ABl. EU Nr. L 299, S. 62), das am 1. 7. 2007 in Kraft getreten ist.

101 Dies behandelt näher Kap. 3.

102 Vgl. *Banco Atlantico SA v. British Bank of the Middle East* [1990] 2 Lloyd's Rep. 504 sowie *Cleveland Museum of Art v. Capricorn Art International SA* [1990] 2 Lloyd's Rep. 166.

103 *Huber,* Die englische Forum non conveniens-Doktrin und ihre Anwendung im Rahmen des Europäischen Gerichtsstands- und Vollstreckungsübereinkommens, S. 88 f., wirft die Frage auf, ob die Zweiteilung des Tests immer noch notwendig ist. Die zweistufige Ausgestaltung des Tests geht auf die *MacShannon*-Entscheidung zurück und war nötig, um die alleinentscheidende Wirkung des legitimen Vorteils für den Kläger hervorzuheben. Da jedoch im Zuge der danach ergangenen Entscheidungen dieses Kriterium erheblich an Bedeutung verloren hat, ist diese Frage durchaus berechtigt. So wurde auch in einer Reihe von Entscheidungen vertreten, dass die

Tests wird die Verfügbarkeit eines besser geeigneten Forums gesucht. Ist ein solches Forum gefunden, so stellt sich im zweiten Schritt die Frage, ob eine Aussetzung des Verfahrens mit der Gerechtigkeit zu vereinbaren wäre. Dabei sind die Gerichte stets bemüht, die einzelnen Prüfungsstufen immer weiter zu entwickeln und genauer zu präzisieren und so die Handhabung der Lehre zu vereinfachen und vor allem eine Vorhersehbarkeit der Entscheide zu ermöglichen.

1. Zuständigkeit des angerufenen Gerichts

Eine der elementarsten Voraussetzungen für die Anwendbarkeit der englischen *forum non conveniens*-Lehre ist die Zuständigkeit des Ausgangsgerichts. Ein international, sachlich oder örtlich unzuständiges Gericht kann die Lehre nicht anwenden.[104] Aus diesem Grund handelt es sich bei diesem Institut auch nicht um einen Teil des eigentlichen Zuständigkeitsrechts, sondern nur um ein Mittel zur Korrektur bereits gefundener gerichtlicher Zuständigkeiten.

2. Erste Stufe: Verfügbarkeit eines besser geeigneten Forums

Das angerufene Gericht, das über einen Antrag auf Verfahrensaussetzung aus Gründen des *forum non conveniens* zu entscheiden hat, prüft zunächst, ob ein anderes Gericht existiert, das deutlich besser geeignet ist, über den betreffenden Rechtsstreit zu befinden. Die Beweislast hierfür obliegt dem Beklagten.

Zweiteilung entbehrlich sei. Im Ergebnis kann die Frage unbeantwortet bleiben, weil sich in der Sache auch dann keine Veränderung ergibt, wenn die Prüfung nur einstufig vorgenommen wird. Auch in diesem Fall bleibt die Beweislastverteilung unverändert und es werden die gleichen Gruppen von Faktoren von den Gerichten berücksichtigt und gegeneinander abgewogen. Die Vermischung einzelner im Hinblick auf die Beweislast unterschiedlicher Abwägungsfaktoren wäre allerdigs nicht zutreffend. Vgl. hierzu unten Kap. 1, IV, 2, a.

104 In der US-amerikanischen Rechtsprechung war diese Frage dagegen lange umstritten. Kürzlich entschied jedoch der US Supreme Court, dass eine Abweisung wegen *forum non conveniens* auch bei zweifelhafter Zuständigkeit zuzulassen sei. Dadurch solle eine effiziente Justiz sowie eine möglichst geringe Belastung der Streitparteien sichergestellt werden. Vgl. *Sinochem International Co. Ltd. v. Malaysia International Shipping Corp.* 549 U.S. 422 (2007) und hierzu *Mack,* IPRax 2007, 464. Zu beachten und davon klar zu unterscheiden ist allerdings, dass die US-amerikanischen Gerichte *forum non conveniens*-Überlegungen teilweise auch dann anstellen, wenn es noch zu entscheiden ist, ob das angerufene Gericht *jurisdiction* hat. Dies kommt vor allem im Zusammenhang mit der Frage vor, ob *minimum contacts* zum Forum bestehen. Als Ergebnis der Prüfung erklärt sich hier das Gericht als unzuständig bzw. zuständig und nicht – wie im Falle der Anwendung der Lehre von *forum non conveniens* – für ungeeignet oder geeignet. Hierzu *Blum,* Forum non conveniens, S. 67 f.

a) Ein anderes verfügbares Forum

Ein anderes Forum ist nur dann als verfügbar im Sinne der *forum non conveniens*-Lehre anzusehen, wenn es zuständig ist und darüber hinaus alle sonstigen Sachurteilsvoraussetzungen für die beabsichtigte Klage erfüllt sind.

Fraglich ist die Verfügbarkeit bei einer möglichen Verjährung des Klageanspruchs im alternativen Forum. Im anglo-amerikanischen Recht wird die Verjährung z.T. als eine Einrichtung des Prozessrechts verstanden: Es verjährt nicht der Anspruch, sondern das Klagerecht.[105] Die Verjährung ist damit eine prozessuale Sachurteilsvoraussetzung. Dennoch kann im Ergebnis nach der Rechtsprechung eine Verfahrensaussetzung wegen *forum non conveniens* auch dann erfolgen, wenn vor dem anderen Gericht die Verjährung des Anspruchs drohen würde. In diesen Fällen soll der *stay* unter der Bedingung ausgesprochen werden, dass der Beklagte sich später nicht auf die Einrede der Verjährung beruft. Auf diese Weise kann die Zulässigkeit der Klage vor dem anderen Gericht sichergestellt werden.[106] Nach allgemeiner Ansicht gehört diese Problematik allerdings nicht zur Frage der Verfügbarkeit des alternativen Gerichts, sondern wird erst innerhalb der zweiten Stufe des *Spiliada*-Tests bei der Interessenabwägung behandelt.[107]

Teilweise wurde in der englischen Rechtsprechung vertreten, dass die Verfügbarkeit des Alternativforums dann nicht gegeben ist, wenn dieses für den Kläger praktisch nicht erreichbar ist. Dies soll dann der Fall sein, wenn das Zweitgericht in einem Staat liegt, in den der Kläger aus politischen Gründen nicht einreisen darf und seine Bemühungen, dort einen vertrauensvollen Rechtsbeistand zu finden, keinen Erfolg hatten.[108] Dieses Verständnis der Verfügbarkeit des Alternativforums ist jedoch zu Recht auf Kritik gestoßen.[109] Es zwingt die Gerichte, sich bereits auf der ersten Stufe des Tests mit Gesichtspunkten der Gerechtigkeit auseinander zu setzen, die richtigerweise erst in die zweite Stufe des *Spiliada*-Tests gehören. Die Vermischung beider Stufen ist vor allem wegen der unterschiedlichen Beweislastverteilung nicht wünschenswert. Daher soll die Verfügbarkeit des Alternativforums bereits dann bejaht werden, wenn lediglich die Zuständigkeitsvorschriften am alternativen Gerichtsstand erfüllt sind.[110]

---

105 *Bunge,* Zivilprozess und Zwangsvollstreckung in England und Schottland, §§ 59 und 176.

106 Ausführlich hierzu Kap. 1, IV, 3, c), cc).

107 *Dicey, Morris and Collins,* Rn. 12-028.

108 *Mohammed v. Bank of Kuwait and the Middle East KSC* [1996] 1 WLR 1483 (*C.A.*).

109 *Cheshire/North/Fawcett,* S. 429 f.

110 In einer späteren Entscheidung hat sogar der *Court of Appeal* von dieser Haltung Abstand genommen. Es handelte sich hier um einen Fall, in dem die Frage der Beweislast entscheidungserheblich war. Vgl. *Askin v. ABSA Bank Ltd,* The Times 23. Februar 1999.

Der Verfügbarkeit des ausländischen Forums steht nicht entgegen, dass diese allein von einer freiwilligen Unterwerfung unter die Gerichtsbarkeit durch den Beklagten abhängt.[111] Dies wird teilweise deswegen als bedenklich angesehen, weil die geringen Anforderungen an das Kriterium der Verfügbarkeit zu einer Art von „*reverse forum shopping*" führen könnten.[112] Der Beklagte könnte so die Klage an einen Gerichtsstand bringen, mit dem der Kläger nicht rechnen musste. Auch soll eine solche Unterwerfung für den Beklagten nicht bindend sein und damit für wenig Rechtssicherheit sorgen. Dem lässt sich jedoch entgegenhalten, dass die Unterwerfung durch den Beklagten das Erstgericht nicht von der Prüfung entbindet, ob das gewählte Gericht auch das natürliche im Sinne der *forum non conveniens*-Lehre ist. Dass das Zweitgericht in diesen Fällen auf einer Wahl des Beklagten beruht, spielt damit letztendlich keine Rolle.[113]

Maßgeblicher Zeitpunkt für die Frage der Verfügbarkeit eines zweiten Gerichtsstandes ist die Stellung des Antrags auf Verfahrensaussetzung durch den Beklagten. In Ausnahmefällen kann jedoch auch eine Änderung der Umstände bis zum Zeitpunkt der ersten mündlichen Verhandlung (*hearing*) berücksichtigt werden.[114]

b) Bessere Eignung des Alternativforums

Der weitere Gerichtsstand muss zur Entscheidung über den Rechtsstreit deutlich besser geeignet sein.[115] Wie bereits oben erläutert,[116] geht es hier nicht darum, die Ungeeignetheit des Erstgerichts darzulegen, denn dessen Zuständigkeit und damit Geeignetheit stehen außer Frage. Daher kann es in den *forum non conveniens*-Fällen lediglich auf die bessere Eignung des Alternativforums ankommen. Diese muss zudem ein deutliches Ausmaß haben, denn andernfalls bestünde kein berechtigter Grund, die Gerichtsstandswahl des Klägers zu vernachlässigen. Zur Erinnerung: Bei der Prüfung der besseren Eignung des Gerichts gehen die Richter der Frage nach, zu welchem Land der Rechtsstreit die engsten Verbindungen

---

111 *Lubbe v. Cape Plc.* [2000] 2 Lloyd's Rep. 383, 395-397 (*Lord Hope of Craighead*); dazu *Blobel/Späth* RIW 2001, 598, 601.

112 *Muchlinski,* ICLQ 50 (2001) 1, 18.

113 *Lubbe v. Cape Plc.* [2000] 2 Lloyd's Rep. 383, 397 (*Lord Hope of Craighead*); so auch *Blobel/ Späth* RIW 2001, 598, 601. Zum Streitstand im US-amerikanischen Recht vgl. *Blum,* Forum non conveniens, S. 71 f. sowie *Wahl,* Die verfehlte internationale Zuständigkeit, S. 62.

114 *Mohammed v. Bank of Kuwait and the Middle East KSC* [1996] 1 WLR 1483, 1493 (*C.A.*).

115 *Spiliada Maritime Corp v. Cansulex Ltd.* [1987] A.C. 460, 481 (*Lord Goff*): „[It] is not merely that the burden of proof rests on the plaintiff to persuade the court that England is the appropriate forum for the trial of the action, but that he has to show that this is clearly so". Vgl. ferner: *Lewis v. King* [2005] I.L.Pr. 16 (*C.A.*).

116 Vgl. Fn. 92.

aufweist und suchen so nach dem als natürlich empfundenen Forum.[117] In diese Prüfung fließen vielfältige Faktoren ein, die sich von Fall zu Fall unterscheiden und auch verschieden gewichtet werden. In der *Spiliada*-Entscheidung nannte *Lord Goff* zwei Gruppen von Kriterien, die bei der ersten Stufe des Tests Berücksichtigung finden sollen: die entstehenden Unannehmlichkeiten und Kosten (*convenience*-Faktoren) einerseits sowie – ganz allgemein – die sonstigen Faktoren wie z.B. Verfügbarkeit von Zeugen, anwendbares Recht, Wohn- bzw. Geschäftssitz der Parteien.[118] Letzte Gruppe lässt sich als Verbindungsfaktoren zwischen dem Verfahren und den jeweiligen Fora[119] bezeichnen. Diese Arbeit übernimmt die von *Lord Goff* erwähnte Einteilung und untersucht die in der englischen Rechtspraxis am häufigsten relevanten Kriterien.

aa) Verbindungsfaktoren zwischen dem Verfahren und dem jeweiligen Forum

(1) Nationalität der Parteien

Während im deutschen Kollisionsrecht die Staatsangehörigkeit das häufigste Anknüpfungsmoment darstellt,[120] hat sie im internationalen Verfahrensrecht eine insgesamt eher marginale Bedeutung.[121] In der englischen Praxis der *forum non conveniens*-Lehre wird sie wiederum häufig als ein abwägungsrechtlicher Faktor berücksichtigt. Ein allgemeiner Grundsatz dahingehend, dass einheimische Kläger grundsätzlich bevorzugt werden, lässt sich für England – anders als für die USA[122] – aber nicht aufstellen. In drei der Fälle, die bei der Entwicklung der englischen *forum non conveniens*-Lehre eine tragende Rolle gespielt haben und in denen das *House of Lords* das Verfahren aussetzte, kamen die Kläger nicht aus England.[123] In der Literatur wurde daraus teilweise eine indirekte Bevorzu-

---

117 Vgl. bereits oben Kap. 1, IV, 2.

118 *Spiliada Maritime Corp v. Cansulex Ltd.* [1987] A.C. 460, 478 (*Lord Goff*).

119 Vgl. *Huber,* Die englische forum-non-conveniens-Doktrin und ihre Anwendung im Rahmen des Europäischen Gerichtsstands- und Vollstreckungsübereinkommens, S. 91.

120 *v. Hoffmann/Thorn,* Internationales Privatrecht, § 5 Rn. 2.

121 *Geimer,* IZPR, Rn. 282. Ein Beispiel für die Anknüpfung an die Staatsangehörigkeit findet sich in § 98 Abs. 1 Nr. 1 FamFG.

122 Vgl. *Piper Airkraft Co. v. Reyno* (1981) 454 U.S. 235, 256 sowie *Re Union Carbide Corp. Gas Plant Disaster at Bhopal* (1986) 634 F.Supp. 842, 845, wonach die Wahl eines ausländischen Klägers weniger Beachtung verdient als die eines inländischen Klägers. Ausführlich hierzu *Blum,* Forum non conveniens, S. 99 ff. sowie *Wahl,* Die verfehlte internationale Zuständigkeit, S. 70 f. Vgl. auch *Kitzmüller/Prisching,* ZfRV 2007, 147, 152; *Mankowski,* Kurzkommentar zu US District Court of New York, Memorandum and Order v. 8. 11. 2006, 04 Civ. 667, EWiR 2007, 275, 276 sowie *Schütze,* RIW 2007, 801, 801 f.

123 Es handelte sich hierbei um die Entscheidungen *Atlantic Star, Mac Shannon* und *The Abidin Daver.*

gung der englischen Kläger abgeleitet. Ist der Kläger Engländer, so sei dies ein starkes Indiz dafür, dass England auch das natürliche Forum sei.[124] *Huber* deutet indes zutreffend darauf hin, dass eine solche Folgerung mangels eines geeigneten Vergleichsmaßstabes nicht korrekt ist: Es gibt insgesamt nur wenige *forum non conveniens*-Entscheidungen, in denen der Kläger aus England kam.[125] Bei diesen lässt sich eine Tendenz zur Bevorzugung von Engländern nicht feststellen. Es ist weder eine Neigung der Gerichte ersichtlich, die Aussetzung von Prozessen mit einheimischen Klägern generell zu verweigern, noch eine solche, ausländische Kläger grundsätzlich ins Ausland zu verweisen.[126] Insgesamt lässt sich daher festhalten, dass die Staatsangehörigkeit lediglich als ein Abwägungsfaktor unter vielen anzusehen ist. Eine allein entscheidende Wirkung kommt diesem Kriterium jedoch nicht zu. Es kann nur zusammen mit anderen Faktoren die richterliche Entscheidung beeinflussen.

(2) Wohn- bzw. Geschäftssitz der Parteien

Als ein Abwägungsfaktor, der regelmäßig bei der Ausübung des gerichtlichen Ermessens zum Tragen kommt, gilt zudem der Wohnsitz bzw. – bei Gesellschaften – der Geschäftssitz. Entsprechend dem Rechtssatz *actor sequitur forum rei* ist in der deutschen Kompetenzordnung der Wohnsitzstaat grundsätzlich für alle gegen den Beklagten gerichteten Klagen zuständig (vgl. 12, 13 ZPO i.V.m. §§ 7 ff. BGB). Man spricht hierbei von der internationalen Allzuständigkeit,[127] die allerdings durch Spezialvorschriften stark modifiziert wird (z.B. § 23 ZPO). Auch dem europäischen Zivilverfahrensrecht ist die Anknüpfung an den Wohnsitzstaat nicht unbekannt.[128] Im Anwendungsbereich der englischen *forum non conveniens*-Lehre ist die Bedeutung sowohl des Beklagten- als auch des Klägerwohnsitzes derzeit groß,[129] wenngleich ebenfalls nicht allein ausschlaggebend. Durch die steigende Mobilität der Menschen und den damit verbundenen häufigen Wohnungswechsel verliert zudem dieses Abwägungskriterium langsam an Bedeutung.[130]

---

124 Vgl. *Fawcett,* (1989) 9 Oxford J.L.S. 205, 220.

125 Im Fall *Lubbe v. Cape Plc.* [2000] 2 Lloyd's Rep. 383 ff. klagten im zweiten Instanzenzug insgesamt über 3000 Kläger. Davon war nur einer englischer Staatsbürger.

126 Vgl. *Huber,* Die englische forum-non-conveniens-Doktrin und ihre Anwendung im Rahmen des Europäischen Gerichtsstands- und Vollstreckungsübereinkommens, S. 96.

127 *Geimer,* IZPR, Rn. 1146 und 1265.

128 Vgl. Art. 2 Brüssel I-VO sowie Art. 2 Lugano-Übereinkommen.

129 Vgl. *Spiliada Maritime Corp v. Cansulex Ltd.* [1987] A.C. 460, 478 (*Lord Goff*).

130 *Erwand,* Forum non conveniens und EuGVÜ, S. 74.

Bei Gesellschaften spielt dagegen der Geschäftssitz insbesondere dann eine geringere Rolle, wenn der Tätigkeitsschwerpunkt der Gesellschaft in einem anderen Staat liegt. Besondere Aufmerksamkeit verdient in diesem Zusammenhang der Fall *Lubbe v. Cape Plc.* aus dem Jahr 2000.[131] Dort machten mehrere südafrikanische Kläger mit Wohnsitz in Südafrika deliktische Schadensersatzansprüche wegen Gesundheitsverletzungen mit teilweise tödlichem Verlauf gegen eine englische Aktiengesellschaft geltend, die durch Einschaltung mehrerer Tochtergesellschaften unter anderem in Südafrika tätig war. Die Geschäftstätigkeit des Konzerns bestand im Abbau und in der Verarbeitung von Asbest sowie dem Verkauf von Asbestprodukten. Die Kläger begründeten ihre Ansprüche mit dem Argument, die englische Muttergesellschaft habe es wider besseres Wissen um die Gefährlichkeit von Asbest unterlassen, die erforderlichen Sicherheits- und Werkschutzmaßnahmen in den südafrikanischen Betriebsstätten zu ergreifen; sie habe damit ihre Verkehrssicherungspflicht verletzt. Das Verfahren lässt zwei Abschnitte erkennen.[132] Der erste Verfahrensgang begann mit einer Klageerhebung durch fünf Kläger und endete vor dem *Court of Appeal*, der eine Aussetzung des Verfahrens aufgrund der *forum non conveniens*-Lehre ablehnte. Als entscheidend für die Zuständigkeit der englischen Gerichte sah das Gericht vor allem den Umstand an, dass die verantwortliche Muttergesellschaft ihren Sitz in England hatte.[133] Eine Revision zum *House of Lords* wurde hier nicht zugelassen. Daraufhin reichten ca. 3000 weitere südafrikanische Bürger Klagen gegen *Cape Plc.* in London ein und eröffneten somit den zweiten Instanzenzug. Sowohl der Einzelrichter des *High Court of London* als auch der diesmal anders besetzte *Court of Appeal* setzten nun das Verfahren unter Berufung auf die *forum non conveniens*-Lehre aus, wobei sich diese Entscheidungen auch auf die fünf Kläger des ursprünglichen Verfahrens auswirkten. Die Kriterien, die für ein südafrikanisches Gericht sprächen – so die Richter –, wären überwältigend;[134] Südafrika sei daher als natürliches Forum anzusehen. Das *House of Lords* schloss sich dieser Ansicht an.[135] Für *Lord Bingham*, der das Urteil in wesentlichen Punkten begründete, war die Frage nach dem natürlichen Gericht anhand einer Abwägung von zwei Faktoren zu entscheiden: Auf der einen Seite stand die Verantwortlichkeit der Beklagten als Muttergesellschaft, die anhand von Beweismitteln zu bewerten war, die sich überwiegend in den englischen Büros der Muttergesellschaft

131 *Lubbe v. Cape Plc.* [2000] 2 Lloyd's Rep. 383 ff. Hierzu *Blobel/Späth* RIW 2000, 598 ff.

132 *Blobel/Späth,* RIW 2000, 598, 601.

133 *Lubbe v. Cape Plc.* [1998] CLC 1559, 1573 (*C.A.*).

134 *Lubbe v. Cape Plc.* [2000] 1 Lloyd's Rep. 139, 160 f. (*C.A.*).

135 Eine Aussetzung des Verfahrens wurde jedoch aus Gründen der Gerechtigkeit verweigert; ausführlicher hierzu unten Kap. 1, IV, 3, c), aa).

befanden.[136] Auf der anderen Seite stand dagegen die in Südafrika eingetretene individuelle Schädigung der Kläger. Diese konnte allein dort anhand oft aufwendiger Untersuchungen über Kausalität, Krankheitsverlauf und Schaden in allen der ca. 3000 Einzelfälle festgestellt werden. Im ersten Instanzenzug seien nach Ansicht des *House of Lords* die einerseits für Südafrika und andererseits für England sprechenden Gesichtspunkte noch ausgeglichen gewesen. Die Situation veränderte sich allerdings im zweiten Verfahrensgang mit der Klageerhebung durch die ca. 3000 Kläger. Das Ausmaß der individuellen Schadensereignisse und die damit verbundene Beweisführung seien im Gegensatz zu den Fragen hinsichtlich der Verantwortlichkeit der Beklagten als Muttergesellschaft erheblich gestiegen. Im Ergebnis sei die Verbindung des Rechtsstreits mit Südafrika stärker als mit England; Südafrika sei nunmehr als das natürliche Forum zu betrachten.[137] Die erste Stufe des *Spiliada*-Tests war mithin erfüllt.[138]

Anhand dieser Entscheidung wird deutlich, dass sich die Bedeutung der einzelnen Kriterien nie losgelöst von den gesamten Umständen eines jeden Einzelfalles beurteilen lässt. Vielmehr kommt es stets auf alle Kriterien und deren gegenseitige Abwägung an, die in einer Weise vorzunehmen ist, die die Bedeutung eines jeden Kriteriums im Einzelfall möglichst optimal berücksichtigt.[139] So war hier im ersten Instanzenzug der Stellenwert des Faktors Geschäftssitz noch sehr hoch, trat jedoch im zweiten Instanzenzug nach Hinzutreten anderer Kriterien deutlich in den Hintergrund.

(3) Handlungsort

Der Handlungsort gehört zwar nicht zu den Abwägungskriterien, die *Lord Goff* ausdrücklich als solche in der *Spiliada*-Entscheidung bezeichnet hat, spielt jedoch in den *forum non conveniens*-Fällen eine durchaus wichtige Rolle. Auch dem deutschen Kollisionsrecht[140] sowie dem europäischen Zivilverfahrensrecht[141] ist vor allem auf dem Gebiet des Deliktsrechts eine Anknüpfung an den

136 Hier ging es insbesondere um die Frage, welche Kontrollfunktionen der Beklagten innerhalb des Konzerns zukamen sowie um die Frage der Wissenszurechnung innerhalb der Organe. Vgl. *Lubbe v. Cape Plc.* [2000] 2 Lloyd's Rep. 383, 390 (*Lord Bingham*).

137 Vgl. *Lubbe v. Cape Plc.* [2000] 2 Lloyd's Rep. 383, 390 f. (*Lord Bingham*).

138 Zum Ganzen *Blobel/Späth,* RIW 2000, 598, 601 f.

139 Dies entspricht auch der Intention von *Lord Goff* in *Spiliada Maritime Corp v. Cansulex Ltd.* [1987] A.C. 460, 481 f (*H.L.*).

140 Vgl. Art. 40 EGBGB im Bereich des internationalen Privatrechts sowie § 32 ZPO im Bereich des internationalen Zivilverfahrensrechts.

141 Vgl. Art. 5 Nr. 3 Brüssel I-VO, der allerdings ausdrücklich an den Ort anknüpft, an dem das schädigende Ereignis eingetreten ist (Erfolgsort). Nach dem Urteil des *EuGH* v. 30. 11. 1976, Rs. C-21/76 – *Bier v. Mines de Potasse d'Alsace,* EuGHE 1976, 1735, kann jedoch der Beklagte

Handlungsort nicht fremd. In der *forum non conveniens*-Praxis lassen sich neben Entscheidungen, die den Handlungsort im konkreten Einzelfall behandeln, auch Entscheidungen beobachten, die einen Grundsatz hinsichtlich der Gewichtung dieses Kriteriums aufstellen. So führte der *Court of Appeal* in einem Urteil aus dem Jahr 1984 aus, „that the jurisdiction in which a tort has been committed is prima facie the natural forum for the determination of the dispute".[142]

Nur ein Jahr danach folgte eine Einschränkung dieses Grundsatzes dahingehend, dass er jedenfalls dann nicht gelten könne, wenn sich das streitbefangene Schiff im Zeitpunkt der Tat nur auf der Durchreise durch die Hoheitsgewässer eines Staates befinde und der Fall sonst keine Verbindungen zu diesem Staat aufweise.[143] Wann genau die Voraussetzungen dieser Einschränkung erfüllt waren, blieb jedoch unklar. In dem *The Forum Craftsman*-Urteil wurde Japan als ein Durchreise-Staat im Sinne dieser Einschränkung angesehen, obwohl dort der vertragsgemäße Verladehafen war, wo das Schiff einige Zeit zwecks Aufnahme der Ladung geankert hatte. Dies erscheint nur wenig plausibel. Interessent war auch die Entwicklung im Fall *Galaxy Special Maritime Enterprise v. Prima Ceylon Ltd.*[144] aus dem Jahr 2006. Dort ging es um eine Streitigkeit im Zusammenhang mit der Bergung eines vor der Küste Sri-Lankas verunglückten Schiffes. Der *Court of Appeal* ging hier nicht mehr auf den *Albaforth*-Grundsatz ein, sondern behandelte den Handlungsort als einen Abwägungsfaktor unter anderen, die für die bessere Eignung der sri-lankischen Gerichte sprachen.[145]

In den letzten Jahren erlangte der Handlungsort zudem Bedeutung im Zusammenhang mit Rechtsstreitigkeiten wegen Verletzung des allgemeinen Persönlichkeitsrechts im Internet. Im Fall *Lewis v. King*[146] aus dem Jahr 2004 stritten die Parteien wegen ehrverletzender Äußerungen, die in zwei Artikeln im Internet veröffentlicht wurden. Der Server, von dem die Informationen abgerufen werden konnten, befand sich in Kalifornien. Zwar handelte es sich um einen rule 6.36-Fall, doch ist seine Aussage auch für die klassische *forum non conveniens*-

---

nach der Wahl des Klägers auch vor dem Gericht des Ortes verklagt werden, an dem die zum Schaden führende Handlung vorgenommen worden ist (Handlungsort).

142 *Cordoba Shipping Co. Ltd. v. National State Bank Elizabeth, New Jersey (The Albaforth)* [1984] 2 Lloyd's Rep. 91, 94 (*C.A.*). Vgl. hierzu *Huber*, Die englische forum-non-conveniens-Doktrin und ihre Anwendung im Rahmen des Europäischen Gerichtsstands- und Vollstreckungsübereinkommens, S. 92.

143 *The Forum Craftsman* [1985] 1 Lloyd's Rep. 291, 297. Vgl. auch hierzu *Huber*, Die englische forum-non-conveniens-Doktrin und ihre Anwendung im Rahmen des Europäischen Gerichtsstands- und Vollstreckungsübereinkommens, S. 93.

144 *Galaxy Special Maritime Enterprise v. Prima Ceylon Ltd.* [2006] 1 CLC 772 (*C.A.*).

145 *Galaxy Special Maritime Enterprise v. Prima Ceylon Ltd.* [2006] 1 CLC 772, 784 (*C.A.*).

146 *Lewis & Ors. v. King* [2005] I.L.Pr. 16. (*C.A.*). Hierzu *Eardley*, Ent.L.R. 2006, 17(1), 35 ff.

Lehre von Bedeutung.[147] Das Gericht wandte auch hier den in *Albaforth* aufgestellen Grundsatz an und ging aber davon aus, dass dieser lediglich den Ausgangspunkt der Prüfung darstelle.[148] Es sei allgemein anerkannt, dass bei Pressedelikten der Ort der unerlaubten Handlung am Ort der Veröffentlichung liege und dass jede einzelne Veröffentlichung einen gesonderten Klagegrund darstelle.[149] Bei Delikten im Internet liege demnach der Ort der Veröffentlichung überall dort, wo die Information bestimmungsgemäß abrufbar ist, unabhängig davon, wo der Server sich befindet, von dem die Informationen abgerufen werden können. Eine strikte Anwendung des *Albaforth*-Grundsatzes würde daher auf jeden Fall zum natürlichen Forum in England führen, denn auch dort war der Inhalt der kalifornischen Internetseite jedem zugänglich. Bei Klagen wegen Verletzung des Persönlichkeitsrechts müsse aber – so der *Court of Appeal* – berücksichtigt werden, ob der Verbreitungsort ausschließlich in England oder auch im Ausland liege.[150] Welches Gewicht diesem Umstand beizumessen ist, sei von Fall zu Fall unterschiedlich. Je geringer ist die Verbindung des Rechtsstreits zu einem bestimmten Ort der Veröffentlichung, desto schwächer sei die Vermutung, dass das natürliche Forum sich dort befinde. Mit anderen Worten: Der *Albaforth*-Grundsatz dürfe die Richter nicht von der Prüfung entbinden, ob die Gerichte des Veröffentlichungsortes auch unter Berücksichtigung der sonstigen Umstände zur Entscheidung des Rechtsstreits geeignet im Sinne des *Spiliada*-Urteils sind. Im Ergebnis wurde aber hier zu Gunsten des englischen Forums und damit des Klägers berücksichtigt, dass sich der Beklagte zur Verbreitung seiner Informationen eines globalen Mediums bedient hat, was die Geeignetheit der Gerichte des Handlungsortes unterstrich.[151] England war mithin als natürliches Forum zu betrachten.

Es wäre auch hier nicht möglich, aus diesen Beobachtungen eine feste Regel für die Gewichtung dieses Kriteriums aufzustellen. Dies würde auch weder der

147 Vgl. Einleitung.

148 *Lewis & Ors. v. King* [2005] I.L.Pr. 16, at 195 (*C.A.*).

149 *Lewis & Ors. v. King* [2005] I.L.Pr. 16, at 188 (*C.A.*) unter Berufung auf *Duke of Brunswick v. Harmer* (1849) 14 QB 185. In der Entscheidung *Berezovsky v. Forbes Inc* [2000] 1 WLR 1004, 1011 f. (*Lord Steyn*) setzte sich das *House of Lords* mit dem Vorschlag des Beklagten auseinander, in grenzüberschreitenden Beleidigungsfällen die gesamte Veröffentlichung als einen einheitlichen Klagegrund zu sehen und nur eine Klage in dem zur Entscheidung am besten geeigneten Forum zuzulassen und lehnte diesen ab. Dies sei nach Ansicht des Gerichts unpraktisch und mit dem geltenden Recht nicht zu vereinbaren.

150 *Lewis & Ors. v. King* [2005] I.L.Pr. 16, at 195 unter ausdrücklicher Bezugnahme auf *Berezovsky v. Forbes Inc* [2000] 1 WLR 1004, 1032 (*Lord Hope of Craighead*).

151 *Lewis & Ors. v. King* [2005] I.L.Pr. 16, at 198 (*C.A.*): „...in an Internet case the court's discretion will tend to be more open-textured than otherwise; for that is the means by which the court may give effect to the publisher's choice of a global medium“.

Intention der Rechtsprechung[152] noch der Natur des Abwägungsprozesses entsprechen. Allerdings lässt sich festhalten, dass der Handlungsort vor allem dann einen wichtigen Faktor darstellt, wenn noch weitere Verbindungspunkte zu den Gerichten des Handlungsortes bestehen.[153] Bei Schiffskollisionen wurde zum Beispiel die Sprache bzw. Nationalität der Lotsen berücksichtigt, die das Schiff im Zeitpunkt der Kollision geleitet haben. Bei Delikten im Internet ist dagegen bei der Ausübung des Ermessens zu beachten, dass hier vom Verbreiter ein Medium gewählt wurde, das theoretisch eine weltweite Publikation der Informationen ermöglicht und dass dieser dadurch das Risiko, an verschiedenen Orten gleichzeitig gerichtspflichtig zu werden, bewusst eingegangen ist. Für die letzte Fallgruppe bedeutet dies aber, dass dort eine Aussetzung des Verfahrens aus Gründen des *forum non conveniens* praktisch nicht mehr möglich sein wird, denn England wird stets als geeignetes Forum angesehen werden können. Die Bedeutung des Kriteriums Handlungsort wird allgemein oft auch dadurch schon verstärkt, dass man am Ort des Geschehens regelmäßig am besten Zugang zu den Beweismitteln finden wird, so dass automatisch auch weitere Abwägungsfaktoren für die bessere Eignung des Gerichts am Handlungsort sprechen werden.[154]

(4) Abschluss- und Erfüllungsort

Im internationalen Rechtsverkehr ist der Abschlussort, das *forum contractus*, in der Regel nur wenig tauglich, eine besondere Verbindung des Rechtsstreits zu den Gerichten eines bestimmten Staates herzustellen. Dies liegt vor allem daran, dass der Abschlussort oft von Zufällen abhängt und seine Lokalisierung dann nicht realisierbar ist, wenn die beiden Willenserklärungen an verschieden Orten abgegeben worden und zugegangen sind.[155] Lässt er sich aber eindeutig bestimmen, so kann er durchaus die richterliche Wahl zugunsten eines bestimmten Gerichts im Rahmen der *forum non conveniens*-Prüfung mit beeinflussen.[156]

Regelmäßig nehmen auch der Erfüllungsort sowie andere Orte, die der Vertragsdurchführung dienen, eine wichtige Stellung in der *forum non conveniens*-Praxis ein. Als Beispiel dafür seien an dieser Stelle vor allem seerechtliche Streitigkeiten genannt. Sie weisen naturgemäß internationale Bezüge auf und be-

---

152 Vgl. z.B. *Lewis & Ors. v. King* [2005] I.L.Pr. 16, at 198 (*C.A.*): „But as always, every case will depend upon its own circumstances“.

153 So auch *Huber,* Die englische forum-non-conveniens-Doktrin und ihre Anwendung im Rahmen des Europäischen Gerichtsstands- und Vollstreckungsübereinkommens, S. 94.

154 Vgl. *Huber,* Die englische forum-non-conveniens-Doktrin und ihre Anwendung im Rahmen des Europäischen Gerichtsstands- und Vollstreckungsübereinkommens, S. 94.

155 Vgl. *Schack,* IZVR, Rn. 289.

156 Vgl. *Galaxy Special Maritime Enterprise v. Prima Ceylon Ltd.* [2006] 1 CLC 772, 784 (*C.A.*).

reiten den Gerichten bei der Ermittlung des natürlichen Gerichts häufig Schwierigkeiten. Kaum wird es in diesen Fällen das eine natürliche Forum geben.[157] Sie erfordern daher eine besonders genaue Untersuchung sämtlicher Verbindungspunkte zu allen in Betracht kommenden Gerichtsstaaten. So wird in diesen Fallkonstellationen nicht selten neben anderen Faktoren eine Rolle spielen, wo der vertragsgemäße Zielhafen, Verlade- oder Abladehafen liegen.[158]

(5) Ausländische Rechtshängigkeit

Im deutschen autonomen Zivilprozessrecht fehlt eine ausdrückliche Regelung zur Beachtlichkeit ausländischer Rechtshängigkeit. Für reine Inlandsfälle gilt § 261 III Nr. 1 ZPO: Sind die Parteien und der Streitgegenstand identisch, so hat das Gericht zu entscheiden, bei dem das Verfahren zuerst rechtshängig gemacht wurde. Die später vor einem anderen Gericht erhobene Klage ist von Amts wegen als unzulässig abzuweisen. Die herrschende Ansicht überträgt diesen Grundsatz auch auf das Verhältnis zwischen in- und ausländischen Verfahren. Allerdings gilt folgende Einschränkung: Die ausländische Rechtshängigkeit ist nur dann zu beachten, wenn mit der Anerkennung der vom ausländischen Gericht zu fällenden Entscheidung voraussichtlich zu rechnen ist.[159]

Im englischen Zivilverfahrensrecht wird dagegen die Beachtung ausländischer Rechtshängigkeit unter dem Stichwort *lis alibi pendens* als Unterfall der *forum non conveniens*-Lehre behandelt.[160] Die Entscheidung darüber, ob ein Verfahren wegen eines Parallelverfahrens ausgesetzt wird, wird mithin in das Ermessen des Gerichts gestellt, welches – wie in allen anderen *forum non conveniens*-Fällen – alle für und gegen eine Aussetzung sprechenden Faktoren frei gegeneinander abwägen wird. Anders als bei den herkömmlichen *forum non conveniens*-Entscheiden geht es hier allerdings im Ergebnis nicht nur um die Frage, ob ein Verfahren in England *oder* im Ausland geführt werden soll, sondern primär darum, ob das englische Verfahren *zusätzlich* zu dem ausländischen stattfinden soll; mit anderen Worten: ob unter Umständen zwei parallele Klagen zugelassen werden sollen. Grundsätzlich sind *lis alibi pendens*-Konstellationen unerwünscht, weil sie das Risiko divergierender Entscheidungen sowie eines Wettlaufs um ein Urteil, auf dessen materielle Rechtskraft man sich im späteren Verfahren berufen

157 Vgl. *Huber,* Die englische forum-non-conveniens-Doktrin und ihre Anwendung im Rahmen des Europäischen Gerichtsstands- und Vollstreckungsübereinkommens, S. 109.

158 Vgl. *The Kislovodsk* [1980] 1 Lloyd's Rep. 183, 185.

159 *Geimer,* IZPR, Rn. 2688; *von Hoffmann/Thorn,* Internationales Privatrecht, § 3 Rn. 66.

160 *Dicey, Morris and Collins,* Rn. 12-035 ff.; *Cheshire/North/Fawcett,* S. 440 ff.; *Morris/McClean/Beevers,* Rn. 5-047.

könnte, in sich bergen.[161] Außerdem werden regelmäßig höhere Kosten sowie andere Unannehmlichkeiten für die Parteien damit verbunden sein. Eine Einschränkung der doppelten Rechtshängigkeit ist daher allgemein sehr wünschenswert.

Im Anwendungsbereich der Brüssel I-VO bzw. des Lugano-Übereinkommes ist die Problematik der doppelten Rechtshängigkeit in Art. 27 ff. Brüssel I-VO bzw. Art. 21 ff. Lugano-Übereinkommen geregelt; so dass die im Folgenden dargestellten Grundsätze dort nicht anwendbar sind. Sie beziehen sich daher lediglich auf Fälle, die weder dem Regime der Brüssel I-VO noch des Lugano-Übereinkommens unterliegen. Als Beispiel hierfür können Fälle dienen, bei denen die konkurrierenden Verfahren in England und in den USA geführt werden.[162]

Im *Spiliada*-Urteil selbst erfolgte keine explizite Stellungnahme zu der Problematik der *lis alibi pendens*-Fälle. Die Entscheidung darüber, dass diese nach den Grundsätzen der *forum non conveniens*-Lehre zu lösen sind, wurde aber durch das *House of Lords* in dem Urteil *De Dampierre v. De Dampierre*[163] aus dem Jahre 1987 getroffen. Die Abwägung der Gesamtumstände sei im Lichte der Verfahrensmehrheit vorzunehmen,[164] d.h. die einzelnen Kriterien seien in einer Weise abzuwägen, die der Besonderheit der Verfahrensmehrheit ausreichend Rechnung trägt. Dies bedeute aber keinesfalls eine generelle Vermutung dafür, dass bei der *lis alibi pendens* das ausländische Gericht stets das natürliche wäre, mit der Folge, dass sich hier die Prüfung lediglich auf die zweite Stufe des *Spiliada*-Tests, namentlich auf die Frage, ob eine Verfahrensaussetzung mit der Gerechtigkeit zu vereinbaren wäre, beschränken würde. Wie andere Kriterien kann auch die *lis alibi pendens* alleine keinen Ausschlag für das Gesamtergebnis der Abwägung geben; es wird aber durchaus beachtet, dass sie die Gefahr einer Rechtsverweigerung verhindert. In Zweifelsfällen, also dann, wenn sich das natürliche Forum nicht finden lässt, ist die Aussetzung dennoch zu verweigern.[165] Stets wird es mehrere Faktoren geben, welche die Bestimmung des natürlichen Gerichts mit beeinflussen werden. Daher kann auch die folgende Untersuchung keine allgemeinen Regeln, sondern lediglich Anhaltspunkte und Beispiele für die gerichtliche Praxis liefern.

---

161 *Cheshire/North/Fawcett*, S. 440; *Huber*, Die englische forum-non-conveniens-Doktrin und ihre Anwendung im Rahmen des Europäischen Gerichtsstands- und Vollstreckungsübereinkommens, S. 98 f.

162 *Cheshire/North/Fawcett*, S. 441.

163 *De Dampierre v. De Dampierre* [1988] A.C. 92, 108 (*Lord Goff*). Zu beachten ist aber, dass *lis alibi pendens*-Fragen bereits vor *Spiliada* bei der Herausbildung der englischen Lehre von Bedeutung waren. Vgl. *The Abidin Daver* [1984] A.C. 398.

164 *Cheshire/North/Fawcett*, S. 441 f.

165 *The Coral Isis* [1986] 1 Lloyd's Rep. 413, 417.

(a) Relevante Faktoren

Von großer Bedeutung ist zunächst, wie sich die Verteilung der Kläger- und der Beklagtenrolle in den beiden Verfahren gestaltet. Ist diese identisch, d.h. ist der Kläger im Ausland auch der Kläger in England, so tendieren die Gerichte grundsätzlich dazu, vom Kläger die Wahl eines Gerichtsstandes zu verlangen.[166] Soweit unter Berufung auf das Urteil des *Court of Appeal The Hida Maru*[167] vertreten wird, dass teilweise auf diese Fallgestaltung ohne weiteres der *forum non conveniens*-Test angewendet wird,[168] ist zu beachten, dass in jenem Fall das ausländische Verfahren aufgegeben wurde, bevor der Kläger das Verfahren in England begonnen hatte. Damit war hier die Gefahr zweier parallel stattfindender Verfahren zunächst nicht mehr gegeben. Der Kläger musste eine Wahl nicht mehr treffen, so dass die übliche Anwendung des *forum non conveniens*-Grundsatzes in jeder Hinsicht angebracht war und auch keine Ausnahme darstellte.[169] Ist aber der Fortgang beider Verfahren noch möglich, so muss der Kläger grundsätzlich zwischen den zwei Foren wählen. Entscheidet er sich für das ausländische Verfahren, so wird die inländische Klage endgültig abgewiesen.[170] Für den Fall der Wahl zugunsten des englischen Forums wird dem Kläger auferlegt, das Verfahren im Ausland zurückzunehmen. Kommt der Kläger der Aufforderung nicht nach, so kann das englische Gericht das vor ihm anhängige Verfahren immer noch aussetzen.[171]

Völlig ohne Bedeutung scheint demgegenüber der Umstand zu sein, welche der beiden Klagen zuerst erhoben wurde. Allgemein wird die Zeitkomponente als eher zufällig erachtet,[172] so dass sie nicht den Ausschlag dafür geben kann, ob

166 Vgl. *Australian Commercial Research and Development Ltd. v. ANZ McCaughan Merchant Bank Ltd.* [1989] 3 All ER 65 sowie *Cheshire/North/Fawcett,* S. 443.

167 *Kuwait Oil Co. v. Idemitsu Tankers KK. (The Hida Maru)* [1981] 2 Lloyd's Rep. 510 (*C.A.*).

168 So *Huber,* Die englische forum-non-conveniens-Doktrin und ihre Anwendung im Rahmen des Europäischen Gerichtsstands- und Vollstreckungsübereinkommens, S. 98.

169 Es handelte sich hier um einen Order 11-Fall (entspricht nun rule 6.36-Fall) und daher genauer genommen um eine *forum conveniens*-Konstellation. Im Ergebnis wurde hier die Klagezustellung im Ausland zugelassen, allerdings unter der Bedingung, dass der Kläger alle Kosten trägt, die dem Beklagten in dem kuwaitischen Verfahren entstanden sind.

170 *Australian Commercial Research and Development Ltd. v. ANZ McCaughan Merchant Bank Ltd.* [1989] 3 All ER 65, 70b. Vgl. aber *Attorney-General v. Arthur Anderson & Co.* [1989] E.C.C. 224, 229 (*C.A.*). Hier wurde die englische Klage lediglich ausgesetzt, weil die Zuständigkeit des alternativen Forums noch in Frage stand. Das Schicksal der ausländischen Klage war mithin unsicher. Vgl. zum Ganzen *Smart,* (1990) Lloyd's M.C.L.Q. 326 ff.

171 *Huber,* Die englische forum non-conveniens-Doktrin und ihre Anwendung im Rahmen des Europäischen Gerichtsstands- und Vollstreckungsübereinkommens, S. 98.

172 *The Coral Isis* [1986] 1 Lloyd's Rep. 413, 417; *E.I. du Pont de Nemours and Endo Laboratories Inc. v. I.C. Agnew and Kerr* [1987] 2 Lloyd's Rep. 585, 593 (*C.A.*).

ein Verfahren ausgesetzt werden oder ob die Verfahrensmehrheit ausnahmsweise hingenommen werden soll.

Große Rolle spielt dagegen die Frage, wie lange das andere Gericht bereits mit der Sache befasst ist und bis zu welchem Stadium das Verfahren fortgeschritten ist. Im Fall *Cleveland Museum of Art v. Capricorn Art International SA*[173] hat beispielsweise das Gericht als entscheidend berücksichtigt, dass das alternative Verfahren im US-Bundesstaat Ohio bereits „ready for trial" war, was so viel bedeutet, dass die Beweisermittlung im Vorfeld der Hauptverhandlung unter weitgehend alleiniger Verantwortung der Parteien (*pretrial discovery*)[174] abgeschlossen ist und die Hauptverhandlung beginnen kann. Des Weiteren erwähnte hier das Gericht die unerwünschten Folgen konkurrierender Klagen, insbesondere höhere Kosten und Unannehmlichkeiten für die Parteien sowie das Risiko divergierender Entscheide. All dies waren für das englische Gericht gewichtige Gründe, um eine Aussetzung zu gewähren. Im Fall *Galaxy Special Maritime Enterprise v. Prima Ceylon Ltd.*[175] war für das Gericht unter anderem von großer Bedeutung, dass im sri-lankischen Verfahren kein Antrag auf Aussetzung durch die Gegenpartei gestellt wurde. Die dortige Klage konnte mithin in jedem Fall fortgesetzt werden. Die *forum non conveniens*-Prüfung fiel hier zugunsten der sri-lankischen Gerichte aus. Der ausländischen Rechtshängigkeit wird dementsprechend in der Regel eher wenig Beachtung geschenkt, wenn das dortige Verfahren gerade erst begonnen wurde und kaum fortgeschritten ist,[176] oder wenn es sehr wahrscheinlich erscheint, dass das fremde Urteil einer Anfechtung nicht standhalten würde.[177]

Ähnlich argumentieren die Gerichte, wenn sie die voraussichtliche Dauer der beiden Verfahren in den Abwägungsprozess miteinbeziehen, denn im Ergebnis geht es auch hier darum, dem Verfahren Vorzug zu geben, das am zügigsten zum Ende geführt werden kann. Als Beispiel hierfür sei an dieser Stelle die *Abidin Daver*-Entscheidung[178] genannt. Das *House of Lords* berücksichtigte dort, dass das türkische Verfahren unverzüglich nach der Kollision in Gang gesetzt und als

---

173 *Cleveland Museum of Art v. Capricorn Art International S.A.* [1990] 2 Lloyd's Rep. 166.

174 Vgl. hierzu *Schack,* Einführung in das US-amerikanische Zivilprozessrecht, S. 44 ff.

175 *Galaxy Special Maritime Enterprise v. Prima Ceylon Ltd.* [2006] 1 CLC 772, 784 (*C.A.*).

176 Siehe *Arkwright Mutual Insurance Co. v. Bryanston Insurance Co. Ltd.* [1990] 2 Lloyd's Rep. 70, 80. Dort hat sich das US-amerikanische Gericht lediglich mit Zuständigkeitsfragen befasst; die *discovery* fand noch nicht statt. Vgl. auch *De Dampierre v. De Dampierre* [1988] A.C. 92, 108 (*Lord Goff*).

177 Hierzu *Meridien BIAO Bank GmbH v. Bank of New York* [1997] 1 Lloyd's Rep. 437, 445 (*C.A.*).

178 *The Abidin Daver* [1984] A.C. 398; vgl. *Cheshire/North/Fawcett,* S. 443.

ein Eilverfahren geführt wurde.[179] Eine schnelle Entscheidung war hier wahrscheinlich; eine Aussetzung wurde gewährt.

Nicht selten hinterfragen die Gerichte die Motivation die hinter der Einleitung der beiden Verfahren steht. So kommt der alternativen Klage keine Bedeutung zu, wenn sie nicht gerade darauf abzielt, das Klageziel zu verfolgen und eine gerichtliche Entscheidung zu erwirken, sondern primär dazu dient, die Situation der *lis alibi pendens* herzustellen.[180] Gleiches soll für den Fall gelten, dass die zweite Klage lediglich deswegen erhoben wurde, um eine mögliche Verjährung des Klageanspruchs zu verhindern.[181]

Ein weiterer Faktor, dem die Gerichte bei vertraglichen Streitigkeiten regelmäßig ein großes Gewicht beimessen, ist die Frage, welches Recht auf das dem Verfahren zugrunde liegende Rechtsverhältnis anzuwenden ist. Im Fall *E.I. du Pont de Nemours and Endo Laboratories Inc. v. I.C. Agnew and Kerr*[182] war neben der englischen Klage ein Verfahren vor dem US-amerikanischen Gericht in Illinois anhängig. Der *Court of Appeal* hielt England für besser geeignet und wies den Antrag auf Verfahrensaussetzung ab. Die Entscheidung wurde maßgeblich damit begründet, dass auf die Versicherungsverträge, aus denen sich die Streitigkeiten ergaben, englisches Recht anwendbar sei. Fallentscheidend seien Fragen, welche die öffentliche Ordnung betreffen. Es sei zweifelhaft, ob diese ein fremdes Gericht lösen könne. Die unerwünschten Folgen der doppelten Rechtshängigkeit seien daher hier ausnahmsweise zu dulden.[183]

Auch eine Gerichtsstandsvereinbarung zugunsten englischer Gerichte kann dazu führen, dass das englische Forum als besser geeignet angesehen wird und damit das Kriterium der Verfahrensmehrheit in den Hintergrund tritt und deren unliebsame Folgen hingenommen werden.[184]

Zusammenfassend lässt sich festhalten, dass auch hier eine allgemeingültige Regel zur Handhabung eines bestimmten Abwägungskriteriums nicht aufgestellt werden kann. Das Gericht wird stets seine Entscheidung auf eine umfassende Prüfung sämtlicher Umstände des Einzelfalles und deren gegenseitige Abwägung stützen. Charakteristisch für viele *lis alibi pendens*-Konstellationen ist aber, dass die oben genannten Kriterien sehr oft mit dem Kostenfaktor verbunden sein

---

179 *The Abidin Daver* [1984] A.C. 398, 410 (*Lord Diplock*).

180 Vgl. *Arkwright Mutual Insurance Co. v. Bryanston Insurance Co. Ltd.* [1990] 2 Lloyd's Rep. 70, 80 und *De Dampierre v. De Dampierre* [1988] A.C. 92, 108 (*Lord Goff of Chieveley*).

181 Vgl. *Cheshire/North/Fawcett*, S. 443.

182 *E.I. du Pont de Nemours and Endo Laboratories Inc. v. I.C. Agnew and Kerr* [1987] 2 Lloyd's Rep. 585 (*C.A.*).

183 *E.I. du Pont de Nemours and Endo Laboratories Inc. v. I.C. Agnew and Kerr* [1987] 2 Lloyd's Rep. 585, 594 (*C.A.*).

184 *Akai Pty. Ltd. v. People's Insurance Co. Ltd.* [1998] 1 Lloyd's Rep. 90, 105 ff.

werden, so dass meistens auch ein Teil der *convenience*-Faktoren für die gerichtliche Entscheidung maßgeblich sein wird. So geht es z.B. bei dem Vergleich des Fortschritts oder der voraussichtlichen Dauer der Verfahren in erster Linie darum, welche von den beiden Klagen für die Parteien am günstigsten ist. Auch hinter der Berücksichtigung des anwendbaren Rechts verbirgt sich letztendlich die Suche nach dem Verfahren, das die geringeren Kosten für die Parteien verursacht.

Zu beachten ist schließlich, dass die hier behandelten Kriterien nicht nur für die reinen *lis alibi pendens*-Fälle im Sinne der oben genannten Definition, sondern auch für parallele Verfahren gelten, bei denen zwar Parteien und Streitgegenstand nicht genau übereinstimmen, die aber trotzdem im engen sachlichen Zusammenhang stehen. In diesen Konstellationen wird das Gericht einen ausländischen Prozess umso stärker gewichten, je enger seine Verbindung zu dem englischen Verfahren ist.[185]

(b) Besonderheiten bei negativen Feststellungsklagen

Eine besondere Art von *lis alibi pendens* liegt dann vor, wenn es sich bei einem der Verfahren um eine negative Feststellungsklage handelt. Grundsätzlich wird einer negativen Feststellungsklage nur selten der Vorzug gegeben. Dies gilt unabhängig davon, ob diese in England erhoben wurde oder ob in England eine Leistungsklage anhängig ist und der Beklagte die negative Feststellungsklage im Ausland erhoben hat. Die große Skepsis der englischen Richter gegenüber einer negativen Feststellungsklage wird oft damit begründet, dass diese in vielen Fällen ein missbräuchliches *forum shopping* begünstigt. In diesem Zusammenhang wird häufig der Fall *The Volvox Hollandia*[186] zitiert. Dort ging es um Folgendes: Die Beklagten haben in Holland, ihrem Sitzstaat, ein Haftungsbegrenzungsverfahren im Sinne des Brüsseler Übereinkommens von 1957[187] eingeleitet. Kurze Zeit später erhoben die Kläger eine Haftungsklage in England und beantragten darüber hinaus die Feststellung, dass die Beklagten nicht berechtigt seien, ihre Haftung im Wege der holländischen Klage zu beschränken. Da die Beklagten keinen Sitz in England hatten, wurde die Klage nach gerichtlicher Zustimmung

185 Ausführlicher hierzu *Huber,* Die englische forum-non-conveniens-Doktrin und ihre Anwendung im Rahmen des Europäischen Gerichtsstands- und Vollstreckungsübereinkommens, S. 103 f.

186 *Saipem S.P.A. v. Dredging VO2 B.V. and Geosite Surveys Ltd. (The Volvox Hollandia)* [1988] 2 Lloyd's Rep. 361.

187 Internationales Übereinkommen über die Beschränkung der Haftung der Eigentümer von Seeschiffen vom 10. 10. 1957, abrufbar unter: http://www.admiraltylawguide.com/conven/limita tion1957.html (zuletzt abgerufen am 26. 2. 2012).

gemäß R.S.C. Order 11[188] im Ausland zugestellt. Die Beklagten wehrten sich gegen diese Zustellung und beantragten die Aussetzung des englischen Verfahrens. Der *Court of Appeal* wertete die Zustimmung zur Zustellung der negativen Feststellungsklage als nicht rechtmäßig und hob diese auf. Es sei ein international anerkannter Grundsatz, dass ein Schiffseigner vor den Gerichten seines Heimatstaates ein solches Haftungsbegrenzungsverfahren durchführen kann. Die Zulassung einer negativen Feststellungsklage würde dieses Recht, in das nur unter besonderen Umständen und mit äußerster Zurückhaltung eingegriffen werden dürfe, beeinträchtigen.[189] Das Gericht gewährte damit einen *stay*. Erwähnenswert in diesem Zusammenhang ist zudem die Entscheidung *First National Bank of Boston v. Union Bank of Switzerland.*[190] Hier wurde die negative Feststellungsklage in England ausgesetzt, weil das schweizerische Verfahren ganz unabhängig von dem englischen Verfahren zu Ende geführt werden würde, da nach schweizerischem Recht diesem Verfahren Vorrang gebührte und auch eine Vollstreckung des Urteils in der Schweiz gesichert war, da sich dort das Vermögen der Beklagten befand. Die englische Klage war mithin völlig „machtlos", so dass es keinen Sinn ergab, sie fortzuführen.[191]

Als Gegenbeispiel hierzu bietet sich der Fall *Arkwright v. Bryanston*[192] an, in dem in England eine Leistungsklage und im Ausland eine negative Feststellungsklage anhängig war. Den Vorrang der englischen Klage begründete hier das Gericht unter anderem damit, dass die negative Feststellungsklage eine Art Präventivschlag gegen die vom Kläger beabsichtigte englische Klage darstellte und damit nur mit Vorsicht in Vergleich mit der konkurrierenden Klage zu betrachten wäre.[193]

Der Grund für die prinzipielle Zurückhaltung gegenüber negativen Feststellungsklagen in Situationen, in denen sich Verfahren in mehreren Staaten gegenüberstehen, dürfte vor allem darin zu suchen sein, dass die Zielsetzung und die Reichweite einer Leistungsklage und einer negativen Feststellungsklage sehr

---

188 Vgl. hierzu bereits oben Kap. 1, III, 2, a), bb), (2).

189 *Saipem S.P.A. v. Dredging VO2 B.V. and Geosite Surveys Ltd. (The Volvox Hollandia)* [1988] 2 Lloyd's Rep. 361, 364, 371.

190 *First National Bank of Boston v. Union Bank of Switzerland and Others* [1990] 1 Lloyd's Rep. 32 (*C.A.*).

191 *First National Bank of Boston v. Union Bank of Switzerland and Others* [1990] 1 Lloyd's Rep. 32, 35 f. (*C.A.*). Ausführlicher hierzu *Huber,* Die englische forum-non-conveniens-Doktrin und ihre Anwendung im Rahmen des Europäischen Gerichtsstands- und Vollstreckungsübereinkommens, S. 101 f.

192 *Arkwright Mutual Insurance Co. v. Bryanston Insurance Co. Ltd.* [1990] 2 Lloyd's Rep. 70.

193 *Arkwright Mutual Insurance Co. v. Bryanston Insurance Co. Ltd.* [1990] 2 Lloyd's Rep. 70, 80. Die Abwägung erfolgte hier allerdings nur hilfsweise, da die Anwendbarkeit der Lehre im Rahmen der Brüssel I-VO verneint wurde.

unterschiedlich sind. Während letztere nur auf Feststellung des Bestehens oder Nichtbestehens eines rechtlichen Verhältnisses gerichtet ist, wird mit der Leistungsklage ein Vollstreckungstitel für den umstrittenen Anspruch geschaffen. Das Rechtsschutzziel der Leistungsklage geht damit weit über den Streitgegenstand der negativen Feststellungsklage hinaus. Ein großes Gewicht kann indes einer negativen Feststellungsklage in einem Fall zukommen, in dem die Parteien vertraglich die Anwendbarkeit des englischen Rechts oder die Zuständigkeit englischer Gerichte vereinbart haben und die negative Feststellungsklage das einzige Mittel zur Sicherung dieser Klauseln darstellt.[194]

(6) Anwendbares Recht

Zu den Faktoren, die bei der Suche nach dem natürlichen Forum untersucht werden, gehört auch häufig – insbesondere in Vertragsstreitigkeiten – die Frage, welches Recht auf das dem Verfahren zugrunde liegende Rechtsverhältnis anzuwenden ist.[195] Dies gilt unabhängig davon, ob das Sachrecht aufgrund einer Rechtswahl oder der Anwendung von Kollisionsnormen bestimmt wird. Eine Einschränkung gilt lediglich dann, wenn aus englischer Sicht ein anderes Recht als das des alternativen Forums anwendbar ist. In diesem Fall verliert die Frage nach dem anwendbaren Recht ihre Bedeutung.[196] Der Grund für die allgemeine Beachtung des anwendbaren Rechts liegt vor allem darin, dass ein fremdes Recht in der praktischen Rechtsfindung mit Schwierigkeiten verbunden ist. Ein Verfahren über ausländisches Recht in England wird in der Regel komplizierter, länger und teurer sein, als in dem betreffenden Land selbst. Über den Inhalt des ausländischen Rechts wird sich der Richter oft im Wege eines Sachverständigengutachtens Kenntnis verschaffen müssen.[197] Dies verursacht zusätzliche Kosten und verzögert das gesamte Verfahren. Die Anwendung eines fremden Rechts kann zudem das Risiko einer fehlerhaften Entscheidung erhöhen, weil das ausländische Recht als Tatsachenfrage vom Berufungsgericht nicht überprüfbar ist.[198] Oft verstärken auch zusätzliche Faktoren die Bedeutung des anwendbaren Sachrechts

194 *Akai Pty. Ltd. v. People's Insurance Co. Ltd.* [1998] 1 Lloyd's Rep. 90, 104 ff.

195 *Spiliada Maritime Corp v. Cansulex Ltd.* [1987] A.C. 460, 478 (*Lord Goff*); *Australian Commercial Research and Development Ltd. v. ANZ McCaughan Merchant Bank Ltd.* [1989] 3 All ER 65, 72a-73a; *E.I. du Pont de Nemours and Endo Laboratories Inc. v. I.C. Agnew and Kerr* [1987] 2 Lloyd's Rep. 585, 594 (*C.A.*); *Kuwait Oil Co. v. Idemitsu Tankers KK. (The Hida Maru)* [1981] 2 Lloyd's Rep. 510, 513 f. (*C.A.*).

196 *Banco Atlantico SA v. British Bank of the Middle East* [1990] 2 Lloyd's Rep. 504, 509 (*C.A.*).

197 Dies ist deswegen möglich, weil fremdes Recht als Tatsache betrachtet wird.

198 Hierzu *Fawcett,* (1989) 9 Oxford J.L.S. 205, 221. Vgl. auch *Muduroglu Ltd. v. T.C. Ziraat Bankasi* [1986] QB 1225, 1246 (*C.A.*).

für die richterliche Entscheidung. So kann z.B. die Anwendung heimischen Rechts insbesondere dann zwingend die Annahme des Rechtsstreits erfordern, wenn es um die Anwendung besonderer Vorschriften geht, deren Verwirklichung nur durch einheimische Gerichte genügend gesichert erscheint.[199] Zu beachten ist aber, dass grundsätzlich das anwendbare Recht auch nur ein Faktor unter anderen ist.[200] Da jedoch die Anwendbarkeit des Sachrechts eines bestimmten Staates naturgemäß die Verwirklichung anderer Anknüpfungsmomente in dem betreffenden Staat voraussetzt,[201] ist das Sachrecht meist zusammen mit anderen Faktoren ein starkes Indiz dafür, dass das Forum des anwendbaren Rechts ein natürliches Forum ist.[202]

(7) Gerichtsstandsvereinbarung

Das natürliche Forum wird von den Richtern nicht selten in dem Staat gesehen, dessen Gerichte aufgrund einer Gerichtsstandsvereinbarung zuständig sein sollen. Für ausschließliche Gerichtsstandsvereinbarungen gelten besondere Regeln der Ermessensausübung, so dass es in diesen Fällen eines Zugriffs auf die *forum non conveniens*-Lehre in der Regel nicht bedarf.[203] Nicht-ausschließliche Gerichtsstandsvereinbarungen können aber im Rahmen einer *forum non conveniens*-Prüfung ein starkes Indiz zugunsten des von den Parteien gewählten Forums darstellen. Wenngleich auch hier grundsätzlich ein richterlicher Ermessensspielraum noch besteht, so neigen die Gerichte doch stark dazu, die Parteien an ihrer Vereinbarung festzuhalten.[204]

199 *E.I. du Pont de Nemours and Endo Laboratories Inc. v. I.C. Agnew and Kerr* [1987] 2 Lloyd's Rep. 585, 594 (*C.A.*). Vgl. Hierzu bereits oben Kap. 1, IV, 2, b), aa), (5), (a).

200 Vgl. *Galaxy Special Maritime Enterprise v. Prima Ceylon Ltd.* [2006] 1 CLC 772, 783 (*C.A*). Trotz Anwendbarkeit des englischen Rechts fiel hier die Entscheidung der Richter zugunsten der sri-lankischen Gerichte aus.

201 Ausnahme hiervon bildet der (seltene) Fall, in dem die Parteien eine Rechtswahl zugunsten eines fremden Sachrechts treffen, das in keiner Weise mit ihnen und ihren Rechtsbeziehungen verknüpft ist.

202 So auch *Wahl,* Die verfehlte internationale Zuständigkeit, S. 82.

203 Vgl. hierzu *Cheshire/North/Fawcett,* S. 432 und 443 ff.; *Morris/McClean/Beevers,* Rn. 5-051; *Baghlaf Al Safer Factory Co. BR for Industry Ltd. v. Pakistan National Shipping Co.* [1998] 2 Lloyd's Rep. 229, 235 (*C.A.*).

204 Vgl. *Cheshire/North/Fawcett,* S. 432; *Akai Pty. Ltd. v. People's Insurance Co. Ltd.* [1998] 1 Lloyd's Rep. 90, 100 und 105 ff. und *S. & W. Berisford Plc. and NGI International Precious Metals Inc. v. New Hampshire Insurance Co.* [1990] 1 Lloyd's Rep. 454, 463.

bb) Unannehmlichkeiten und Kosten (convenience-Faktoren)

Die zweite Gruppe der Abwägungskriterien innerhalb der ersten Stufe der *forum non conveniens*-Prüfung stellen die sogenannten *convenience*-Faktoren dar.[205] Darunter sind die für die Parteien und Zeugen im Zusammenhang mit der Prozessführung entstehenden Kosten und Unannehmlichkeiten – z.B. verbunden mit der tatsächlichen Erreichbarkeit des Gerichts – zu verstehen. Trotz der ausdrücklichen Nennung der *convenience*-Faktoren durch *Lord Goff* in der *Spiliada*-Entscheidung ist es schwierig, englische Urteile zu finden, die sich umfassend mit diesen Kriterien auseinandersetzen. Meistens werden sie in den Urteilsgründen nur am Rande erwähnt. Dies bedeutet aber keinesfalls, dass diese Faktoren von den Richtern nicht berücksichtigt werden. Die Gründe für den eher zurückhaltenden Gebrauch der *convenience*-Faktoren zur Begründung der richterlichen Entscheidung werden zutreffend von *Huber*[206] analysiert: Zum einen werden die Unannehmlichkeiten und Kosten mittelbar durch die Beachtung der Nationalität und des Wohnsitzes der Parteien berücksichtigt. Kann das Verfahren vor den Gerichten des Heimatstaates geführt werden, so werden die Unannehmlichkeiten und Kosten für die Betroffenen geringer sein als bei einer Prozessführung im Ausland. Des Weiteren – so *Huber* – würden die meisten *forum non conveniens*-Streitigkeiten vor den englischen Gerichten zwischen Gesellschaften ausgetragen. Nur selten handele es sich dabei um Streitigkeiten zwischen Privatpersonen. Wer sich aber auf internationale Rechtsgeschäfte einlasse, der müsse auch bereit sein, sich im Ausland verklagen zu lassen. Die *convenience*-Faktoren werden deswegen in diesen Fällen keine bedeutende Rolle spielen. Vor allem der erste von *Huber* genannte Aspekt lässt sich noch ergänzen. Es sind nicht nur die Nationalität und der Wohnsitz der Parteien, welche die Berücksichtigung der *convenience*-Faktoren nach sich ziehen. Auch die Beachtung einer von den Parteien getroffenen Rechtswahl bringt letztendlich eine Berücksichtigung der *convenience* mit sich, denn das mit Bedacht von den Parteien gewählte Recht wird deren persönlichen Interessen eher entsprechen als ein Recht, mit dessen Anwendung sie nicht zu rechnen hatten.[207] Ähnliches gilt für die Einbeziehung des Handlungsortes in die Abwägungsentscheidung. Am Handlungsort wird die Beweisaufnahme leichter durchzuführen sein, weil sich dort typischerweise die meisten Zeugen befinden werden, so dass eine Entscheidung für die Gerichte am Handlungsort auch im Sinne der *convenience* getroffen wird. Insgesamt lässt sich

---

205 *Spiliada Maritime Corp v. Cansulex Ltd.* [1987] A.C. 460, 478 (*Lord Goff*). Vgl. zur Einteilung der Abwägungskriterien bereits oben Kap. 1, IV, 2, b).

206 *Huber,* Die englische Forum-non-conveniens-Doktrin und ihre Anwendung im Rahmen des Europäischen Gerichtsstands- und Vollstreckungsübereinkommens, 114 f.

207 Allgemein zur Legitimation der Rechtswahl als solcher *Kropholler,* IPR, § 40 III 2.

festhalten, dass eine strikte Trennung zwischen den verfahrensbezogenen Abwägungskriterien und den *convenience*-Faktoren in der Regel nicht möglich sein wird. Vielmehr sind diese meistens stark miteinander verzahnt, so dass nur ihr Zusammenspiel auf die richterliche Entscheidung Auswirkung haben kann.

Dies wird vor allem auch bei der Analyse der *lis alibi pendens*-Fälle deutlich. Wie bereits oben erwähnt,[208] spielen dort die Unannehmlichkeiten und Kosten oft eine sehr große Rolle und werden – im Gegensatz zu der traditionellen *forum non conveniens*-Praxis – auch nicht selten unmittelbar als ein Abwägungsfaktor diskutiert.[209] Zudem findet hier die *convenience*-Frage auch mittelbar Berücksichtigung, indem Faktoren wie Fortschritt oder voraussichtliche Dauer der beiden Verfahren in die Prüfung einbezogen werden. Genauer betrachtet stellen sogar die Unannehmlichkeiten und Kosten gerade die unliebsamen Folgen der *lis alibi pendens*-Konstellationen dar und sind daher maßgeblich dafür, dass die englischen Richter in diesen Fällen stärker dazu tendieren, die Verfahren auszusetzen als in den herkömmlichen *forum non conveniens*-Situationen, in denen keine zusätzliche Klage im Ausland anhängig ist.[210] Wie wichtig hier die *convenience*-Faktoren sind, kommt vor allem auch dadurch zum Ausdruck, dass in vielen *lis alibi pendens*-Fällen die Richter ihre Entscheidung gerade von der Bedingung abhängig machen, dass der Kläger die dem Beklagten in dem zweiten – nun nutzlosen – Verfahren entstandenen Kosten trägt.[211]

In diesen Kontext gehören zudem Fragen bezüglich der Sprache der Zeugen und der Sprache und Belegenheit von schriftlichen Beweisstücken. Auch hier gilt grundsätzlich, dass diese Faktoren in die gerichtliche Entscheidung zwar mit einfließen, aber wohl kaum alleine eine ausschlaggebende Wirkung haben werden. So wurde beispielsweise im Fall *Kislovodsk*[212] eine Verschlechterung des Beweismaterials durch Übersetzung von Schriftstücken von Englisch auf Russisch als unwahrscheinlich angesehen. Das natürliche Gericht lag trotz des englischen Beweismaterials aufgrund anderer Motive in Russland.

---

208 Vgl. hierzu bereits oben Kap. 1, IV, 2, b), aa), (5), (a).

209 Vgl. *Cleveland Museum of Art v. Capricorn Art International SA* [1990] 2 Lloyd's Rep. 166, 173 zu Kosten- und Unannehmlichkeiten sowie *Galaxy Special Maritime Enterprise v. Prima Ceylon Ltd.* [2006] 1 CLC 772, 784 (*C.A.*) zu Unannehmlichkeiten in Bezug auf Zeugen.

210 Vgl. *The Abidin Daver* [1984] A.C. 398, 410 (*Lord Diplock*): „...; it must be more expensive to litigate about liability for the same collision in two jurisdictions than it would be to litigate in one alone."

211 Vgl. *Kuwait Oil Co. v. Idemitsu Tankers KK. (The Hida Maru)* [1981] 2 Lloyd's Rep. 510, 513 (*C.A.*). Eine Aussetzung wurde hier verweigert, allerdings nur unter der Bedingung, dass der Kläger die Kosten übernimmt, die dem Beklagten dadurch entstanden sind, dass ein zweites Verfahren in Kuwait begonnen wurde. Vgl. hierzu auch unten Kap. 1, IV, 3, c), ee), (2).

212 *The Kislovodsk* [1980] 1 Lloyd's Rep. 183, 185.

3. Zweite Stufe: Gesichtspunkte der Gerechtigkeit

Die zweite Stufe des *Spiliada*-Tests bildet die Prüfung, ob aufgrund besonderer Umstände des Einzelfalles eine Aussetzung des Verfahrens mit der Gerechtigkeit (*interests of justice*) zu vereinbaren wäre.[213] Die Beweislast hierfür obliegt dem Kläger. Diese Prüfung kommt selbstverständlich nur dann zum Zuge, wenn das natürliche Forum nicht in England liegt. Befindet sich dagegen das als natürlich angesehene Forum im Inland, so erschöpft sich der Test in der Prüfung lediglich der ersten Stufe.[214] Eine Aussetzung des Verfahrens kommt in diesem Fall nicht mehr in Betracht.

Im Rahmen dieses zweiten Prüfungsschritts findet eine umfassende Interessenabwägung statt. Ein Gesichtspunkt verdient hierbei eine besondere Beachtung: Ein aus der Klage in England folgender persönlicher oder rechtlicher Vorteil für den Kläger. Die Bedeutung des Vorteils für den Kläger war nicht immer gleich. In früheren Entscheidungen wurde eine Aussetzung des Verfahrens stets automatisch dann verweigert, wenn sie einen Vorteilsverlust für den Kläger bedeuten würde.[215] *Spiliada* hat diese Rechtslage deutlich verändert: persönliche oder rechtliche Vorteile, die aus einer Klage in England resultieren, sind nicht mehr allein entscheidend. Im Gegenteil: Wurde erst einmal ein anderes, wesentlich besser geeignetes Forum gefunden, muss sich der Kläger grundsätzlich mit den rechtlichen Rahmenbedingungen zufrieden geben, die er dort vorfindet. Ein *stay* wird nur dann abgelehnt, wenn es dem Kläger gelingt, das Gericht davon zu überzeugen, dass ihm keine Gerechtigkeit im natürlichen Forum widerfahren würde.[216]

Die Änderung der Gewichtung der Klägervorteile stellt die größte Entwicklung dar, die das *Spiliada*-Urteil mit sich brachte. Im Folgenden wird zunächst die derzeitige, also durch *Spiliada* modifizierte, Handhabung des Klägervorteils anhand von Beispielen aus der Rechtsprechung näher beleuchtet. Anschließend folgt eine Bewertung der *forum non conveniens*-Lehre.

a) Prüfungsumfang

Allein die Tatsache, dass der Kläger durch eine Aussetzung des englischen Verfahrens einen berechtigten persönlichen oder rechtlichen Vorteil verlieren würde, genügt – wie bereits ausgeführt – nicht mehr, um eine Verfahrensaussetzung ab-

---

213 *Spiliada Maritime Corp v. Cansulex Ltd.* [1987] A.C. 460, 478 (*Lord Goff*).

214 Kritisch hierzu *Fawcett,* (1989) 9 Oxford J.L.S. 205, 219.

215 Vgl. hierzu oben Kap. 1, III, 2 b) dd).

216 *Spiliada Maritime Corp v. Cansulex Ltd.* [1987] A.C. 460, 482 (*Lord Goff*). Vgl. auch *Lubbe v. Cape Plc.* [2000] 2 Lloyd's Rep. 383, 390 (*Lord Bingham*).

zuwenden. Notwendig ist vielmehr der Beweis, dass der Kläger im Ausland kein gerechtes Verfahren bekommen würde. Der Rechtsprechung gelang es im Laufe der Zeit, diesen abstrakten Grundsatz im Hinblick auf bestimmte Klägervorteile zu präzisieren; in vielen Bereichen blieb aber einiges noch unklar. Gemeinsam ist allen Ansätzen, dass persönliche und rechtliche Vorteile gleichermaßen beachtet werden und dass es sich hierbei stets um legitime Gesichtspunkte handeln muss. Damit ist die Berücksichtigung solcher Vorteile ausgeschlossen, die der Kläger alleine aus dem Grund geltend macht, um den Beklagten zu schikanieren. Darüber hinaus muss der Vorteil tatsächlich bewiesen werden.[217] Bloße Vermutungen, dass eine Verfahrensaussetzung dem Kläger einen Vorteil entziehen könnte, sind nicht ausreichend.

Im Rahmen der allgemeinen Interessenabwägung werden die Klägervorteile mit allen anderen Faktoren abgewogen, die für die Suche nach dem natürlichen Forum von Bedeutung sind. Fraglich ist hierbei, ob in diese Prüfung auch Vorteile mit einzubeziehen sind, die dem Beklagten durch ein ausländisches Verfahren entstehen würden. Hierfür könnte vor allem die von *Lord Goff* in *Spiliada* aufgestellte Regel sprechen, wonach die Suche auf ein Forum abziele, bei dem der Rechtsstreit besser im Interesse der Parteien und der Gerechtigkeit ausgetragen werden könne.[218] Zu beachten ist jedoch, dass die meisten Vorteile des Klägers aus einem Verfahren in England automatisch mit entsprechenden Vorteilen des Beklagten im Ausland korrelieren werden und umgekehrt. Könnte beispielsweise der Kläger in England auf eine höhere Schadensersatzsumme als im Ausland hoffen, so wäre für ihn das englische Verfahren sicher vorteilhafter. Für den Beklagten wäre es aber ohne Zweifel ungünstiger, da er im Falle einer Verurteilung im Ausland weniger zahlen müsste. Es wäre eine vergebliche Mühe, in Bezug auf einen bestimmten Faktor den Vorteil der einen Seite im Inland und spiegelbildlich den Vorteil der anderen Seite im Ausland in die Abwägung einzustellen, denn beide Vorteile würden sich gegenseitig wieder aufheben.

Daher muss differenziert werden: Legitime Vorteile des Klägers, die mit keinem Nachteil des Beklagten einhergehen, werden auf jeden Fall berücksichtigt. Bei den Vorteilen des Klägers, die sich automatisch zum Nachteil des Beklagten auswirken, wird der Schwerpunkt auf den Vorteil für den Kläger gerade aus einem Verfahren in England gelegt.[219] Die Interessen des Beklagten können dann

217 *MacShannon v. Rockware Glass Ltd.* [1978] A.C. 795, 812 (*Lord Diplock*), 820 f. (*Lord Salmon*) und 830 (*Lord Keith of Kinkel*).

218 *Spiliada Maritime Corp v. Cansulex Ltd.* [1987] A.C. 460, 482 (*H.L.*) unter Bezugnahme auf die schottische Entscheidung *Sim v. Robinow* [1892] 19 R. 665 (*Lord Kinnear*): „suitably for the interests of all the parties and for the ends of justice".

219 Eingehend zum Ganzen *Huber,* Die englische forum-non-conveniens-Doktrin und ihre Anwendung im Rahmen des Europäischen Gerichtsstands- und Vollstreckungsübereinkommens, S. 118.

über das Erfordernis der Legitimität des Vorteils sowie über eine entsprechende Gewichtung des Klägervorteils im Rahmen der Abwägung berücksichtigt werden.[220]

b) Kein qualitativer Vergleich zwischen dem eigenen und dem ausländischen System der Justizgewährung

Die Interessenabwägung im Rahmen der zweiten Stufe des *forum non conveniens*-Tests ist nicht uneingeschränkt zulässig. Die Suche nach dem am besten geeigneten Forum berührt Interessen anderer Staaten[221] und findet ihre Grenzen, wo eine Beeinträchtigung zwischenstaatlicher Beziehungen drohen könnte.

Eine solche Beeinträchtigung wäre insbesondere dann denkbar, wenn die Gerichte einen Vergleich zwischen dem eigenen und dem alternativen System der Justizgewährung anstellen würden. Daher hat sich allgemein der Grundsatz durchgesetzt, dass eine Bewertung oder Gegenüberstellung der Qualität der Rechtsfindung in den beiden zur Wahl stehenden Fora nicht vorgenommen werden darf. Diskutiert wurde dieser Grundsatz vor allem in Bezug auf Unterschiede zwischen dem Prozessrecht des *common law* und dem des kontinentaleuropäischen Rechts. In der Entscheidung *El Amria* aus dem Jahr 1981 führte der *Court of Appeal* aus:

> „... for an English Court to investigate such a matter and pronounce a judgment on it is not consistent with the mutual respect which the Courts of friendly states, each of which has a well developed system for the administration of justice, owe, or should owe, to each other."[222]

Anlass zu derartigen Diskussionen gaben aber auch Differenzen hinsichtlich zuständiger Gerichtsinstanzen in den verschiedenen Staaten. So kann der Kläger zu seinem Gunsten nicht mehr anführen, dass der Rechtsstreit im Ausland vor einem Commercial Court und in England dagegen vor dem Admiralty Court, der

220 Dieser Ansatz ist durchaus kritikwürdig, denn er bevorzugt einseitig den Kläger und ist daher nicht vollkommen neutral. Dogmatisch kann diese Besserstellung des Klägers damit begründet werden, dass die *forum non conveniens*-Lehre als solche ein Schutzinstrument zugunsten des Beklagten ist, so dass eine stärkere Berücksichtigung der Klägerinteressen gerechtfertigt erscheint. Vgl. *Fawcett,* (1989) 9 Oxford J.L.S. 205, 219 f.

221 Die Intensität des Interessenkonflikts differiert je nach Anwendungsbereich der *forum non conveniens*-Doktrin. Am stärksten droht eine Beeinträchtigung völkerrechtlicher Beziehungen in Fällen der *anti-suit injunction*, so dass dort das gerichtliche Ermessen nur mit äußerster Vorsicht auszuüben ist. Vgl. hierzu auch *Fawcett,* (1989) 9 Oxford J.L.S. 205, 208 ff.

222 *Aratra Potato Co. Ltd. and Another v. Egyptian Navigation Co. (The "El Amria")* [1981] 2 Lloyd's Rep. 119, 126 (*C.A.*). Vgl. aber auch *The Abidin Daver* [1984] A.C. 398, 410 (*H.L.*).

als besonders erfahren gilt und auch international ein großes Ansehen genießt, ausgetragen werden würde.[223]

Unabhängig von diesen zwei Beispielen ist die Grenze zwischen einem noch zulässigen Interessenvergleich und einem unerlaubten *comparing the quality of justice* jedoch fließend. So findet man z.B. einerseits Entscheidungen, die einen Vergleich unterschiedlicher *discovery (disclosure)*-Verfahren ablehnen[224] und andererseits solche, die eine weitreichendere *discovery* grundsätzlich als einen legitimen Vorteil des Klägers ansehen und ihn mit anderen Faktoren abwägen.[225] In der Praxis scheint sich der Grundsatz herauskristallisiert zu haben, dass der Vergleich beteiligter Rechtssysteme dann zulässig ist, wenn der Kläger im Ausland kein gerechtes Verfahren bekommen würde,[226] beispielsweise aus ideologischen oder politischen Gründen, mangels Erfahrung oder Effizienz der Gerichte, aufgrund überlanger Verfahrensdauer oder weil das ausländische Recht keine angemessenen Rechtsbehelfe kennt.[227] Dabei operieren die englischen Richter mit der Vermutung, dass ein gerechtes Verfahren im Ausland grundsätzlich möglich ist und sind nicht leicht vom Gegenteil zu überzeugen.[228] Die Anforderungen an *substantial justice* sind dementsprechend nicht besonders hoch. Es wird lediglich verlangt, dass im alternativen Forum ein gewisses Minimum an Gerechtigkeitsstandards erfüllt ist.[229] Wie schon bei der ersten Stufe des *Spiliada*-Tests ist auch hier eine eher unübersichtliche Kasuistik gegeben, die umfassend darzustellen, den Rahmen dieser Arbeit sprengen würde. Deshalb beschränken sich die folgenden Abschnitte auf die wichtigsten Beispiele aus der Rechtsprechung, in denen die Voraussetzungen an *substantial justice* konkretisiert wurden.

Gesondert hinzuweisen ist aber davor noch auf zwei weitere Aspekte im Zusammenhang mit *comparing the quality of justice*: Ein weiterer Grund, der eben-

---

223 *The Abidin Daver* [1984] A.C. 398, 425 f. (*H.L.*). Ähnlich zum Vergleich zwischen ausländischem und englischem Commercial Court *Amin Rasheed Shipping Corp. v. Kuwait Insurance Co.* [1984] A.C. 50, 67 (*Lord Diplock*) und *Ceskoslovenska Obchodni Banka AS v. Nomura International Plc* [2003] I.L.Pr. 20 at 333.

224 *The Traugutt* [1985] 1 Lloyd's Rep. 76, 79.

225 *Trendtex Trading Corp v. Credit Suisse* [1982] A.C. 679, 695, 705 (*H.L.*). Der Vorteil des englischen *discovery* hatte hier aber keine ausschlaggebende Wirkung und musste anderen Faktoren weichen.

226 *Spiliada Maritime Corp v. Cansulex Ltd.* [1987] A.C. 460, 482 und *Connelly v. RTZ Corp. Plc.* [1998] A.C. 854, 873 (jeweils *Lord Goff*): „substantial justice".

227 So die Aufzählung von *Lord Diplock* in *The Abidin Daver* [1984] A.C. 398, 411.

228 Vgl. aber *Muduroglu Ltd. v. T.C. Ziraat Bankasi* [1986] QB 1225, 1248 (*C.A.*): „...the court must not be too unworldly. It must recognise that there are parts of the world where things are badly wrong,..."

229 *Cheshire/North/Fawcett*, S. 437; *Fawcett,* (1989) 9 Oxford J.L.S. 205, 212 ff.

falls gegen eine Bewertung der in Betracht kommenden Rechtssysteme angeführt wird, ist deren mangelnde Durchführbarkeit. Eine vernünftige Beurteilung eines ausländischen Rechtssystems sei nicht möglich. Hierzu fehle es den englischen Richtern an adäquater Erfahrung.[230]

Darüber hinaus ist zu beachten, dass vom Verbot der Bewertung der betroffenen Systeme der Justizgewährung als Folge des Grundsatzes vom völkerrechtsfreundlichen Verhalten die Fälle ausgenommen bleiben, in denen das ausländische Verfahren im Vergleich zum inländischen Verfahren als höherwertig angesehen werden kann. In diesen Fällen ist eine Beeinträchtigung fremdstaatlicher Interessen de facto nicht möglich, so dass es keiner derartigen Einschränkung im Rahmen der Abwägung bedarf.

c) Gesichtspunkte der Gerechtigkeit im Einzelnen

aa) Vorteil der Prozesskostenhilfe

Eine bedeutende Fortentwicklung der zweiten Stufe des *Spiliada*-Tests speziell im Hinblick auf den Vorteil der Prozesskostenhilfe erfolgte durch *Lord Goff* in *Connelly v. RTZ Corp. Plc.*[231] aus dem Jahr 1997. Der Kläger, ein schottischer Staatsbürger, machte gegen die Beklagte, eine englische Gesellschaft, deren Tochter ein Uranbergwerk in Namibia betrieb, Schadensersatzansprüche wegen Gesundheitsverletzung geltend. Der Kläger war längere Zeit bei der Tochtergesellschaft beschäftigt und erkrankte danach an Krebs. Er begründete seine Ansprüche gegen die Muttergesellschaft mit dem Argument, diese habe keine Sicherheitsvorkehrungen getroffen, um vor den Gefahren des Uranstaubs in der Betriebsstätte zu schützen. Das natürliche Forum lag hier in Namibia. Auf der zweiten Stufe wurde insbesondere die Frage aufgeworfen, ob der Umstand, dass der Kläger in Namibia keine Prozesskostenhilfe erhalten würde, dazu führen könne, dass ihm dort keine *substantial justice* widerfahren würde.

Lord Goff führte aus, dass ein System der Prozesskostenhilfe keine zwingende Anforderung an ein grundsätzlich gerechtes System der Justizgewährung darstelle. Viele vor allem kleinere Rechtssysteme können sich eine derartige finanzielle Unterstützung oft nicht leisten und auch England verfügt nur über ein sehr junges System der Prozesskostenhilfe.[232] Daher solle nach *Lord Goff* die man-

---

230 *Amin Rasheed Shipping Corp. v. Kuwait Insurance Co.* [1984] A.C. 50, 67 (*Lord Diplock*); *The „El Amria"* 1981] 2 Lloyd's Rep. 119, 127.

231 *Connelly v. RTZ Corp. Plc.* [1998] A.C. 854 (*H.L.*).

232 Dieses wurde durch den Access to Justice Act 1999 weitgehend geändert. Schadensersatzklagen wegen Körperverletzungen/Personenschaden werden seitdem in England nicht mehr unterstützt. Vgl. hierzu *Sobich,* ZVglRWiss 103 (2004) 69, 70 f.

gelnde Finanzierbarkeit eines Rechtsstreits im fremden Forum selbst dann keinen zwingenden Grund für den Fortgang des Verfahrens darstellen, wenn der Kläger in England Prozesskostenhilfe erhalten würde.[233] Jedoch können besondere Umstände eines Falles ein anderes Ergebnis zulassen. In *Connelly* bestand die Besonderheit darin, dass sich der Fall aufgrund seiner komplexen Natur ohne ausreichende Prozesskostenhilfe gar nicht entscheiden ließ. Wesentliche Fallfragen konnten hier nur mit Hilfe von Experten und mit erheblichem finanziellen und personellen Aufwand zufriedenstellend geklärt werden. Folglich würde es der Gerechtigkeit widersprechen, wenn der Kläger sein Anliegen im natürlichen Forum verfolgen müsste, das im Vergleich zu England kein ausgeprägtes System der Prozesskostenhilfe kennt.[234] Die zweite Stufe der *forum non conveniens*-Prüfung fiel mithin zugunsten von England aus.[235]

Auch der bereits oben besprochene Fall *Lubbe v. Cape Plc.*[236] war solch ein außergewöhnlicher Fall. Zur Erinnerung: In diesem Fall gelang es der Beklagten darzulegen und zu beweisen, dass Südafrika das natürliche Forum ist. Entscheidend dafür war insbesondere der Umstand, dass die individuelle Schädigung der insgesamt über 3000 Kläger in Südafrika eingetreten war. Dem Faktor, dass die Muttergesellschaft ihren Sitz in England hatte, wurde demgegenüber kein durchschlagendes Gewicht beigemessen. Nun war die zweite Stufe des *Spiliada*-Tests eröffnet und es galt für die Kläger darzulegen, dass ihnen in ihrem eigenen Forum – Südafrika – keine Gerechtigkeit widerfahren würde. Das Hauptargument der Kläger stellte auch in diesem Fall das nur unzureichend entwickelte System der Prozesskostenhilfe in Südafrika dar. Für *Lord Bingham* war zum einen von großer Bedeutung, dass dieses Verfahren effektiv, kostengünstig und schnell nur als eine *group action* durchgeführt werden konnte. Während in Südafrika noch keine besonderen Verfahrensregeln für eine *group action* bestanden, so dass diese zuerst einmal entwickelt werden müssten, konnte im englischen Zivilverfahrensrecht auf ein zwar noch junges aber bereits ausreichend ausgeprägtes Regelwerk für *group actions* zurückgegriffen werden. Folglich könne der Prozess in England erheblich schneller und vor allem auch günstiger realisiert werden.[237]

233 *Connelly v. RTZ Corp. Plc.* [1998] A.C. 854, 873 (*Lord Goff*): „[…] financial assistance for litigation is not necessarily regarded as essential, even in sophisticated legal systems."

234 *Connelly v. RTZ Corp. Plc.* [1998] A.C. 854, 874 (*Lord Goff*).

235 Durchaus berechtigte Kritik hierzu äußerte *Lord Hoffmann*: Die Entscheidung führe dazu, dass die Klage eines reichen Klägers ausgesetzt, die eines mittellosen Klägers dagegen nicht ausgesetzt werden würde. Je schwieriger der Fall, desto wahrscheinlicher sei es, diesen in England fortzuführen. Siehe *Connelly v. RTZ Corp. Plc.* [1998] A.C. 854, 876 (*H.L.*).

236 *Lubbe v. Cape Plc.* [2000] 2 Lloyd's Rep. 383 ff. Vgl. oben Kap. 1, IV, 3, (2).

237 *Lubbe v. Cape Plc.* [2000] 2 Lloyd's Rep. 383, 393. *Lord Bingham* wies hier ausdrücklich darauf hin, keinen qualitativen Vergleich zwischen dem englischen und dem südafrikanischen Prozessrecht betreiben zu wollen. Das Fehlen einer adäquaten Verfahrensordnung in Südafrika be-

Zum anderen seien die Frage der Verantwortlichkeit der Muttergesellschaft sowie die Analyse der individuellen Schadensfälle nur mit Hilfe von zahlreichen Sachverständigengutachten zu beantworten und daher mit erheblichem zeitlichen und finanziellen Aufwand verbunden. Ohne jegliche Finanzierungshilfe seien derartige Untersuchungen nicht möglich. Eine Prozesskostenhilfe sowie andere Finanzierungshilfen seien aber in Südafrika nicht zu erwarten.[238] Schließlich drangen die Kläger mit ihrem Argument durch, dass keine südafrikanische Kanzlei es wagen würde, auf Basis einer Erfolgshonorarvereinbarung tätig zu werden und darüber hinaus die Kosten für Sachverständige vorzuschießen.[239] Demzufolge stand für *Lord Bingham* fest, dass Südafrika den Klägern nicht die Unterstützung zu geben vermochte, die notwendig wäre, um das Klagebegehren auf gerechtem Wege zu entscheiden. Eine Aussetzung des englischen Verfahrens würde mithin einer Rechtsverweigerung gleichkommen und war daher aus Gründen der Gerechtigkeit ausgeschlossen.[240]

bb) Unterschiede hinsichtlich der discovery bzw. disclosure of documents

Unter dem Begriff *pretrial discovery* versteht man einen Verfahrensabschnitt, der im Vorfeld der eigentlichen Hauptverhandlung stattfindet und dazu dient, den Prozessstoff umfassend durch die Parteien vorzubereiten. Im *discovery*-Verfahren muss jede Partei im Interesse umfassender Wahrheitserforschung auf Verlangen des Gegners Auskunft über alle Punkte geben, solange diese nur geeignet sind, irgendwie zu verwertbarem Beweismaterial zu führen.[241] In der Regel erfolgt diese Verfahrensphase alleine unter der Regie der Parteien und gehört damit zu den prägenden Merkmalen des adversarischen Prozessrechts.[242] Das Gericht bleibt in diesem Verfahrensabschnitt weitgehend zurückhaltend und greift nur ausnahmsweise ein.

---

deute lediglich, dass dort das Verfahren längere Zeit in Anspruch nehmen und damit höhere Kosten verursachen würde. Dass aber die südafrikanischen Richter grundsätzlich in der Lage wären, die notwendigen Regeln zu entwickeln, um den Rechtsstreit ordnungsgemäß durchzuführen, stand für ihn außer Frage.

238 *Lubbe v. Cape Plc.* [2000] 2 Lloyd's Rep. 383, 392.

239 *Lubbe v. Cape Plc.* [2000] 2 Lloyd's Rep. 383, 393.

240 *Lubbe v. Cape Plc.* [2000] 2 Lloyd's Rep. 383, 393. Zum Ganzen *Blobel/Späth,* RIW 2001, 598, 602.

241 *Schack,* IZVR, Rn. 820.

242 Hierzu *Andrews,* ZZPInt. 4 (1999) 3, 6 ff. und *Sobich,* JZ 1999, 775, 776.

In dieser Form ist die *discovery* vor allem im US-amerikanischen Recht zu finden.[243] Bis zur Einführung der Civil Procedure Rules im Jahre 1999 war die *discovery* – wenngleich in einer schwächeren Ausprägung als in den USA – auch Bestandteil des englischen Zivilprozessrechts. Die englische *discovery* war streng genommen nur auf Information über streitrelevante Dokumente und gegebenenfalls deren Austausch zwischen den Prozessparteien beschränkt und richtete sich grundsätzlich nicht gegen Dritte.[244] Die US-amerikanische *discovery* kennt dagegen diese Beschränkungen nicht.[245] Die Civil Procedure Rules brachten einen Wechsel der Verfahrensinitiative weg von den Parteien hin zum *active case management* durch den Richter mit sich[246] und haben folglich auch das englische Vorverfahren der Beweisermittlung durch die Parteien neu gestaltet. Die *discovery* wurde durch eine *disclosure and inspection of documents*[247] ersetzt. Das neue Verfahren schränkt vor allem den Kreis der zu offenbarenden Dokumente ein und macht diesen von der Einteilung des Rechtsstreits in eine von drei Kategorien (*tracks*) je nach Streitwert und Schwierigkeit des Falles abhängig. Kennzeichnend für die neue *disclosure* ist des Weiteren, dass diese zusätzlich durch das Erfordernis der Verhältnismäßigkeit begrenzt wird. Die Suche und Offenlegung von Dokumenten darf im Hinblick auf deren Bedeutung für den Rechtsstreit nicht unangemessen erscheinen. Dennoch bleiben auch nach der Reform des englischen Verfahrensrechts wesentliche Unterschiede zu den kontinentaleuropäisch geprägten Rechtssystemen weiterbestehen. Zu diesen gehört insbesondere die Verpflichtung zur Offenlegung von Dokumenten, die geeignet sind, die eigene Position einer Partei im Verfahren zu verschlechtern.[248]

Die in den einzelnen Rechtssystemen bestehenden Unterschiede hinsichtlich Verfügbarkeit und Umfang der *discovery*- bzw. *disclosure*-Regeln führen auch zu Fragestellungen im Rahmen von *forum non conveniens*-Entscheidungen. In der Regel wird der Kläger ein Verfahren in einem Forum anstreben, das über ein möglichst umfangreiches *discovery*- bzw. *disclosure*-Verfahren verfügt, um seine Ansprüche darlegen und beweisen zu können. In den *forum non conveniens*-

243 Vertiefend *Junker,* Discovery im deutsch-amerikanischen Rechtsverkehr, S. 60 ff. und 97 ff; *Schack,* IZVR, Rn. 820 ff. sowie *Stadler,* Der Schutz des Unternehmensgeheimnisses im deutschen und U.S.-amerikanischen Zivilprozeß und im Rechtshilfeverfahren, S. 63 ff. und 66 ff.

244 Eingehend hierzu *Kessel,* ZVglRWiss 92 (1993) 395, 406 ff.

245 Vgl. *Junker,* Discovery im deutsch-amerikanischen Rechtsverkehr, S. 60 ff.

246 *Andrews,* ZZPInt. 4 (1999) 3, 9 ff.; *Sobich,* JZ 1999, 775, 776 und *ders.,* ZVglRWiss 103 (2004) 69, 72 ff.

247 Geregelt in Civil Procedure Rules 1998, rule 31. Anschaulich hierzu *Kaufmann-Kohler/Bärtsch,* SchiedsVZ 2004, 13, 16.

248 Im deutschen Recht gilt dagegen der „Grundsatz, dass unbeschadet der prozessualen Wahrheitspflicht, niemand verpflichtet ist, ‚seinem Gegner die Waffen in die Hand zu geben.'" Siehe BGHZ 93, 191, 205.

Fällen, in denen das alternative Gericht keine *disclosure* kennt, wird sich daher der Kläger auf das für ihn in dieser Hinsicht günstigere englische Recht im Rahmen der Interessenabwägung berufen.

Eine allgemeine Aussage zur Abwägungsrelevanz der früheren *discovery*, die sich ohne Einschränkung auf die jetzt geltende *disclosure* übertragen lässt, trifft *Lord Goff* in der *Spiliada*-Entscheidung. Bezug nehmend auf die oben erwähnten Einschränkungen der Vergleichbarkeit der betroffenen Rechtssysteme erklärt er dort, dass von einer Ungerechtigkeit nicht gesprochen werden könne, wenn sich der Kläger mit einem der anerkannten Prozessrechtssysteme im alternativen Forum zufrieden geben müsse. Unter Hinweis auf die entgegengesetzte Praxis der US-amerikanischen Gerichte[249] ist er der Ansicht, dass eine Aussetzung des Verfahrens auch dann zu erfolgen habe, wenn sie dem Kläger den Vorteil der englischen *discovery* nehmen würde.[250] In diese Linie fügt sich die Entscheidung *Ceskoslovenska Obchodni Banka AS v. Nomura International Plc.*[251] des *High Court* aus dem Jahre 2002 vollkommen ein. Das Gericht fasste hier die wichtigsten Unterschiede zwischen dem *common law* und den kontinentaleuropäischen Rechten zusammen und führte aus, dass alle Justizsysteme mehr oder weniger unvollkommen seien, da sie einen Kompromiss zwischen mehreren konkurrierenden Zielen repräsentieren würden. Eine *disclosure of documents* stelle keine Anforderung an *substantial justice* dar, selbst wenn es sich um besonders komplexe Fälle handele.[252]

Zusammenfassend lässt sich mithin festhalten, dass der Vorteil der englischen *disclosure* im Rahmen der Interessenabwägung nicht berücksichtigt werden kann.

cc) Unterschiedliche Verjährungsregeln

Besondere Bedeutung kommt sodann den Unterschieden hinsichtlich der Verjährung zu. Es ist möglich, dass der Kläger seine in England grundsätzlich zulässige Klage im Ausland inzwischen gar nicht mehr verfolgen kann, weil dort die Verjährung seines Anspruchs eingetreten ist.[253] In einem solchen Fall würde eine Verfahrensaussetzung eine Klageabweisung im Ausland sehr wahrscheinlich machen. Deswegen wird hier der Kläger die für ihn besseren Bedingungen in

249 *Re Union Carbide Corp. Gas Plant Disaster at Bhopal* (1986) 634 F.Supp. 842.

250 *Spiliada Maritime Corp v. Cansulex Ltd.* [1987] A.C. 460, 482 f. (*H.L.*) unter Bezugnahme auf *Trendtex Trading Corp v. Credit Suisse* [1982] A.C. 679, 695 und 705 (*H.L.*).

251 *Ceskoslovenska Obchodni Banka AS v. Nomura International Plc.* [2003] I.L.Pr. 20 at 321.

252 *Ceskoslovenska Obchodni Banka AS v. Nomura International Plc.* [2003] I.L.Pr. 20 at 334.

253 Der Verfügbarkeit des fremden Forums steht dies allerdings nicht entgegen. Vgl. hierzu oben Kap. 1, IV, 2, a).

England bevorzugen und sie als einen Vorteil im Rahmen der Interessenabwägung vorbringen.

Ein Lösungsansatz zu der Frage, ob die günstigeren Verjährungsvorschriften einen legitimen Vorteil darstellen können, findet sich in der *Spiliada*-Entscheidung. Das Gericht spricht sich hier zwar für die Annahme aus, dass eine Verfahrensaussetzung in der Regel auch dann zu erfolgen habe, wenn die Ansprüche des Klägers im natürlichen Forum verjährt sind und er dort mit einer Klageabweisung zu rechnen hat. Eine Ausnahme davon soll allerdings dann gelten und der englische Klageweg dem Kläger nicht versperrt bleiben, wenn es ihm nicht zum Vorwurf gemacht werden könne, dass er die Klage im Ausland nicht rechtzeitig erhoben hat. Auf diese Weise soll insbesondere derjenige Kläger mit seinen Ansprüchen abgewiesen werden, der die Verjährungsfristen im natürlichen Forum wissentlich hat verstreichen lassen und nun die günstigeren Bedingungen in England für sich in Anspruch nehmen möchte. Stellt sich indes die Klageerhebung in England als vernünftig dar, so habe eine Aussetzung generell zu unterbleiben, da sie mit Grundsätzen der Gerechtigkeit nicht zu vereinbaren wäre.[254]

Daneben schlägt aber *Lord Goff* noch eine weitere Lösungsmöglichkeit für den Fall vor, dass die alleinige Klageerhebung in England als vernünftig erscheint: Unter Berufung auf die US-amerikanische Rechtsprechung empfiehlt er eine Aussetzung des Verfahrens unter der Bedingung, dass der Beklagte auf die Einrede der Verjährung im natürlichen Forum verzichte.[255] Derartige Bedingungen lassen sich in Form sogenannter *undertakings* ausgestalten. Darunter wird allgemein eine Verpflichtung verstanden, die eine Partei im Laufe des Prozesses zugunsten der anderen Seite eingeht, um Zugeständnisse des Gerichts oder der anderen Seite zu erhalten. Adressat dieser Verpflichtungserklärung ist hierbei nicht die Gegenpartei, sondern das Gericht selbst.[256] So überzeugend sich diese

254 *Spiliada Maritime Corp v. Cansulex Ltd.* [1987] A.C. 460, 483 f. (*Lord Goff*). Ob die Säumnis des Klägers als unvernünftig gilt, hängt von allen Umständen des Falles ab. Von Bedeutung sind insbesondere die Kenntnis der möglichen Verjährung, Darlegung der Gründe für die Säumnis sowie das Ausmaß der Umstände, die das natürliche Forum ausmachen. Letzten Endes ist hierfür maßgeblich, ob es eher der Gerechtigkeit entspricht, das Verfahren trotz der Säumnis des Klägers in England – also im nicht natürlichen Forum – zuzulassen oder dem Kläger jede Möglichkeit der Klageverfolgung zu nehmen. So allgemein für den Fall einer Gerichtsstandsvereinbarung *The Bergen* [1997] 2 Lloyd's Rep. 710, 721 unter Berufung auf *Citi-March Ltd. v. Neptune Orient Lines Ltd. (The Humber Bridge)* [1997] 1 Lloyd's Rep. 72, 76. Vgl. auch *BMG Trading Ltd. v. A.S. McKay and Azov Shipping Company* [1998] I.L.Pr. 691, 700; hier handelte der Kläger nicht unvernünftig, da er in Ukraine mit einer geradezu lächerlichen Haftungsbegrenzung konfrontiert würde.

255 *Spiliada Maritime Corp v. Cansulex Ltd.* [1987] A.C. 460, 484 (*Lord Goff*).

256 Vgl. *Dutta/Scherpe,* FamRZ 2006, 901, *Mäsch,* FamRZ 2002, 1069, 1070 und *Schlosser,* RIW 2001, 81.

Lösung auf den ersten Blick darstellen mag, so schwierig erscheint indes ihre Durchsetzung in der Praxis. Zum einen ist sie nur dann erfolgversprechend, wenn die Berücksichtigung der Verjährung im Ausland ausschließlich von der Erhebung der Einrede durch den Beklagten abhängt und nicht etwa auch von Amts wegen erfolgen kann. Beachtet das ausländische Gericht die Verjährung wider Erwarten auch ohne Antrag des Beklagten,[257] so kann zwar das englische Gericht die Aussetzung wieder rückgängig machen und das Verfahren fortführen. Jedoch würde dieser Weg enorme Kosten und Verzögerungen verursachen und dürfte daher im Regelfall den Interessen beider Parteien widersprechen.[258] Zum anderen kommt die bedingte Verfahrensaussetzung – wie bereits erwähnt – nur in Fällen in Betracht, in denen das Versäumnis des Klägers, die Klage im natürlichen Forum nicht rechtzeitig erhoben zu haben, sich nicht als vorwerfbar darstellt. Solche Fälle werden eher eine Ausnahme bleiben.

Darüber hinaus bereitet das Rechtsinstitut der *undertakings* auch ganz allgemein einige Schwierigkeiten. Hält sich der Versprechende nicht an sein *undertaking,* so riskiert er in England eine Verfolgung wegen *contempt of court,* da er einer gerichtlichen Anordnung zuwiderhandelt. *Contempt of court* kann etwa mit Geldbußen und Haftstrafen sanktioniert werden. Ein eigener unmittelbarer Erfüllungsanspruch gegen die aus dem *undertaking* verpflichtete Partei steht dem Gegner aber nicht zu.[259] Welche Wirkungen dagegen ein *common law-undertaking* im Ausland entfaltet, ist derzeit noch sehr unklar. Dies gilt insbesondere in Bezug auf die hier interessierenden *undertakings* mit dem Inhalt, eine Prozesshandlung vorzunehmen oder zu unterlassen.[260] Da ein solches *undertaking* einer entsprechenden Gerichtsentscheidung gleichgestellt werden kann, stellt sich die Frage, ob die Erwägungen, die in der Rechtsprechung und Literatur gegen die *anti-suit injunction* vorgebracht werden, auch hier gelten. Ob eine *anti-suit injunction* aus deutscher Sicht zulässig ist, ist zweifelhaft. Selbst wenn man

---

257 So kann z.B. nach argentinischem und brasilianischem Recht auch jeder Dritte, der ein berechtigtes, wirtschaftliches Interesse an der befreienden Wirkung der Verjährung hat, diese einwenden. Eingehend hierzu *Freyer,* Verjährung im Ausland, S. 22 bzw. 32.

258 So wurde in *The Blue Wave* [1982] 1 Lloyd's Rep. 151, 157 von einer bedingten Verfahrensaussetzung Abstand genommen, weil die Möglichkeit bestand, dass das griechische Gericht die Verjährung von Amts wegen beachten wird. Die Lösung über eine Aufhebung des *stay* und Wiederaufnahme des Verfahrens lehnte das Gericht von vornherein ab, da diese mit hohen Kosten, Unannehmlichkeiten und Verzögerungen verbunden sei. Das Verfahren blieb mithin in England.

259 *Mäsch,* FamRZ 2002, 1069, 1070.

260 Im transnationalen Rechtsverkehr von besonderer praktischer Bedeutung sind *undertakings* im Bereich des Haager Kindesentführungsabkommens. Hierzu *Carl,* FPR 2001, 211, 213; *Dutta/Scherpe,* FamRZ 901, 908 f. sowie *Mäsch,* FamRZ 2002, 1069, 1073 ff.

mit dem *OLG Düsseldorf*[261] die Zulässigkeit dieses Rechtsinstituts verneint, würde der Wertungstransfer eine funktionale Vergleichbarkeit beider Konstellationen voraussetzten. Eine solche Vergleichbarkeit kann allenfalls bei einem *undertaking* angenommen werden, ein bestimmtes Verfahren im Ausland nicht anzustrengen, weil sich nur dann Fragen nach einem eventuellen Eingriff in die Justizhoheit stellen könnten. Speziell bei dem hier in Frage stehenden *undertaking* hinsichtlich der Erhebung der Verjährungseinrede gelten diese Grundsätze nicht. Hierfür spricht – zumindest in Deutschland – auch die Regelung des § 202 Abs. 2 BGB, wonach Vereinbarungen über die Verlängerung von Verjährungsfristen grundsätzlich zulässig sind.

Nach *Schlosser*[262] kann ein solches *undertaking* in Deutschland wie eine Prozessvereinbarung durch Prozesseinrede[263] im laufenden Verfahren geltend gemacht werden. Zwar stelle ein *undertaking* zunächst nur eine einseitige Erklärung einer Partei an das Gericht dar, jedoch liege darin funktional eine Prozessvereinbarung, sobald sich der aus dem *undertaking* Begünstigte auf dieses beruft.[264] Erhebt der Versprechende entgegen seiner Verpflichtung die Verjährungseinrede, so handelt er im Widerspruch zu einem geschaffenen Vertrauenstatbestand (*venire contra factum proprium*).[265] Durch sein früheres Verhalten hat er beim Begünstigten den Eindruck erweckt, dass er sein Recht nicht ausüben werde. Sein Verhalten verstößt gegen den Grundsatz von Treu und Glauben und ist mithin unzulässig.[266] In der Rechtsprechung lassen sich hierzu bislang keine Entscheidungen finden. Ob diese Grundsätze auch Eingang in die Rechtspraxis finden, wird man daher abwarten müssen.

---

261 *OLG Düsseldorf*, EuZW 1996, 351, 352. Danach kann eine *anti-suit injunction* nach Art. 13 I HZÜ in Deutschland nicht zugestellt werden. Solche Anordnungen würden die Justizhoheit der Bundesrepublik gefährden, weil die deutschen Gerichte ausschließlich selbst nach den für sie maßgeblichen Gesetzen und völkerrechtlichen Verträgen darüber entscheiden, ob sie für ein Verfahren zuständig sind oder nicht. Bejahend hierzu *Mansel*, EuZW 1996, 335 ff., kritisch dagegen *Stürner*, ZZP 109 (1996) 224 ff. Ähnliches gilt auch im Bereich des europäischen Zivilverfahrensrechts. Nach dem *EuGH* würde die Zulassung der *anti-suit injunction* im Anwendungsbereich der Brüssel I-VO deren praktische Wirksamkeit beeinträchtigen. Sie würde insbesondere einen Eingriff in die Zuständigkeit des ausländischen Gerichts darstellen und dem sie erlassenden Gericht erlauben, für sich eine ausschließliche Zuständigkeit zu beanspruchen. Dies sei mit der Systematik der Brüssel I-VO nicht vereinbar. Vgl. *EuGH*, Urt. v. 27. 4. 2004, Rs. C-159/02 – *Turner ./. Grovit*, Slg. 2004, I-3564 = EuZW 2004, 468.

262 *Schlosser*, RIW 2001, 81, 91.

263 Allgemein zur Wirkung von Verpflichtungen zur Vornahme oder zum Unterlassen von Prozesshandlungen *Stein/Jonas/Leipold*, ZPO, vor § 128 Rn. 315 f.

264 *Schlosser*, RIW 2001, 81, 92.

265 Allgemein hierzu *Jauernig*, BGB, § 242 Rn. 48 ff.

266 So im Ergebnis auch *Schlosser*, RIW 2001, 81, 92.

dd) Unterschiedliche Erfolgsaussichten

Unterschiede im materiellen Recht der betroffenen Foren führen nicht selten zu unterschiedlichen Erfolgsaussichten der Klage. So können beispielsweise ungleiche Ansätze zur Schadensberechnung oder die Geltung verschiedener Regelungen über die Haftungsbeschränkungen oder über die Beweislast das gerichtliche Ergebnis entscheidend beeinflussen. Eröffnet das englische Recht für den Kläger Aussichten auf eine günstigere Position als das natürliche Forum, so wird dies der Kläger zum Gegenstand seines Vortrags im Rahmen der Interessenabwägung machen.

Ausgehend von *Spiliada* und *Connelly* muss auch hier gelten, dass der Kläger grundsätzlich das natürliche Forum so zu akzeptieren habe wie es ist, auch wenn dieses ihm weniger Vorteile bietet als das angerufene Gericht. Berücksichtigt werden können daher nur diejenigen Vorteile, deren Nichtbeachtung einem Verlust von Gerechtigkeit gleichen würde.

In der Praxis finden sich häufig vor allem Diskussionen im Zusammenhang mit unterschiedlichen Haftungsbegrenzungen in seerechtlichen Streitigkeiten. Erkennbar ist hierbei eine Tendenz der Rechtsprechung, eine für den Kläger günstigere Haftungsbegrenzung nur dann als ausschlaggebenden Vorteil zu werten, wenn die Haftungsbegrenzung im alternativen Forum geradezu als „lächerlich" erscheint.[267] Ansonsten sollen hier Differenzen zwischen Haftungsbeschränkungen vor allem dann keinen Vorteil begründen, wenn sie aus Anwendung unterschiedlicher internationaler Abkommen resultieren, die als weitgehend anerkannt gelten.[268] Ein höherer Schadensersatz in England kann grundsätzlich einen legitimen Vorteil des Klägers darstellen. Alleinentscheidende Wirkung beansprucht aber auch dieses Kriterium nicht.[269] Gute Chancen als Vorteil akzeptiert zu werden, scheint allerdings das Argument des Klägers zu haben, das englische Gericht berücksichtige eine Rechtswahl, die ein summarisches Verfahren ermöglicht.[270] Als bedeutsam wurde auch der Faktor angesehen, dass das englische Gericht die von den Klägern verwendeten Allgemeinen Ge-

---

267 Im Fall *BMG Trading Ltd. v. A.S. McKay and Azov Shipping Company* [1998] I.L.Pr. 691 kam eine Haftungsbeschränkung in der Ukraine in Höhe von 250 Rubel in Betracht, was einem Wert von ca. 0,03 Pfund entsprach.

268 *The Herzeg Novi and Ming Galaxy* [1998] 2 Lloyd's Rep. 454, 460 (*C.A.*).

269 *Spiliada Maritime Corp v. Cansulex Ltd.* [1987] A.C. 460, 483 (*H.L.*). Ein Beispiel für die Beachtung dieses Kriteriums findet sich in *The Jalakrishna* [1983] 2 Lloyd's Rep. 628, 631. Dort wurde zugunsten des Klägers neben der kürzeren Verfahrensdauer berücksichtigt, dass er in England 25000 Pfund und in Indien nur umgerechnet 7000 bis 8000 Pfund Schadensersatz erwarten könnte.

270 Vgl. *Power Curber International Ltd. v. National Bank of Kuwait S.a.k.* [1981] 1 WLR 1233, 1240.

schäftsbedingungen beachten würde, während das fremde Gericht sie für ungültig halten würde.[271]

All diese Beobachtungen lassen indes auch hier keine schematische Aussage zu. Unterschiede im materiellen Recht spielen sicher eine Rolle; alleinentscheidend sind aber auch sie nicht. Nennenswerte Besonderheiten gelten in Bezug auf seerechtliche Haftungsbeschränkungen.

ee) Unterschiede hinsichtlich der Verfahrenskosten

(1) Kostenvorteil allgemein

Gelegentlich werden auch Gerichts- und Anwaltskosten in die Interessenabwägung mit einbezogen.[272] Nach englischem Recht steht die Kostenentscheidung im Ermessen des Gerichts.[273] Dabei gilt der Grundsatz, dass die unterlegene Partei neben ihren eigenen Kosten auch die Kosten der obsiegenden Partei zu tragen hat.[274] Besteht im alternativen Forum keine Kostenerstattungspflicht durch die unterlegene Seite – namentlich eine Regelung, wonach jede Partei ihre eigenen Kosten zu tragen hat – so wird die englische Rechtslage für den Kläger vorteilhafter sein. Gleiches gilt für den Fall, dass das fremde Forum Erfolgshonorare (*contingency fees*) vorsieht, denn in diesem Fall muss der erfolgreiche Kläger einen bestimmten Prozentsatz der zugesprochenen Summe an seinen Anwalt abführen.[275] Auch hier wäre ein Sieg im Ausland für den Kläger teurer als vor seinen heimischen Gerichten.

Gegen diesen Ansatz könnte man zwar anführen, es handle sich hierbei um keinen echten Vorteil, da dieser sich nur im Falle eines Erfolges auswirke; unterliege dagegen der Kläger, so wird für ihn die englische Rechtslage sowohl im Vergleich zur Anwendung des oben erwähnten Kostengrundsatzes als auch im Vergleich zur Geltung der *contingency fees* entschieden ungünstiger sein. Denn der Kläger, dessen Klage in England abgewiesen wird, muss die Kosten des Beklagten zusätzlich zu seinen eigenen Kosten tragen. Im Ausland ist er indessen hiervon befreit. Falls eine *contingency fee* vereinbart wurde, so schuldet der Kläger sogar seinem Anwalt gar keine Gebühr.

---

271 *Kuwait Oil Co. v. Idemitsu Tankers KK. (The Hida Maru)* [1981] 2 Lloyd's Rep. 510, 513.

272 Die Kosten, die dadurch entstehen, dass Parteien und Zeugen zum Gerichtsort reisen müssen, werden bereits auf der ersten Stufe des Tests bei den *convenience*-Faktoren berücksichtigt. Vgl. oben Kap. 1, IV, 2, b), bb).

273 C.P.R. rule 44. 3 (1).

274 C.P.R. rule 44. 3 (2) (a).

275 Hierzu *Schack,* Einführung in das U.S.-amerikanische Zivilprozessrecht, S. 8 ff.

Dieses Argument vermag indes die englischen Gerichte nicht zu überzeugen. Sie lehnen es mit der Begründung ab, dass jeder Kläger selbstverständlich einen Sieg erwarte.[276] Dies leuchtet ein. Es kann daraus auch allgemein gefolgert werden, dass es dem Kläger grundsätzlich nicht unbenommen bleibt, im Rahmen der Interessenabwägung Vorteile geltend zu machen, die nur dann entstehen, wenn er mit seiner Klage obsiegt.

Nachdem die unterschiedlichen Kostenregelungen grundsätzlich als Vorteil im Rahmen der Abwägung in Betracht kommen, ist nun fraglich, welches Gewicht diesem Vorteil beigemessen wird. In der Praxis scheint er die Gerichte durchaus zu überzeugen. So finden sich Urteilsbegründungen, in denen die Richter dafür plädieren, dass der obsiegende Kläger nicht um die Früchte seines Erfolges gebracht werden solle, indem er zur Zahlung von hohen Kosten verpflichtet wird.[277] An anderen Stellen wird argumentiert, dass vor allem in Fällen mit einer relativ geringen Klagesumme die Möglichkeit der Kostentragung durch die unterliegende Partei entscheidend dafür sein kann, ob eine Klage überhaupt erhoben wird oder nicht.[278] Eine Aussetzung wäre hier mithin unverhältnismäßig. Nicht zuletzt spreche für eine Berücksichtigung des Kostenfaktors, dass es sich dabei um einen Vorteil handelt, der mit keinem entsprechenden Nachteil des Beklagten korrespondiert.[279]

(2) Bedingte Verfahrensaussetzung als Lösung zur Erhaltung des klägerischen Vorteils

Ähnlich wie bei der Verjährungsfrage könnte auch hier als Lösung erwogen werden, das Verfahren unter der Bedingung auszusetzen, dass sich der Beklagte zur Übernahme der vor dem fremden Gericht entstandenen Kosten verpflichtet. Die Verknüpfung der Aussetzungsentscheidung mit einem derartigen *undertaking* lenkt den Blick erneut auf das Problem seiner Durchsetzung, falls ihm der Versprechende nicht freiwillig Folge leistet. Soll das *undertaking* dafür sorgen, dass die Verfahrensaussetzung der Gerechtigkeit entspricht und damit die zweite Stufe des *forum non conveniens*-Tests gesichert ist, so kann dieses Ziel nur dann erreicht werden, wenn die übernommene Verpflichtung nötigenfalls zwangsweise durchgesetzt werden kann – anderenfalls wäre der Nutzen eines *undertaking*

276 *S. & W. Berisford Plc. and NGI International Precious Metals Inc. v. New Hampshire Insurance Co.* [1990] 1 Lloyd's Rep. 454, 464.

277 *The Vishva Ajay* [1989] 2 Lloyd's Rep. 558, 560; *Ward Associates Ltd. v. Public Services Mutual Insurance,* 2000 WL 33201447.

278 *Arkwright Mutual Insurance Co. v. Bryanston Insurance Co. Ltd.* [1990] 2 Lloyd's Rep. 70, 83.

279 *Roneleigh Ltd. v. Mii Exports Inc.* [1989] 1 WLR 619, 624; *Ward Associates Ltd. v. Public Services Mutual Insurance,* 2000 WL 33201447.

gleich null und die Aussetzungsentscheidung könnte ihren Zweck gänzlich verfehlen. Im Gegensatz zum *undertaking* zur Aufrechterhaltung der Verjährungseinrede, das im Falle einer Nichtbefolgung im laufenden Verfahren berücksichtigt werden kann, ist die Situation hier insofern anders, als es sich um ein *undertaking* handelt, das in einem vom anstehenden Rechtsstreit verschiedenen Verfahren zwangsweise durchgesetzt werden muss. Dennoch stellt auch hier die Verwirklichung des *undertaking* den Rechtsanwender vor besondere Probleme. Die Schwierigkeiten ergeben sich vor allem aus der Rechtsnatur dieses Rechtsinstituts. Fragt man sich nach den Möglichkeiten zur Lösung dieser Schwierigkeiten, so bieten sich zwei Ansätze an: zum einen eine Anknüpfung an die formale Einstufung der Sanktionen für *contempt of court* und zum anderen der Weg über die nationalen Anerkennungsvorschriften.

Ausgehend von der Tatsache, dass ein Bruch eines *undertaking* zu Sanktionen für *contempt of court* führt, die einen quasi-strafrechtlichen Charakter haben, wäre es denkbar und folgerichtig, die grenzüberschreitende Vollstreckung eines *undertaking* gemäß den Regeln des internationalen Strafrechts zu versagen, da dieses grundsätzlich keine transnationale Verhängung und Vollstreckung von Strafen ermöglicht.[280] Betrachten wir den Weg über die nationalen Anerkennungsvorschriften etwas näher, müssen wir feststellen, dass auch hier augenscheinlich unüberwindbare Hürden bestehen. Zwar kann man mit *Schlosser* die *undertakings* durchaus als „Entscheidungen" ansehen, wodurch der Weg zu den nationalen Anerkennungsvorschriften eröffnet wäre. Dies gilt jedenfalls dann, wenn sie einen hinreichend bestimmten, vollstreckungsfähigen Inhalt haben oder durch eine gerichtliche Order konkretisiert wurden.[281] Die formale Einstufung der Sanktionen für *contempt of court* im *common law*-System als Quasi-Kriminalstrafen steht der Einordnung des *undertaking* als Ergebnis einer Zivilstreitigkeit oder eines Verfahrens der freiwilligen Gerichtsbarkeit dabei nicht entgegen, denn nach allgemeiner Ansicht genügt es für die Anerkennungsfähigkeit, dass es sich um eine zivilrechtliche Sachentscheidung eines ausländischen Gerichts handelt.[282] Eine Schranke bildet allerdings die herrschende Wirkungserstreckungslehre, die besagt, dass sich die inländischen Wirkungen einer ausländischen Entscheidung nach den Wirkungen im Ursprungsstaat bemessen.[283] Diese bilden die Obergrenze, denn ansonsten könnte eine gerichtliche Entscheidung allein durch ihren Transport ins Ausland zusätzliche Wirkungen erhalten, die sich so ihre Urheber gar nicht vorgestellt haben. Wenn die *undertakings* nach der Rechtsord-

---

280 Vgl. *Mäsch,* FamRZ 2002, 1069, 1075 und *Schlosser,* RIW 2001, 81, 86.

281 *Schlosser,* RIW 2001, 81, 88 ff.

282 Musielak/*Stadler,* ZPO, § 328 Rn. 5.

283 Hierzu *Geimer,* IZPR, Rn. 2776 f.

nung des *common law* so ausgestaltet sind, dass sie keine unmittelbaren Ansprüche zwischen den Parteien begründen, vielmehr nur Sanktionsmöglichkeiten der Gerichte des Staates gestatten, in dem sie ergangen sind, so sollen sie aber auch nicht in Deutschland als anerkennungs- und vollstreckungsfähige Entscheidung angesehen werden.[284]

Diese Feststellungen werden auch durch die Praxis uneingeschränkt bestätigt. Soweit ersichtlich, gibt es bislang keinen Fall, in dem ein *undertaking* zwangsweise im Ausland durchgesetzt worden ist.[285] Dem Betroffenen verbleibt nur das Vertrauen darauf, dass der Versprechende sein *undertaking* freiwillig erfüllen wird. Dass ihm dies keinen ausreichenden Schutz gewährleistet, liegt auf der Hand.

Im Ergebnis lässt sich daher festhalten, dass es nicht erstrebenswert erscheint, das Verfahren unter der Bedingung auszusetzen, dass sich der Beklagte zur Übernahme der vor dem fremden Gericht entstandenen Kosten verpflichtet, da eine grenzüberschreitende Durchsetzung solcher Verpflichtungen derzeit nicht gesichert ist. Im Übrigen sind solche Verpflichtungen auch aus völkerrechtlichen Gründen nicht gänzlich unbedenklich. Im Fall *Adhiguna Meranti* äußerte das Gericht seine Zweifel darüber, ob es im Hinblick auf den Grundsatz der internationalen Höflichkeit tragbar ist, die Geeignetheit eines fremden Forums nur dann anzuerkennen, wenn bestimmte Unzulänglichkeiten durch Ergänzungen oder Änderungen des dortigen Verfahrens bereinigt würden.[286]

ff) Bessere Vollstreckungsmöglichkeiten

Eine bedeutende Rolle im Rahmen der Interessenabwägung spielen zudem die Unterschiede hinsichtlich der Vollstreckungsmöglichkeiten. Dies war nicht immer selbstverständlich. In *Spiliada* hat *Lord Goff* im Zusammenhang mit der Frage nach dem berechtigten persönlichen oder rechtlichen Vorteil einige Bei-

---

284 So auch *Mäsch,* FamRZ 2002, 1069, 1075.

285 Dies gilt nicht nur für *forum non convenines*-Fälle, sondern auch für *undertakings* im Bereich des Haager Kindesentführungsübereinkommens vom 25. 10. 1980 (HKEntÜ), BGBl. 1990 II, S. 207; englischer und französischer Text abrufbar unter http://www.hcch.net (zuletzt abgerufen am 26. 2. 2012); deutsche Übersetzung in *Jayme/Hausmann,* Internationales Privat- und Verfahrensrecht, Nr. 222. Das HKEntÜ stellt das Hauptanwendungsfeld für *undertakings* im internationalen Rechtsverkehr dar. Sie werden dort eingesetzt, um die Rückkehr des Kindes und der entführenden Person zu erleichtern sowie deren Verbleib im Herkunftsstaat zu sichern. Auf diese Weise soll insbesondere in Fällen der Entführung durch die primäre Betreuungsperson verhindert werden, dass das Kind durch die Rückführungsentscheidung von seiner stärksten Bezugsperson getrennt wird. Vgl. hierzu *Dutta/Scherpe,* FamRZ 2006, 901, 907 f.; *Mäsch,* FamRZ 2002, 1069, 1075 f.; *Carl,* FPR 2001, 211, 213.

286 *Adhiguna Meranti* [1988] 1 Lloyd's Rep. 384, 393.

spiele genannt, die sich ausschließlich auf das Erkenntnisverfahren bezogen haben.[287] Daraus wurde teilweise[288] abgeleitet, dass Umstände, die erst die Phase nach Abschluss des Erkenntnisverfahrens – namentlich das Vollstreckungsverfahren – betreffen, nicht in die Beurteilung mit einfließen dürfen.

Im Fall *International Credit and Investment Company (Overseas) Ltd. v. Shaikh Kamal Adham*[289] lehnte der *Court of Appeal* diese Sichtweise entschieden ab. Die Prozessführung als solche sei kein Selbstzweck. Der Kläger benötige nicht nur einen Titel, sondern auch dessen Durchsetzung. Daher dürfe man Vorteilen, die erst aus dem Vollstreckungsverfahren erwachsen, nicht weniger Gewicht beimessen als Vorteilen aus dem Erkenntnisverfahren selbst. Dass *Lord Goff* diese Aspekte nicht erwähnt hatte, liege nur daran, dass sie in *Spiliada* nicht von Belang waren und könne nicht dazu führen, dass sie in anderen Fällen nicht berücksichtigt werden dürften.[290] Demzufolge sah das Gericht hier als erheblich an, dass ein englisches Urteil im Ausland nach dem Lugano-Übereinkommen vollstreckt werden kann; ein pakistanisches Urteil bedürfe dagegen eines besonderen Anerkennungsverfahrens, da Pakistan nicht Vertragsstaat des Übereinkommens ist. Die zweite Stufe des Tests fiel mithin zugunsten von England aus. Im Fall *Inter-Tel Inc. v. OCIS Plc.*[291] ging das Gericht sogar noch einen Schritt weiter; es sprach von einem „unermesslich starken Faktor" und entschied allein deswegen die Interessenabwägung im Sinne des Klägers. Allerdings war dieser Fall im Vergleich zu dem vorangegangenen insofern anders gelagert, als hier eine Vollstreckung eines im alternativen Forum ergangenen Urteils nicht nur erschwert, sondern gar unmöglich erschien. Die Situation war folgendermaßen: Die Klägerin, eine US-amerikanische Gesellschaft mit Sitz im Bundesstaat Arizona verklagte eine englische Gesellschaft und andere Beklagte auf Unterlassung von belästigenden Telefonanrufen bei den Mitarbeitern der Klägerin. Eine zwangsweise Durchsetzung einer Unterlassung ist praktisch nur realisierbar durch Ausübung von Zwang gegen den abweichenden Willen des Schuldners und kam daher nur in England in Betracht. Dort könnten aber – mangels staatsvertraglicher Regelungen – nur ausländische Urteile vollstreckt werden, die eine Geldzahlung zum Gegenstand haben. Ein im Ausland festgesetztes Ordnungs-

---

287 *Spiliada Maritime Corp v. Cansulex Ltd.* [1987] A.C. 460, 482 ff. (*H.L.*).

288 Vgl. die jeweiligen Beklagtenvorträge in *International Credit and Investment Company (Overseas) Ltd. v. Shaikh Kamal Adham* [1999] I.L.Pr. 302, 309 f. und *Inter-Tel Inc. v. OCIS Plc.* [2004] WL 2458651.

289 *International Credit and Investment Company (Overseas) Ltd. v. Shaikh Kamal Adham* [1999] I.L.Pr. 302.

290 *International Credit and Investment Company (Overseas) Ltd. v. Shaikh Kamal Adham* [1999] I.L.Pr. 302, 310.

291 *Inter-Tel Inc. v. OCIS Plc.* [2004] WL 2458651.

geld (*fine imposed*) könne in England dagegen nicht vollstreckt werden und es gäbe keine andere Möglichkeit für ein ausländisches Gericht, den Unterlassungsschuldner für sein Verhalten zu belangen. In den USA würde der Kläger daher nur ein „leeres Urteil" erlangen. Aus diesen Gründen sah das Gericht ein Verfahren in England geradezu als notwendig an und lehnte einen *stay* ab.[292]

Als Fazit kann festgestellt werden, dass sich der Kläger im Rahmen der Interessenabwägung durchaus auch auf Vorteile berufen kann, die erst nach Abschluss des Zivilprozesses entstehen und damit die Durchsetzung des festgestellten Rechts oder Rechtsverhältnisses betreffen. Günstigere Vollstreckungsmöglichkeiten im Ausgangsforum haben große Chancen als berechtigter Klägervorteil akzeptiert zu werden. Unter Umständen kann diesem Faktor sogar eine alleinentscheidende Wirkung zukommen.

gg) Unterschiede hinsichtlich der Verfahrensdauer

Einen sicherlich hohen Stellenwert innerhalb der Interessenabwägung auf der zweiten Stufe des *forum non conveniens*-Tests haben die Differenzen hinsichtlich der Schnelligkeit der Verfahren in den verschiedenen Fora. In der Literatur und Rechtsprechung wird in diesem Zusammenhang häufig auf zwei bereits ältere Entscheidungen *The Jalakrishna* und *The Vishva Ajay* aus dem Jahr 1983 bzw. 1989 verwiesen.[293] In beiden Fällen sah das Gericht von einem *stay* ab, weil die Verfahrensdauer im natürlichen Forum als derart unangemessen erschien, dass der Kläger dort kein gerechtes Verfahren bekommen würde.

In *The Jalakrishna* stand für das Gericht fest, dass der Kläger in Indien über vier Jahre länger prozessieren müsste als in England, um einen Schadenersatz wegen Gesundheitsverletzung nach einem Unfall zugesprochen zu bekommen. Der Richter führte aus, dass es nicht gerecht wäre, den Kläger so lange auf eine Entscheidung des Rechtsstreits warten zu lassen, weil er gerade jetzt eine Kompensation für seine schweren Verletzungen benötige.[294] In *The Vishva Ajay* war die Diskrepanz zwischen den zu erwartenden Verfahrenslängen noch deutlicher. Das Vergleichsforum befand sich erneut in Indien. Dort befürchtete der englische Richter diesmal sogar eine Verfahrensdauer von zehn Jahren und erklärte, dass im Laufe der Zeit die Zeugen ihre Erinnerung an die fraglichen Umstände

292 *Inter-Tel Inc. v. OCIS Plc.* [2004] WL 2458651, Rn. 20, 23 und 25. Die Problematik, ob ein Ermessensspielraum im Anwendungsbereich der Brüssel I-VO gegeben ist, wurde zwar gesehen, aber nicht näher erläutert, nachdem der Kläger der Anwendung des *forum non conveniens* zustimmte.

293 *The Jalakrishna* [1983] 2 Lloyd's Rep. 628 bzw. *The Vishva Ajay* [1989] 2 Lloyd's Rep. 558. Nachweise bei *Cheshire/North/Fawcett,* S. 435; *Dicey, Morris and Collins,* Rn. 12-031.

294 *The Jalakrishna* [1983] 2 Lloyd's Rep. 628, 631.

verlieren könnten; im Sinne der Gerechtigkeit habe daher die Verhandlung des Rechtsstreits ohne derartige Verzögerungen zu erfolgen.[295]

In der jüngeren Rechtsprechung sind derart entschiedene Stellungnahmen zur Gewichtung dieses Abwägungskriteriums eher seltener zu finden. Dennoch wäre es nicht richtig, daraus einen allgemeinen Bedeutungsverlust des Verzögerungsfaktors abzulesen.[296] Vielmehr scheint das Kriterium nunmehr seltener relevant zu sein. So lässt sich einerseits in vielen Ländern – und so auch in Indien – eine deutliche Verbesserung der Schnelligkeit von Zivilverfahren in den letzten Jahren feststellen, so dass dort nicht mehr von einem ungerechten Verfahren gesprochen werden könne.[297] Auf der anderen Seite sind Fälle nachweisbar, in denen eine lange Verfahrensdauer im natürlichen Forum zu erwarten ist, sie aber aufgrund spezieller Umstände nicht die Schwelle zu *substantial injustice* überschreitet. In *Ceskoslovenska Obchodni Banka AS v. Nomura International Plc.*[298] stellte das Gericht fest, dass in Tschechien bislang keine nennenswerte Verbesserung der Verfahrensdauer zu verzeichnen sei. Dies sei unbefriedigend und entspreche nicht den in modernen europäischen Staaten geltenden Standards. Verzögerungen seien jedoch in der Praxis nicht unüblich und im konkreten Fall auch nicht „dramatisch" größer als die, mit denen der Kläger in England rechnen müsse.[299] Der klägerische Vorteil war damit hier nicht deutlich genug und ließ eine Berücksichtigung nicht zu.

Insgesamt bleibt festzuhalten, dass erhebliche Unterschiede zwischen den Verfahrenslängen nach wie vor ein wichtiges Kriterium innerhalb der Interessenabwägung darstellen, wenngleich die globale Verbesserung der Schnelligkeit von Zivilverfahren zum Verlust der Abwägungsrelevanz dieses Faktors führt. Letztlich ist die Berufung auf die überlange Verfahrensdauer im natürlichen Forum nur dann möglich, wenn die Diskrepanz zwischen den Verfahrenslängen in den beiden Fora geradezu drastisch erscheint.

hh) Verfahrenskonzentration

Die Möglichkeit, dass der Kläger seine Ansprüche in England gegen alle Beklagte in *einem* Verfahren geltend machen kann, während er im Ausland auf mehrere Prozesse angewiesen wäre, stellt für ihn offensichtlich einen Vorteil dar.

---

295 *The Vishva Ajay* [1989] 2 Lloyd's Rep. 558, 560.

296 Offengelassen von *Huber,* Die englische forum-non-conveniens-Doktrin und ihre Anwendung im Rahmen des Europäischen Gerichtsstands- und Vollstreckungsübereinkommens, S. 139.

297 *Konamaneni v. Rolls-Royce Industrial Power (India) Ltd.* [2003] B.C.C. 790, 826.

298 *Ceskoslovenska Obchodni Banka AS v. Nomura International Plc.* [2003] I.L.Pr. 20 at 321.

299 *Ceskoslovenska Obchodni Banka AS v. Nomura International Plc.* [2003] I.L.Pr. 20 at 321/333 f. Angenommen wurde eine Verfahrensdauer in Tschechien von drei bis vier Jahren.

Die englischen Richter messen diesem Vorteil grundsätzlich erhebliches Gewicht bei.

Fälle, in denen dieses Kriterium eine Rolle spielen kann, sind nicht selten; man denke nur an die Situationen, in denen der Kläger seine Schadensersatzansprüche gegen mehrere mögliche Verursacher oder gegen den Verursacher und dessen Versicherer geltend macht. Generell lässt sich sagen, dass dieser Faktor immer dann relevant wird, wenn als Klagegegner mehrere Beklagte in Betracht kommen, die zu jeweils unterschiedlichen Staaten eine Verbindung aufweisen. In der Praxis plädieren die Richter prinzipiell dafür, dass Klagen gegen mehrere Beklagte in einem Prozess zusammengefasst werden, um eine effiziente Verfahrensführung zu erreichen und die Gefahr entgegengesetzter Urteile zu vermeiden.[300] Eine Einschränkung gilt lediglich dann, wenn der Vorteil, auf den sich der Kläger beruft, in der Möglichkeit liegen solle, in England weitere Personen in den Rechtsstreit einbeziehen zu können, wenn diese nur aufgrund einer Auslandszustellung in England verklagt werden können und der einzige Grund für diese Auslandszustellung gerade in der Ermöglichung einer gemeinsamen Verfahrensführung gegen alle Beklagte liegen soll. Einer solchen Situation sahen sich die Richter im Fall *Haji-Ioannou v. Frangos*[301] gegenüber. Sie führten aus, dass die Argumentation des Klägers zu einem Zirkelschluss führe. Der Kläger könne sich nicht einerseits darauf berufen, dass seine Klage nicht ausgesetzt werden könne, weil er seine Rechtsverfolgung in England auf weitere Personen ausdehnen könne und andererseits vortragen, dass der Grund für die Notwendigkeit der Auslandszustellung gerade darin liege, eine gemeinsame Verfahrensführung gegen alle Beklagte vor einem Gericht zu erreichen.[302]

Im Grundsatz bleibt es dennoch bei der Aussage, dass die Möglichkeit einer Verfahrenskonzentration vor den englischen Gerichten nach wie vor von großer Bedeutung ist.[303]

---

300 *Luis Vicente Barros Mattos Junior v. MacDaniels Ltd.* 2003 WL 21162093, [48]. Vgl. auch die Ausführungen zur entsprechenden Problematik in Fällen der ausschließlichen Gerichtsstandsvereinbarung: *Citi-March Ltd. v. Neptune Orient Lines Ltd. (The Humber Bridge)* [1997] 1 Lloyd's Rep. 72, 77 sowie *Aratra Potato Co. Ltd. and Another v. Egyptian Navigation Co., (The „El Amria")* [1981] 2 Lloyd's Rep. 119, 128: „By that I mean that I do not regard it merely as convenient that the two actions, in which many of the same issues fall to be determined, should be tried together; rather that I regard it as a potential disaster from a legal point of view if they were not, because of the risk inherent in separate trials, one in Egypt and the other in England, that the same issues might be determined differently in the two countries."

301 *Haji-Ioannou v. Frangos* [1999] 2 Lloyd's Rep. 337.

302 *Haji-Ioannou v. Frangos* [1999] 2 Lloyd's Rep. 337, 360.

303 Vgl. auch *Charm Maritime Inc. v. Minas Xenophon Kyriakou and David John Mathias* [1987] 1 Lloyd's Rep. 433, 447 f. und 451.

ii) Vorteil einer höheren Sicherheitsleistung

Der Vorteil einer höheren Sicherheitsleistung zählt demgegenüber in der Regel nicht mehr zu den Kriterien, auf die sich der Kläger im Rahmen der *forum non conveniens*-Prüfung mit Erfolg berufen können wird.[304] Nach section 26 des Civil Jurisdiction and Judgments Act 1998[305] kann das Gericht, das in Admiralty-Verfahren über eine Aussetzung zugunsten eines fremden Forums entscheidet, anordnen, dass das arrestierte Eigentum als Sicherheit weiter einbehalten wird oder die Aussetzung davon abhängig machen, dass der Beklagte entsprechende Sicherheiten für die Vollstreckung des ausländischen Urteils leistet.[306] Notwendig dafür ist lediglich, dass das ausländische Urteil in England anerkennungs- und vollstreckungsfähig wäre. Macht das Gericht von dieser Bestimmung Gebrauch, so besteht für den Kläger auch kein Vorteil aus dem englischen Verfahren, der in die Interessenabwägung mit einfließen könnte. Die Berücksichtigung höherer Sicherheitsleistungen ist demnach nur noch dann möglich, wenn die Voraussetzungen von section 26 nicht gegeben sind, namentlich dann, wenn es sich um kein Admiralty-Verfahren handelt oder die Anerkennung des ausländischen Urteils ausgeschlossen wäre.[307]

jj) Sonstige Faktoren

Erwähnenswert bleibt darüber hinaus die Gefahr eines unfairen Verfahrens aus politischen, ideologischen oder ähnlichen Gründen. In der Rechtsprechung finden sich vor allem Stellungnahmen zu der Frage, ob ein *stay* zu unterbleiben habe, weil die Gerichtsbarkeit im natürlichen Forum nicht unabhängig erscheint. Allen Ausführungen gemeinsam ist, dass dieser Umstand einen derart hohen Stellenwert genießen solle, dass er alleine ausreicht, um die richterliche Entscheidung zu beeinflussen. Weitere Kriterien, die für das englische Forum sprechen, sind also nicht erforderlich. Der Nachweis solcher Umstände bleibt jedoch schwierig. Die Gerichte sind in der Regel nur mühsam davon zu überzeugen, dass die ausländische Justiz nicht frei von politischen oder ideologischen Motiven in einem konkreten Fall entscheiden würde.[308] Zur Verdeutlichung dessen

304 Zur früheren Rechtslage vgl. *The Atlantic Star* [1974] A.C. 436, 454 (*Lord Reid*) und 470 (*Lord Wilberforce*) und *The Wladyslaw Lokietek* [1978] 2 Lloyd's Rep. 520, 540.

305 Abrufbar unter: http://www.legislation.gov.uk/ukpga/1982/27 (zuletzt besucht am 26. 2. 2012).

306 Vgl. *Spiliada Maritime Corp v. Cansulex Ltd.* [1987] A.C. 460 483 (*H.L.*) sowie *Dicey, Morris and Collins,* Rn. 12-034 und 8-036 ff.

307 So auch *Huber,* Die englische forum-non-conveniens-Doktrin und ihre Anwendung im Rahmen des Europäischen Gerichtsstands- und Vollstreckungsübereinkommens, S. 128.

308 Vgl. hierzu bereits oben Kap. 1, IV, 3, b).

bietet es sich an, einen Blick auf den Fall *Limit (No. 3) Ltd. v. PDV Insurance Co.*[309] aus dem Jahr 2005 zu werfen. Die Klägerin, eine englische Versicherungsgesellschaft, und die Beklagte, eine venezolanische Versicherungsgesellschaft, schlossen einen (Weiter-) Rückversicherungsvertrag und stritten nun um die Voraussetzungen des Eintritts eines Rückversicherungsfalles. Die Klägerin trug vor, dass die Beklagte ein staatseigenes Unternehmen sei und dass eine Entscheidung venezolanischer Gerichte politisch motiviert sein würde. Sie stützte sich dabei auf einen Bericht des *Human Rights Institute* von der *International Bar Association,* der die venezolanische Regierung wegen unzulässiger Beeinflussung der Justiz und Verletzung der Menschenrechte im Zusammenhang mit Justizverfahren kritisierte.[310] Der *Court of Appeal* bestätigte, dass sich die politische Situation in Venezuela im Umbruch befinde und dass es dort deswegen zu Störungen im öffentlichen Dienst komme. Dennoch könne der Vortrag des Klägers keinen ausreichenden Beweis dafür liefern, dass es nicht möglich wäre, den betreffenden Streit in einem gerechten Verfahren innerhalb einer angemessenen Zeit zu schlichten. Es gäbe keinen Anhaltspunkt für die Annahme, dass der Bericht sich auch gegen den *Supreme Court* richte und Streitigkeiten wie die vorliegende betreffe.[311] Diese Entscheidungspraxis ist nur konsequent. So wurde bereits in *The Abidin Daver* verlangt, dass der Kläger, der den Mangel an *substantial justice* im natürlichen Forum geltend macht, hierfür einen besonders sorgfältigen Nachweis erbringen müsse.[312]

Hinzuweisen lohnt es sich noch auf ein weiteres Kriterium, das im engen Zusammenhang mit dem obigen Faktor stehen kann. Es ist möglich, dass der Kläger ein Verfahren im Ausland deswegen ablehnen wird, weil er dort mit einer Strafverfolgung rechnen muss. In Fällen, in denen dies als offensichtlich feststeht, sind die Richter in der Regel bereit, von einem *stay* abzusehen. Ausführlich diskutiert wurde diese Problematik in einer jüngeren, sehr medienwirksamen Entscheidung *Michael Cherney v. Oleg Vladimirovich Deripaska.*[313] Beide Parteien sind Investoren im russischen Metallhandel und gehören zu den reichsten Männern Russlands. Sie besaßen jeweils gleiche Anteile am Aluminium-Kon-

---

309 *Limit (No. 3) Ltd. v. PDV Insurance Co.* [2005] 1 CLC 515.

310 *Limit (No. 3) Ltd. v. PDV Insurance Co.* [2005] 1 CLC 515, 537.

311 *Limit (No. 3) Ltd. v. PDV Insurance Co.* [2005] 1 CLC 515, 537 f.

312 *The Abidin Daver* [1984] A.C. 398, 411 (*H.L.*).
Auch im Fall *Muduroglu Ltd. v. T.C. Ziraat Bankasi* [1986] QB 1225, 1248 (*C.A.*) sah das Gericht es nicht als erwiesen an, dass der Kläger im natürlichen Forum (Türkei) keine Gerechtigkeit bekommen würde, obwohl es sich im Grundsatz für eine Aufweichung der strengen Beweisanforderungen aussprach. Vgl. zu dem Abwägungskriterium außerdem die *forum conveniens*-Entscheidung *Crédit Agricole Indosuez v. Unicof Ltd.* [2004] 1 Lloyd's Rep. 196, 205.

313 *Michael Cherney v. Oleg Vladimirovich Deripaska* [2008] EWHC 1530. Es handelte sich hierbei um eine *forum conveniens*-Entscheidung.

zern *Sibal*, der später mit einem anderen Aluminium-Konzern zu *Rusal*, dem nunmehr weltgrößten Aluminiumhersteller fusionierte. Zur etwa gleichen Zeit trafen sich die Parteien in London und schlossen eine Vereinbarung ab, deren Einzelheiten jedoch umstritten sind. Der Kläger (*Cherney*) behauptet, dass er sich verpflichtet habe, seine Anteile an *Sibal* (und nun *Rusal*) auf den Beklagten (*Deripaska*) zu übertragen und dass ihm hierfür 250 Mio. Dollar garantiert wurden. Der Beklagte sollte diese Anteile treuhänderisch für den Kläger verwalten, sie innerhalb einer bestimmten Frist veräußern und den Kläger an dem Verkaufserlös abzüglich der 250 Mio. beteiligen. Der Beklagte gibt die Vereinbarung nur teilweise zu. Er behauptet insbesondere, dass mit der Zahlung von 250 Mio. alle gegenseitigen Ansprüche abgegolten seien. Der Kläger begehrt nun Feststellung, dass ihm Ansprüche aus dem Treuhandverhältnis zustehen. Für das Gericht wies die Streitigkeit eindeutig engere Verbindungen zu Russland als zu England auf. Gleichzeitig war sich der Richter aber sicher, dass der Kläger keinen fairen Prozess in Russland bekäme und stimmte einer Verhandlung in London zu. Entscheidend für diese Einschätzung war der Umstand, dass der Kläger in Russland einer Strafverfolgung ausgesetzt sein würde. Die Vorwürfe gegen den Kläger reichten von Drogenhandel, Geldwäsche, Kontakten zu kriminellen Vereinigungen, über Betrug bis hin zur Beteiligung an Todesfällen. Der Richter ließ offen, ob die Vorwürfe berechtigt waren oder ob der Kläger lediglich ein Opfer von erdichteten Beschuldigungen war. Fest stand allerdings, dass jene Vorwürfe bereits Gegenstand eines Strafverfahrens in der Schweiz waren, das aus Mangel an substantiierten Beweisen mit einem Freispruch endete.[314] Dem Beklagten bescheinigte der Richter dagegen beste Kontakte zur russischen Regierung, insbesondere zum früheren Präsidenten Putin und befürchtete einen Fall von politischer Justiz, sollen die russischen Gerichte über den Streit entscheiden.[315] Darüber hinaus – so der Richter – müsse der Kläger in seiner Heimat sogar ein Attentat fürchten.[316] Ein gerechtes Verfahren war nach alledem in Russland nicht zu erwarten.

Als Fazit kann festgestellt werden, dass die im Ausland gegebene Gefahr eines unfairen Verfahrens aus politischen, ideologischen oder ähnlichen Gründen entscheidend für eine Verweigerung einer Verfahrensaussetzung sein kann. Voraussetzung hierfür ist allerdings ein hinreichender Nachweis derartiger Unzulänglichkeiten des fremden Verfahrens.

---

314 *Michael Cherney v. Oleg Vladimirovich Deripaska* [2008] EWHC 1530, [259], [154-161] sowie [166].

315 *Michael Cherney v. Oleg Vladimirovich Deripaska* [2008] EWHC 1530, [260], [50], [203 ff.] und [239-248].

316 *Michael Cherney v. Oleg Vladimirovich Deripaska* [2008] EWHC 1530, [199].

d) Die Bedeutung von Art. 6 Abs. 1 EMRK

Gelegentlich wird vom Kläger geltend gemacht, eine Aussetzung des Verfahrens würde sein Recht auf ein gerechtes Verfahren aus Art. 6 Abs. 1 der Menschenrechtskonvention des Europarates (EMRK) beeinträchtigen. Die EMRK ist für das Vereinigte Königreich mit dem Human Rights Act 1998 zum 1. 10. 2000 innerstaatlich in Kraft getreten. Ob die Justizgarantien aus Art. 6 Abs. 1 EMRK[317] im Rahmen einer *forum non conveniens*-Entscheidung eine eigenständige Bedeutung haben können, erscheint indes fragwürdig.

Anlass zur Klärung dieser Frage hatte *Lord Bingham* in dem hier bereits öfter zitierten Fall *Lubbe v. Cape Plc.*[318] Die Kläger beriefen sich dort darauf, dass eine Verfahrensaussetzung ihre Rechte aus Art. 6 EMRK verletzen würde, da sie in Südafrika mangels finanzieller Unterstützung aus öffentlichen Mitteln und angemessener Prozessvertretung den Rechtsstreit nicht würden führen können. Das Gericht antwortete darauf, dass es sich keine Konstellation vorstellen könne, in der die Richter eine Entscheidung treffen würden, die dem Art. 6 EMRK entgegenstünde, da *Spiliada* eine Aussetzung nur unter der Bedingung erlaube, dass der Kläger im Ausland ein gerechtes Verfahren bekommt. Mit anderen Worten: Art. 6 EMRK gewähre keinen zusätzlichen Schutz, der nicht schon durch die Anwendung des *Spiliada*-Tests erreicht wäre.[319] Ob diese Aussage tatsächlich für alle Justizgarantien des Art. 6 EMRK gilt, bleibt abzuwarten. In der Entscheidung *Ceskoslovenska Obchodni Banka AS v. Nomura International Plc.*[320] findet man zwar eine Bezugnahme auf das in Art. 6 Abs. 1 EMRK statuierte Gebot einer angemessenen Verfahrensdauer, eine allgemeine Aussage zum Verhältnis des Art. 6 EMRK zum *forum non conveniens*-Test lässt sich indes hieraus nicht ableiten. Das Gericht stellt in diesem Fall lediglich allgemein fest, dass eine überlange Verfahrensdauer zu einer Verweigerung der Gerechtigkeit führen und *sicherlich* einen Verstoß gegen Art. 6 EMRK begründen könne. Da aber eine unangemessene Verfahrensverzögerung in dem konkreten Fall nicht angenommen wurde, hat sich eine nähere Stellungnahme zur Bedeutung des Art. 6 EMRK im Rahmen des *Spiliada*-Tests für das Gericht erübrigt.[321]

---

317 Zu den wichtigsten gehören der Grundsatz des fairen Verfahrens, das Gebot einer angemessen kurzen Verfahrensdauer und der Anspruch auf eine öffentliche Verhandlung.

318 *Lubbe v. Cape Plc.* [2000] 2 Lloyd's Rep. 383.

319 *Lubbe v. Cape Plc.* [2000] 2 Lloyd's Rep. 383, 394.

320 *Ceskoslovenska Obchodni Banka AS v. Nomura International Plc.* [2003] I.L.Pr. 20 at 321.

321 *Ceskoslovenska Obchodni Banka AS v. Nomura International Plc.* [2003] I.L.Pr. 20 at 321/333 f. Vgl. hierzu bereits oben Kap. 1, IV, 3, c), gg).

e) Berücksichtigung von *public interest factors*?

Unter *public interest factors* versteht man allgemeine öffentliche Interessen, die in keinem direkten Zusammenhang mit dem konkreten Streit und den betroffenen Parteien stehen, wie z.B. die Arbeitsüberlastung der Gerichte, Belastung der Steuerzahler durch fremde Prozesse oder die Vertrautheit des Gerichts mit dem in der Sache anwendbaren ausländischen Recht.[322] Ob derartige Interessen bei der Entscheidung englischer Gerichte zu bedenken sind, wurde nicht immer eindeutig beurteilt. Im Fall *Lubbe v. Cape Plc.*[323] hatten die Gerichte Anlass, sich mit der Frage auseinander zu setzen, nachdem sowohl die Kläger als auch die Beklagte vortrugen, dass öffentliche Interessen für das jeweils von ihnen bevorzugte Forum sprächen.[324] Um welche öffentlichen Interessen es sich genau handeln sollte, wurde zwar nicht explizit erwähnt. Der *Court of Appeal* wies aber in Anlehnung an die amerikanische Rechtsprechung im Fall *In Re Union Carbide Corp. Gas Plant Disaster at Bhopal*[325] auf die generellen Belange Südafrikas hin, über die Rechtmäßigkeit von Vorgängen, die sich auf eigenem Hoheitsgebiet ereignet haben, selbst zu entscheiden.[326] Die Kläger könnten demgegenüber das Interesse des Vereinigten Königreichs angedeutet haben, die Auslandsbetätigungen britischer Konzerne zu kontrollieren.[327] Während der *Court of Appeal* sich von den Argumenten der Beklagten zugunsten von Südafrika überzeugen ließ, lehnte das *House of Lords* jegliche Relevanz öffentlicher Interessen entschieden ab und distanzierte sich damit von der US-amerikanischen Rechtsprechung,[328] die im Rahmen des *forum non conveniens*-Tests neben den privaten auch öffentliche Interessen gleichermaßen berücksichtigt. *Lord Hope*, der die Entscheidung in diesem Punkt ausführlich begründete, stellte als allgemeine Regel auf, dass die Doktrin von *forum non conveniens* keinen Raum zur Berücksichtigung öffentli-

322 Faktoren, die sowohl private als auch öffentliche Interessen berühren – wie z.B. das anwendbare Recht – bleiben an dieser Stelle ausgenommen.

323 *Lubbe v. Cape Plc.* [2000] 2 Lloyd's Rep. 383 (*H.L.*) und *Lubbe v. Cape Plc.* [2000] 1 Lloyd's Rep. 139 (2. *C.A.*).

324 *Lubbe v. Cape Plc.* [2000] 2 Lloyd's Rep. 383, 394 (*H.L.*).

325 *In Re Union Carbide Corp. Gas Plant Disaster at Bhopal* (1986) 634 F.Supp. 842. Genannt wurde hier das Anliegen Indiens, zu untersuchen, ob einheimische Vorschriften missachtet wurden und ob diese ausreichend streng waren. Siehe dort S. 867.

326 *Lubbe v. Cape Plc.* [2000] 1 Lloyd's Rep. 139, 161 f. (2. *C.A.*). Interessant zu beobachten war hier, dass die südafrikanische Regierung in einer Stellungnahme zum Verfahren vor dem *House of Lords* ein öffentliches Interesse, den Fall vor eigenen Gerichten zu verhandeln, verneint hatte. Vgl. Hinweis bei *Muchlinski,* ICLQ 50 (2001) 1, 21.

327 Vgl. *Blobel/Späth,* RIW 2001, 598, 603.

328 Vgl. hierzu die Leitentscheidungen *Gulf Oil Corporation v. Gilbert* 330 U.S. 501 (1947) und *Koster v. Lumbermens Mutual Casualty Co.* 330 U.S. 518 (1947).

cher Interessen lässt, die keinen Bezug zu privaten Belangen der Parteien oder zu Gerechtigkeitsinteressen im konkreten Streit aufweisen. Führt der *Spiliada*-Test zu dem Ergebnis, dass kein anderes zur Entscheidung besser geeignetes Forum existiert, so müsse der Fall in England verhandelt werden, unabhängig davon, ob dies den öffentlichen Interessen und dem Allgemeinwohl entspreche oder nicht. Wurde dagegen der Test zugunsten eines anderen Forums entschieden, so müsse – umgekehrt – die Verfahrensaussetzung auch dann erfolgen, wenn aus öffentlichen Belangen eine Fortführung des Rechtstreits in England wünschenswert wäre. Als Begründung für diesen Ansatz nannte *Lord Hope* insbesondere, dass die englischen Gerichte nicht in der Lage seien, öffentliche Interessen zu ermitteln und die gesamten Auswirkungen zu bewerten.[329]

Diese Begründung ist zwar auf den ersten Blick nicht überzeugend, der Ansatz als solcher ist jedoch vom Ergebnis her begrüßenswert.[330] Es leuchtet nicht ein, warum die Richter in der Lage sein sollten, zum Beispiel die Unannehmlichkeiten für die Parteien zu erkennen und zu bewerten, warum ihnen aber keine Beurteilungsfähigkeit gerade hinsichtlich der öffentlichen Interessen zuerkannt werden soll. Unter Berücksichtigung des Umstandes, dass bereits die Ermittlung und Bewertung aller gegenseitigen Interessen der Parteien viel Zeit und Mühe kostet, ist es indes nur verständlich, wenn die Rechtsprechung die Faktoren, die in den *forum non conveniens*-Test einfließen sollen, zugunsten einer schnelleren und effektiveren Rechtspflege nach eigenem Ermessen typisiert und auf allgemein öffentliche Erwägungen verzichtet.

Im Ergebnis bleibt mithin festzuhalten, dass allgemeine öffentliche Interessen und Belange des Allgemeinwohls, die in keinem Zusammenhang mit Parteiinteressen stehen, innerhalb der englischen *forum non conveniens*-Lehre nicht berücksichtigt werden.

V. Bewertung der englischen *forum non conveniens*-Lehre

Die allgemeine Resonanz der *forum non conveniens*-Lehre könnte nicht unterschiedlicher ausfallen. In den letzten Jahren sind – veranlasst durch die Entwicklungen im europäischen Zivilverfahrensrecht – vor allem die Kritiker laut geworden. Viele sehen in der Lehre „eine Wertentscheidung zugunsten von

329 *Lord Hope* in *Lubbe v. Cape Plc.* [2000] 2 Lloyd's Rep. 383, 397 f. (*H.L.*), dem sich die anderen Richter anschlossen. Vgl. insbesondere *Lord Bingham*, S. 394: „In applying this principle questions of judicial amour propre and political interest or responsibility have no part to play." Eingehend *Morse*, (2002) Texas IntLJ 541, 552 f.

330 Vgl. auch *Blobel/Späth*, RIW 2001, 598, 603.

Rechtsunsicherheit“[331] und fürchten insbesondere die Gefahr eines negativen Kompetenzkonflikts und ein hohes Missbrauchsrisiko.[332] Doch gibt es – und zwar auch außerhalb der *common law*-Staaten – einige namhafte Stimmen, die der Lehre stets unermüdlichen Zuspruch geben. *Jayme*[333] begrüßt „jedes Wetterleuchten des *forum non conveniens*“ und *Wengler*[334] hält es für eine „gesunde, praktische Institution“. Auch *Schröder*[335] und *Gottwald*[336] sympathisieren mit diesem Rechtsinstitut. Im Folgenden soll zunächst den Ursachen für derart diskrepante Beurteilungen nachgegangen und hierzu Stellung genommen werden. Anschließend erfolgen eine Bewertung der neueren Entwicklungen der Lehre sowie eine kurze Zusammenfassung.

1. Gefahr eines negativen Kompetenzkonflikts

Als eine Unzulänglichkeit der *forum non conveniens*-Lehre nennen viele die mit ihr einhergehende Gefahr des negativen Kompetenzkonflikts. Sie soll entstehen, weil die Lehre keine verbindliche Verweisung an das besser geeignete, ausländische Gericht vorsieht. Vielmehr prüft dieses seine Zuständigkeit nach eigenem Recht völlig neu und kann sich daher trotz der Einschätzung der englischen Richter in der Sache für unzuständig erklären. Eine *forum non conveniens*-Entscheidung könnte daher schnell zur Rechtsverweigerung führen.[337]

Es wäre in der Tat höchstens unbefriedigend, den Kläger der Gefahr eines negativen Kompetenzkonflikts auszusetzen, doch ist dieser Kritikpunkt – zumindest für die hier dargestellte englische Ausformung der Lehre – nicht berechtigt. Zum einen besteht die Möglichkeit, die *forum non conveniens*-Entscheidung an die Bedingung zu knüpfen, dass sich der Beklagte der Zuständigkeit des alternativen Forums unterwirft, was den Einwand der Unzuständigkeit des fremden Gerichts im Regelfall wirkungsvoll verhindern kann.[338] Zum anderen darf in diesem

331 So *Wahl,* Die verfehlte internationale Zuständigkeit, S. 111. Vgl. auch *Kropholler*, in: Hdb. IZVR I Kap. III, Rn. 209.

332 *Geimer*, IZPR, Rn. 1079 und 1092, *Kropholler*, in: Hdb. IZVR I Kap. III, Rn. 211 und *ders.*, IPR, § 58 VII 2 c); *Schack*, IZVR, Rn. 562 f.

333 *Jayme*, in: Jayme (Hrsg.), Ein internationales Zivilverfahrensrecht für Gesamteuropa, S. 213.

334 *Wengler*, AcP 165 (1965) 367, 368. Vgl. auch *dens.*, NJW 1959, 127, 130.

335 *Schröder*, Internationale Zuständigkeit, S. 486 ff.

336 *Gottwald*, FS Jayme, 277 ff. Zustimmend auch *Schnyder*: „wunderbare Fälle des forum non conveniens“ und *Linke*, jeweils in: Jayme (Hrsg.), Ein internationales Zivilverfahrensrecht für Gesamteuropa, S. 217 bzw. 219. Außerdem befürworten die Lehre *Siehr*, RabelsZ 34 (1970) 585, 629 und *Juenger*, FS Schütze, S. 317, 322 ff.

337 *Kropholler* in: Hdb. IZVR I Kap. III, Rn. 211; *ders.*, IPR, § 58 VII 2 c); *Schack*, IZVR, Rn. 563.

338 Zur Durchsetzbarkeit eines solchen *undertaking* vgl. oben Kap. 1, IV, 3, c), cc).

Zusammenhang nicht unberücksichtigt bleiben, dass die englische *forum non conveniens*-Lehre für den Fall, dass ihre Voraussetzungen erfüllt sind, (lediglich) einen *stay* vorsieht.[339] Im Falle eines *stay* wird das Verfahren nicht endgültig abgewiesen, sondern nur vorübergehend ausgesetzt und kann wiederaufgenommen werden, wenn sich die Umstände verändert haben, namentlich dann, wenn der Kläger sein Begehren im alternativen Forum nicht verfolgen kann.[340] Dass dieser Weg in der Regel mit höheren Kosten für die Parteien verbunden sein wird, steht auf einem anderen Blatt; maßgeblich ist hier allein, dass die Aufrechterhaltung des englischen Verfahrens verbunden mit der Möglichkeit seiner Wiederaufnahme die Gefahr eines negativen Kompetenzkonflikts abwenden kann.[341]

2. Gefahr des Missbrauchs

Des Weiteren soll mit der *forum non conveniens*-Lehre die Gefahr des Missbrauchs verbunden sein. Diese Gefahr soll daher rühren, dass viele Richter schwierige Auslandsfälle als unliebsam empfinden und die Lehre einen Weg darstellen könnte, solche Fälle ins Ausland abzuschieben.[342] Darüber hinaus wird darunter auch die Gefahr verstanden, ausländische Kläger zu diskriminieren und inländische Parteien zu schützen.[343]

a) Gefahr der Verfahrensaussetzung allein aufgrund von Anwendungsschwierigkeiten

Ein Fall mit Auslandsberührung stellt sich für den Richter dann als besonders schwierig dar, wenn fremdes Recht anzuwenden ist. Wie bereits oben ausge-

339 Nach *Haji-Ioannou v. Frangos* [1999] 2 Lloyd's Rep. 337, 348 sei aber in Anlehnung an die schottische Rechtsprechung im Fall *Société du Gaz de Paris v. Société Anonyme de Navigation » Les Armateurs Français »,* (1926) S.L.T. 33 theoretisch auch eine Abweisung der Klage möglich. Die Praxis macht hiervon indes keinen Gebrauch.

340 Ständige Rechtsprechung seit *Rofa Sport Management A.G. v. DHL International (U.K.) Ltd.* [1989] 1 WLR 902, 911 (*C.A.*): „… the action following a stay remains technically in being." Früher vereinzelt vertretene Ansicht, wonach ein *stay* unter Umständen auch verfahrensbeendende Funktion hat und damit einer endgültigen Klageabweisung gleichkommt, konnte sich nicht durchsetzen. Vgl. auch *Haji-Ioannou v. Frangos* [1999] 2 Lloyd's Rep. 337, 347 (*C.A.*).

341 Die US-amerikanische *forum non conveniens*-Lehre eröffnet dagegen dem Richter lediglich die Möglichkeit, die Klage abzuweisen. Hierzu *Dorsel,* Forum non conveniens, S. 112. Der Gefahr eines negativen Kompetenzkonflikts lässt sich dort daher nur begrenzt begegnen.

342 *Geimer,* IZPR, Rn. 1079; *Kropholler,* in: Hdb. IZVR I Kap. III, Rn. 211; *ders.,* IPR, § 58 VII 2 c).

343 *Geimer,* IZPR, Rn. 1092; *Schack,* IZVR, Rn. 562.

führt,[344] gehört das anwendbare Recht zu den Kriterien, die auf der Suche nach dem am besten geeigneten Forum von großer Bedeutung sind. Allerdings spielt dieses Kriterium nie eine alleinentscheidende Rolle. Allein die Pflicht zur Anwendung ausländischen Rechts durch das Gericht rechtfertigt nicht die Verfahrensaussetzung infolge von *forum non conveniens*, so dass ein Richter einen Fall, den mit dem fremden Forum nur das anwendbare Recht verbindet,[345] nicht ablehnen kann, wenn andere Kriterien für England sprechen. Vielmehr sind die Gerichte gehalten, sich der Anwendung fremden Rechts zu stellen. Das Sachrecht als Ermessenskriterium kann mithin die Entscheidung nur mitbestimmen in Verbindung mit anderen Anknüpfungsbezügen wie z.B. dem Abschluss- oder Erfüllungsort.[346] Eine Aussetzung zugunsten des Forums des anwendbaren Rechts wird daher stets zugleich eine Entscheidung zugunsten anderer Zuständigkeitsinteressen darstellen. Die Gefahr, die Lehre könne dazu missbraucht werden, Fälle allein aufgrund von Anwendungsschwierigkeiten ins Ausland abzuschieben, ist daher nicht gegeben.

b) Benachteiligung ausländischer Kläger

Der Vorwurf, die Lehre könne dazu gebraucht werden, ausländerfeindliche Entscheidungen zu treffen, geht auf die US-amerikanische Praxis zurück. Es bedarf keiner großen Mühe, in der dortigen Rechtsprechung Beispiele für eine Anwendung der *forum non conveniens*-Lehre zu finden, die augenscheinlich ausländische Kläger diskriminiert und Inländer wiederum protegiert. Zumeist handelt es sich hierbei um aufsehenerregende Schadensersatzprozesse gegen die US-amerikanische Industrie, von denen hier zur Veranschaulichung nur zwei beispielhaft aufgeführt werden sollen. Anschließend soll den Ursachen für diese unausgewogene[347] Rechtsprechung nachgegangen sowie die Frage geklärt werden, ob und inwieweit diese Problematik auch für die englische *forum non conveniens*-Doktrin relevant werden kann.

---

344 Vgl. oben Kap. 1, IV, 2, b), aa), (6).

345 Denkbar ist eine solche (seltene) Konstellation, wenn die Parteien die Anwendung eines „fremden“ Sachrechts vereinbaren, das in keinem Zusammenhang zu ihnen selbst und zu ihren Rechtsbeziehungen steht. Außerhalb einer Rechtswahl wird die Anwendbarkeit eines bestimmten Sachrechts naturgemäß die Verwirklichung anderer Anknüpfungsmomente erfordern.

346 Vgl. *E.I. du Pont de Nemours and Endo Laboratories Inc. v. I.C. Agnew and Kerr* [1987] 2 Lloyd's Rep. 585, 592: „In English law the proper law is: ...the law which the parties intended to apply. [...] If no intention be expressed the intention will presumed by the Court from the terms of the contract and the relevant surrounding circumstances“.

347 So *Schütze,* FS Jayme, S. 849, 850.

aa) Piper Airkraft Co. v. Reyno und In Re Union Carbide Corp. Gas Plant Disaster at Bhopal

Im Jahr 1981 wurde der Fall *Piper Airkraft Co. v. Reyno*[348] bekannt. Die Kläger waren Angehörige von fünf schottischen Passagieren, die bei einem Absturz einer zweimotorigen Piper im schottischen Hochland ums Leben gekommen waren. Sie klagten auf Schadensersatz vor einem Gericht in Pennsylvania, in dessen Bezirk sich der Sitz und die Produktionsstätte der beklagten Flugzeugherstellerin befanden. Die Klage vor einem US-amerikanischen Gericht sollte den Klägern Vorteile wie Gefährdungshaftung, höheren Schadensersatz und Beweiserleichterungen aufgrund des *discovery*-Verfahrens bringen. Obwohl die Klage entsprechend dem Grundsatz *actor sequitor forum rei* am allgemeinen Gerichtsstand der Beklagten und überdies am Handlungsort erhoben wurde, wies das Gericht die Klage wegen *forum non conveniens* ab. Die Entscheidung wurde im Wesentlichen damit begründet, dass dem Willen des ausländischen Klägers weniger Bedeutung zugemessen werden dürfe; er solle sich gegen Inländer nicht auf das günstigere amerikanische Recht berufen können.[349]

Auf der gleichen Linie ist die *Bhopal*-Entscheidung[350] aus dem Jahre 1986 anzusiedeln, in der es um die Folgen der Giftgaskatastrophe in Bhopal/Indien ging. Die Hinterbliebenen und Verletzten nahmen die Betreiberin der chemischen Fabrik, *Union Carbide*, an ihrem Sitz in den Vereinigten Staaten auf Schadensersatz in Anspruch. Auch hier stellte das Gericht ausdrücklich fest, dass der Wunsch des ausländischen Klägers nicht dem eines amerikanischen gleichzusetzen sei und wies die Klage aus *forum non conveniens*-Gründen ab.[351]

Auch wenn diese Entscheidungen aus unserer Sicht eher unverständlich erscheinen, so werden sie den Kenner des US-amerikanischen Prozessrechts kaum überrascht haben. Denn Fälle dieser Art stellen keine Ausnahmen dar, sondern spiegeln die ständige US-amerikanische Praxis der letzten Jahrzehnte wider.[352] Hierdurch sollen recht deutlich US-Beklagte (v.a. Unternehmen) vor Schadensersatzforderungen ausländischer Kläger bewahrt werden; von Vorteilen des ame-

---

348 *Piper Airkraft Co. v. Reyno* (1981) 454 U.S. 235. Vereinfacht wiedergegeben bei *Schack*, Höchstricherliche Rechtsprechung zum internationalen Privat- und Verfahrensrecht, Fall Nr. 39, S. 166

349 *Piper Airkraft Co. v. Reyno* (1981) 454 U.S. 235, 256.

350 *In Re Union Carbide Corp. Gas Plant Disaster at Bhopal* (1986) 634 F.Supp. 842.

351 *In Re Union Carbide Corp. Gas Plant Disaster at Bhopal* (1986) 634 F.Supp. 842, 845.

352 Sehr deutlich kommt diese Rechtspraxis auch im Fall *Stangvik v. Shiley Inc.*, 819 P. 2d 14 (Cal. 1991) zum Vorschein, in dem die Zuständigkeit für eine Produkthaftungsklage gegen einen kalifornischen Hersteller künstlicher Herzklappen verneint wurde. Vgl. auch *Schack*, FS Schlosser, S. 839, 847.

rikanischen Rechts sollen nur Inländer profitieren dürfen. Zu Recht bezeichnet daher *Schütze* diese ungleichmäßige Rechtspraxis als chauvinistisch.[353]

bb) Ursachen der ungleichmäßigen Praxis

Die Gründe für diese Rechtsprechung sind vielfältig.[354] Von Bedeutung scheint zunächst der Umstand zu sein, dass ein großer Teil der Richter an den Staatsgerichten direkt von der Bevölkerung gewählt wird.[355] Um wiedergewählt zu werden, müssen die Richter einen kostspieligen Wahlkampf führen, dessen Erfolg von der Zufriedenheit der Wähler abhängt. Die Richter werden sich daher um eine möglichst Wähler-freundliche Rechtsprechung bemühen.[356] Eine beachtliche Abhängigkeit der Richter entsteht darüber hinaus auch dadurch, dass in vielen Bundesstaaten der Wahlkampf durch Spenden von lokalen Rechtsanwälten finanziert wird.[357] Auch dies wird eine den Sponsoren und deren Mandanten gewogenere Rechtsprechung nach sich ziehen.

Die generelle Bevorzugung von Inländern basiert überdies auf dem allgemeinen amerikanischen Verständnis, wonach die amerikanische Rechtsordnung allen anderen Rechtsordnungen überlegen ist. Das amerikanische Prozesssystem und die Gerichtsverfassung weisen Besonderheiten auf, die sich speziell für den Kläger als günstig erweisen können: Es besteht die Möglichkeit, gleichgelagerte Interessen in einer *class action* zu bündeln, die Beweiserforschung kann im Wege der *pre-trial discovery* erfolgen, die Entscheidung wird vor einer möglicherweise leicht beeinflussbaren *jury* gefällt und die zugesprochenen Schadensersatzbeträge sind in den USA erheblich höher als in Europa. Darüber hinaus ist dort das finanzielle Risiko für den Kläger aufgrund des US-amerikanischen Kostenrechts geringer und das Verfahren erfährt nicht selten eine gesteigerte Aufmerksamkeit der Medien.[358] All diese Vorteile sollen in internationalen Streitigkeiten nicht zu Lasten von Inländern geltend gemacht werden können.[359]

---

353 *Schütze* RIW 2007, 801, 802; *ders.*, FS Jayme, S. 849, 850.

354 Eingehend *Schütze,* FS Jayme, S. 849, 853 ff.

355 Vgl. dazu *Schack,* Einführung in das US-amerikanische Zivilprozessrecht, S. 4 sowie die ausführliche Darstellung bei *Tschentscher,* Die demokratische Legitimation der dritten Gewalt, S. 278 ff.

356 Die konkurrierende Bundeszuständigkeit bei *diversity of citizenship* (28 USC § 1332) kann aufgrund ihrer zahlreichen Beschränkungen die Befangenheit der Richter zu Gunsten eigener Staatsangehörigen nur teilweise verhindern. Eingehend *Schack,* Einführung in das US-amerikanische Zivilprozessrecht, S. 18 f.

357 Zu dem aus unserer Sicht befremdenden Institut des Richterwahlsponsoring und zahlreichen Beispielen vgl. *Schütze,* ZVglRWiss 100 (2001) 464 ff.

358 Vgl. *Hannes*, PHi 2004, 130 sowie *Schack*, FS Schlosser, 839, 840 ff.

359 Vgl. hierzu *Geimer,* IZPR, Rn. 1092.

Diese Haltung führt nicht nur dazu, dass Klagen von Ausländern gegen amerikanische Beklagte allzu gerne aus *forum non conveniens*-Gründen abgewiesen werden, sondern umgekehrt auch dazu, dass Beklagte, die sich im Ausland aufhalten, bereits bei kleinsten Beziehungen (*minimum contacts*)[360] in den USA gerichtspflichtig gemacht werden, um inländischen Klägern die Vorteile der heimischen Rechtsordnung zu sichern.[361] Bei Verstößen gegen das Völkerrecht geht das US-amerikanische Recht sogar noch einen Schritt weiter und bejaht eine originäre Zuständigkeit eigener Gerichte, auch wenn kein Bezug zu den Vereinigten Staaten besteht.[362] Dadurch wird zumeist versucht, einen politisch und moralisch erwünschten Ausgleich zu erzielen.[363] Es überrascht nicht, dass diese Praxis in der wissenschaftlichen Diskussion auf heftige Kritik stößt.[364]

Eng im Zusammenhang damit steht das Bestreben der US-amerikanischen Justiz, politische und moralische Interessen durchzusetzen. Dieses zeigt sich nicht nur bei aus unserer Sicht unverhältnismäßiger Annahme internationaler Zuständigkeit für Völkerrechtsverstöße, sondern es prägt das gesamte US-amerikanische Regelungssystem der internationalen Zuständigkeiten. So wird auch mittels der *forum non conveniens*-Lehre versucht, öffentlichen Belangen Geltung zu verschaffen. Ermöglicht wird dies dadurch, dass der US-amerikanische *forum non conveniens*-Test nicht nur die Interessen der Parteien, sondern gleichermaßen auch öffentliche Interessen berücksichtigt. So ist die Frage, ob ein Verfahren abzuweisen ist, nach US-amerikanischer Lesart unter anderem daran zu messen,

---

360 Vgl. hierzu *Dole Food Co., Inc. v. Watts,* 303 F.3d 1104 para 37 (9th Cir. 2002), in dem ein kalifornisches Gericht die Zuständigkeit für eine Klage eines US-amerikanischen Unternehmens gegen europäische Beklagte bejahte, da diese häufig Geschäftsreisen in die USA unternahmen, fließend Englisch sprachen und mit dem US-amerikanischen Rechtssystem vertraut waren.

361 Die Bemühungen vieler Anwälte, Ansprüche ausländischer Kläger vor US-amerikanischen Gerichten geltend zu machen, sind dagegen meist vergeblich. Dies kommt im Fall *In Re Ski Train Fire in Kaprun, Austria on November 11, 2000,* 01 MDL No. 1428 (SAS) deutlich zum Ausdruck: Nach dem Gletscherbahnunglück von Kaprun wurde eine Gruppenklage gegen beteiligte US-amerikanische, deutsche, und österreichische Unternehmen vor einem New Yorker Gericht erhoben. Die Klägergemeinschaft bestand aus den Hinterbliebenen der acht US-amerikanischen Opfer sowie 78 deutschen und anderen Klägern. Die Klagen der Nicht-Amerikaner wurden unter Hinweis auf *forum non conveniens* abgewiesen. Vgl. hierzu die ausführliche Darstellung bei *Kitzmüller/Prisching,* ZfRV 2007, 147 ff.

362 Geregelt im *Alien Tort Claims Act,* der in den letzten Jahren vor allem im Zusammenhang mit den *Apartheid*-Klagen, den *Herero*-Klagen und den Zwangsarbeiterklagen eine Rolle spielte. Hierzu: *Winkler/Graf von der Recke,* NZG 2005, 241; *Schütze,* RIW 2004, 162, 165 m.w.N.

363 *Schütze,* FS Jayme, S. 849, 855.

364 Von *Stürner* und *Golsong* als „Rechtshegemonie“ bezeichnet, jeweils in Habscheid (Hrsg.), Der Justizkonflikt mit den Vereinigten Staaten, S. 5 bzw. 103. Vgl. auch *Posch,* ZfRV 2001, 14, 15, der von „Justizimperialismus“ und „aggressiver Jurisdiktionsarrogation durch U.S.-amerikanische Gerichte“ spricht.

wie groß die verwaltungsmäßige Belastung des Gerichts ist, ob im konkreten Fall die Verpflichtung der Gemeinschaft, an einer *jury* teilzunehmen, angemessen ist oder ob ein Interesse vor Ort besteht, dass gerade dort Streitigkeiten entschieden werden.[365] Auch finanzielle Interessen des Gerichtsstaates und der Anwaltschaft spielen eine große Rolle.[366] All dies bringt eine Rechtsprechung mit sich, die einseitig amerikanische Interessen beachtet und ausländischen Verfahrensparteien nur wenig zuträglich ist.

cc) Relevanz für die englische Lehre

Um die Frage zu beantworten, ob die Gefahr einer derart ungleichmäßigen Entscheidungspraxis auch vor den englischen Gerichten entstehen kann, muss geklärt werden, ob die vorstehend genannten Besonderheiten des US-amerikanischen Rechtssystems auch für den englischen Zivilprozess gelten. Für diese Annahme spricht bereits auf den ersten Blick nicht viel. Zum einen findet in England keine Richterwahl durch das Volk statt, weshalb auch ein Richterwahlsponsoring dem englischen Rechtssystem völlig fremd ist. Die englischen Richter werden vielmehr von der Krone auf Vorschlag des *Lord Chancellor*[367] ernannt.[368] Obwohl der *Lord Chancellor* Mitglied der Regierung ist und damit ein politisiertes Amt bekleidet, spielen politische Erwägungen bei der Richterernennung keine Rolle.[369] Durch all das ist eine weitestgehende Unparteilichkeit der englischen Richterschaft garantiert.

Zum anderen gehen die Engländer nicht mehr davon aus, dass ihr eigenes Rechtssystem qualitativ höherwertig als Rechtsysteme anderer Staaten sei und dass eine Entscheidung der eigenen Gerichte in jedem Fall sinnvoll sei. Soweit frühere Rechtsprechung von solchem Verständnis geprägt war, wurde sie vollständig aufgegeben.[370] Nunmehr gilt die Auffassung, dass ein qualitativer Vergleich unterschiedlicher Typen der Justizgewährung mit der gegenseitigen Achtung, die sich Gerichte von befreundeten Staaten mit wohl entwickelten Rechts-

---

365 Vgl. hierzu die Ausführungen bei *Posch,* ZfRV 2001, 14, 16.

366 Vgl. *Geimer,* IZPR, Rn. 1093a.

367 Die Funktion des *Lord Chancellor* wurde im Zuge des Constitutional Reform Act 2005 erheblich eingeschränkt. Während er früher gleichzeitig Judikativ-, Legislativ- und Exekutivaufgaben vereinigte, beschränkt sich sein jetziges Amt im Wesentlichen auf das eines klassischen Justizministers. Hierzu *Wittreck,* Die Verwaltung der Dritten Gewalt, S. 597.

368 Die höchsten Richterämter werden dagegen von der Königin auf Empfehlung des Premierministers ernannt, wobei auch in diesem Fall der Premierminister den Rat des *Lord Chancellor* einholt. Vgl. *Wittreck,* Die Verwaltung der Dritten Gewalt, S. 589.

369 Deutlich *Zweigert/Kötz,* Einführung in die Rechtsvergleichung, S. 206.

370 *The Abidin Daver* [1984] A.C. 398, 411 (*Lord Diplock*): „judicial chauvinism has been replaced by judicial comity". Vgl. hierzu bereits oben Kap. 1, III, 2, b), ee).

systemen schulden, nicht vereinbar ist.[371] Das englische Recht geht also prinzipiell von Gleichwertigkeit aller Justizsysteme aus; an die Feststellung mangelnder Gerechtigkeit im fremden Forum werden hohe Anforderungen geknüpft.

Schließlich ist die englische Rechtsprechung im Vergleich zu der amerikanischen nicht von politischen Interessen motiviert. Jahrelang war zwar unklar, ob und welchen Stellenwert öffentliche Belange bei der *forum non conveniens*-Prüfung haben, doch wurden sämtliche Unklarheiten vom *House of Lords* in seiner Entscheidung *Lubbe v. Cape Plc.*[372] aus dem Jahr 2000 beseitigt. Danach sind öffentliche Interessen nur in Ansehung der privaten Interessen der Streitparteien berücksichtigungsfähig. Allgemeine öffentliche Belange, die keinen Bezug zu den betroffenen Parteien und ihrem Rechtsstreit haben, beeinflussen die gerichtliche Entscheidung daher nicht.[373]

Insgesamt lässt sich daher festhalten, dass ein pauschaler Vorwurf, die *forum non conveniens*-Lehre könne dazu missbraucht werden, unliebsame Fälle ins Ausland abzuschieben und ausländerdiskriminierende Entscheidungen zu treffen, nicht gerechtfertigt ist. Vielmehr muss zwischen den verschiedenen Lesarten der Lehre in den *common law*-Staaten differenziert werden. In Ansehung der US-amerikanischen Rechtsprechung ist dieser Vorwurf – wie dargestellt – teilweise haltbar. England weist dagegen im Vergleich zur US-amerikanischer Verfahrensgestaltung konzeptionelle Unterscheide auf, die dem Einwand der Missbrauchsgefahr den Boden entziehen.

3. Rechtsunsicherheit

Den Hauptkritikpunkt an der *forum non conveniens*-Lehre stellt indes die Rechtsunsicherheit dar, die naturgemäß mit ihrer Anwendung verbunden ist. Wie bereits aufgezeigt, eröffnet die Lehre dem Richter einen erheblichen Ermessensspielraum. Das Ermessen ist gekennzeichnet durch die Möglichkeit einer eigenverantwortlichen, wenngleich durch die Vorgaben der Rechtsprechung gelenkten Entscheidung. Zwar hat sich die Handhabung des *forum non conveniens*-Einwands in den letzten Jahren durch eine Reihe von Präzedenzfällen etwas herauskristallisiert, doch bleibt es trotzdem oft unklar, welche Faktoren abwägungserheblich sind und welche nicht.[374] Daneben ist häufig zweifelhaft, welches Ge-

---

371 Vgl. *Aratra Potato Co. Ltd. and Another v. Egyptian Navigation Co., (The "El Amria")* [1981] 2 Lloyd's Rep. 119, 126 und bereits oben Kap. 1, IV, 3, b).

372 *Lubbe v. Cape Plc.* [2000] 2 Lloyd's Rep. 383 (*H.L.*).

373 Ausführlicher hierzu bereits oben Kap. 1, IV, 3, e).

374 *Kropholler*, in: Hdb. IZVR I, Kap. III, Rn. 209 weist zutreffend darauf hin, dass gerade das Abstellen auf die Beweisnähe große Unsicherheit verursachen kann, da die Beweisfragen vom Pro-

wicht den einzelnen Belangen im konkreten Fall zugemessen werden soll.[375] Die Interessenabwägung bereitet nicht nur dem Richter häufig große Mühe, sondern ist nur schwer berechenbar[376] und kann Anlass zu endlosem Streit[377] geben. Unsicherheiten ergeben sich schließlich auch daraus, dass die Überprüfbarkeit der gerichtlichen Entscheidung durch die Rechtsmittelinstanz nur in Grenzen zulässig ist.[378]

Diese Vorwürfe haben ihren Ursprung in dem klassischen Spannungsverhältnis zwischen materieller Gerechtigkeit und Rechtssicherheit. Vorschriften, deren Voraussetzungen klar und bestimmt formuliert sind, steigern zwar die Rechtssicherheit, mindern aber zugleich die Flexibilität der Rechtsanwendung.[379] Regelsätze, die Ermessen einräumen, können vernünftige und möglichst optimal an die Umstände des Einzelfalls angepasste Ergebnisse ermöglichen, verursachen aber ein hohes Maß an Rechtsunsicherheit.

Wie das Spannungsverhältnis zwischen Rechtssicherheit und Einzelfallgerechtigkeit zu lösen ist, ist eine rechtspolitische Frage. Die Suche nach dem „idealen" Gericht stellt in grenzüberschreitenden Fällen ein vergebliches Bemühen dar.[380] Zuständigkeitsvorschriften haben daher eher zum Ziel, das zur Entscheidung am besten geeignete Forum zu finden. Die konkrete rechtliche Ausgestaltung der internationalen Zuständigkeit ist das Ergebnis einer Bewertung mehrerer Zuständigkeitsinteressen, deren Gewichtung von Staat zu Staat unterschiedlich ausfallen kann. Während die kontinentaleuropäischen Rechte starre Rechtsregeln entwickelt haben,[381] in denen die Zuständigkeitsinteressen vertypt sind,[382] lässt das englische Recht eine nur minimale Verknüpfung ausreichen, um die Zuständigkeit zu begründen; berechtigte Zuständigkeitsinteressen wie Rechts- und Beweisnähe, effektive Entscheidung und Verfahrensökonomie werden erst

---

zessverhalten der Parteien abhängig sind. So kann sich z.B. eine Berücksichtigung des Handlungsortes nachträglich als ungünstig erweisen, wenn der Beklagte im Prozess nur den Schaden bestreitet, der aber an einem anderen Ort entstanden ist.

375 Unklar ist beispielsweise, ab wann schlechtere Erfolgsaussichten der Klage im natürlichen Forum einen Verlust der Gerechtigkeit bedeuten. Darf die Klage gar keine Aussicht auf Erfolg haben oder reichen auch nur sehr geringe Erfolgschancen aus, damit das ausländische Forum als ungeeignet gilt?

376 *Kropholler,* in: Hdb. IZVR I, Kap. III, Rn. 209 und *ders.*, IPR, § 58 VII 2 b).

377 *Kropholler,* in: Hdb. IZVR I, Kap. III, Rn. 209.

378 Vgl. *The Abidin Daver* [1984] A.C. 398, 420; *Spiliada Maritime Corp v. Cansulex Ltd.* [1987] A.C. 460, 465 (*H.L.*).

379 Vgl. *Dorsel,* Forum non conveniens, S. 123.

380 *Nagel/Gottwald,* IZPR, § 3 Rn. 311 unter Berufung auf *Juenger*, FS Voskuil, S. 137, 147.

381 So z.B. §§ 13, 17 ZPO; Art. 42 I, 43 franz. NCPC, denen die Grundregel des *actor sequitur forum rei* zugrunde liegt.

382 *Kropholler,* in: Hdb. IZVR I, Kap. III, Rn. 208; *Schlosser,* IPRax 1983, 285.

im zweiten Schritt mittels der *forum non conveniens*-Lehre berücksichtigt, die damit als ein Korrektiv für die ausufernde Zuständigkeitsordnung fungiert.[383] Jedes dieser Modelle hat seine Vor- und Nachteile. Die Gesetzgeber der kontinentaleuropäischen Rechte haben der Rechtssicherheit den Vorzug eingeräumt, müssen aber unter Umständen hinnehmen, dass die starren Zuständigkeitsvorschriften die ihnen zugrunde gelegten Zuständigkeitsinteressen im Einzelfall verfehlen können.[384] Die englische Rechtsprechung hat dagegen eine Wertentscheidung zugunsten einer beweglicheren Zuständigkeitsordnung getroffen, die zwar die Zuständigkeitsinteressen im konkreten Fall angemessen berücksichtigen kann, jedoch eine nur geringe Vorhersehbarkeit der Entscheidung mit sich bringt. Es soll nicht die Aufgabe dieser Arbeit sein, eine Entscheidung für eines dieser Modelle zu treffen. Entscheidend an dieser Stelle ist allein, dass die *forum non conveniens*-Lehre nicht losgelöst von der englischen Zuständigkeitsordnung beurteilt werden kann und als Teil dieses Regelungsmodells ist ihre Existenz nicht nur berechtigt, sondern darüber hinaus notwendig.

4. Restriktiverer Prüfungsmaßstab

Zu überlegen wäre allenfalls, ob ein derart weites Ermessen, wie es *Spiliada* einräumt, notwendig ist, oder ob nicht auch eine restriktivere Handhabung der Lehre ausreichen würde, um die von ihr angestrebten Ziele zu erreichen. Hierfür ist zunächst eine kurze Beleuchtung der Gründe für die Anwendung der *forum non conveniens*-Lehre sinnvoll.

a) *forum shopping*

Wie bereits dargelegt, soll die Lehre weite Kompetenzvorschriften korrigieren, da diese allein die berechtigten Zuständigkeitsinteressen nicht ausreichend berücksichtigen können. Sie soll für Einzelfallgerechtigkeit sorgen und unerwünschtes *forum shopping*[385] des Klägers verhindern. Nach allgemeinem Verständnis liegt *forum shopping* immer dann vor, wenn der Kläger aus mehreren möglichen Gerichtsständen einen auswählt.[386] Nur die Auswahl des Forums als

---

383 *Schack,* IZVR, Rn. 561; *Huber/Stieber,* ZZPInt 10 (2005) 285, 286.

384 Vgl. *Schack,* RabelsZ 58 (1994) 40, 45.

385 Hierzu: *Geimer,* IZPR, Rn. 1095 ff.; *Jasper,* Forum shopping in England und Deutschland; *Juenger,* RabelsZ 46 (1982) 708 ff.; *Kropholler,* in: Hdb. IZVR I Kap. III, Rn. 157 ff.; *ders.,* IPR, § 58 VI; *ders.,* FS Firsching, S. 165 ff.; *Schack,* IZVR, Rn. 251 ff.; *Siehr,* (1984) 25 ZfRvgl. 124 ff.

386 Statt vieler *Siehr,* (1984) 25 ZfRvgl. 124, 125.

solche ist nicht zu beanstanden, denn sie ist die zwangsläufige Folge konkurrierender internationaler Zuständigkeiten und es ist sogar die Pflicht des beratenden Anwalts, seinem Mandanten einen Gerichtsstand zu empfehlen, der die größtmöglichen Erfolgschancen verspricht.[387] Erst wenn der Kläger seine Auswahl gezielt ausnutzt, um sich bestimmte rechtliche oder tatsächliche Vorteile zu verschaffen und dabei einen beziehungsschwachen Gerichtsstand wählt, kann vom unerwünschten *forum shopping* gesprochen werden.[388] In der Regel geht es dem Kläger dabei darum, die Anwendung eines für ihn günstigeren Sachrechts zu erreichen, möglich ist aber auch, dass er sich davon andere Vorteile wie zum Beispiel günstigeres Beweisrecht, schnellerer Rechtsschutz, geringere Kosten oder bessere Vollsteckungsaussichten verspricht.[389] Das Unbehagen am *forum shopping* rührt insbesondere daher, dass mit den weitgehenden Auswahlmöglichkeiten des Klägers keine entsprechenden Rechte des Beklagten korrespondieren.[390]

b) Lösung durch Rechtsvereinheitlichung

Um unerwünschtes *forum shopping* einzudämmen, wird vielerorts empfohlen, das internationale Privatrecht und das materielle Recht international zu vereinheitlichen.[391] Selbst wenn der „irreale Versuch“[392] gelänge, das materielle Recht samt Kollisionsrecht weltweit zu vereinheitlichen, blieben indes zahlreiche prozessuale Unterschiede, die den Kläger zum *forum shopping* einladen könnten. Sinnvoller ist es daher, eine Lösung auf der Ebene des internationalen Zivilprozessrechts zu suchen.[393]

---

387 *Geimer*, Rn. 1096; *Kropholler*, IPR, § 58 VI 2; *ders.*, FS Firsching, S. 165; *Schack*, IZVR, Rn. 253.

388 *Schack*, IZVR, Rn. 258.
Die Fälle, in denen sich die Kläger das Zuständigkeitsmoment arglistig erschleichen, folgen anderen Regeln. Hierzu *Kropholler*, in: Hdb. IZVR I Kap. III, Rn. 176 ff.; *Schack*, IZVR, Rn. 554 ff.

389 Vgl. hierzu die ausführliche Darstellung bei *Siehr*, (1984) 25 ZfRvgl. 124, 126 ff. Außerdem *Kropholler*, FS Firsching, S. 165; *Schack*, IZVR, Rn. 253; *Slater*, 104 L.Q.R. (1988) 554, 561. Speziell zur Bedeutung der prozessualen Gegebenheiten: *Juenger*, RabelsZ 46 (1982) 708, 711 f. Insgesamt können alle Faktoren, die auf der zweiten Stufe des *Spiliada*-Tests eine Rolle spielen, den Kläger zum *forum shopping* motivieren. Siehe hierzu oben Kap. 1, IV, 3, c).

390 Insbesondere kann die Möglichkeit der Erhebung einer negativen Feststellungsklage nicht die Waffengleichheit herstellen. Vgl. hierzu die ausführliche Darstellung bei *Kropholler*, FS Firsching, S. 165, 167 ff.

391 Vgl. *Kropholler*, FS Firsching, S. 165, 171 f; *Schack*, RabelsZ 58 (1994) 40, 47. Siehe auch *Giuliano/Lagarde*, Bericht über das auf vertragliche Schuldverhältnisse anzuwendende Recht, ABl. EG 1980 Nr. C 282, S. 1, 4. Danach sei die Vereinheitlichung des Kollisionsrechts wünschenswert, weil sie dem *forum shopping* vorbeuge.

392 So *Schack*, IZVR, Rn. 245.

393 Vgl. *Juenger*, RabelsZ 46 (1982) 708, 712; *Schack*, IZVR, Rn. 259.

c) Lösung mithilfe der *forum non conveniens*-Lehre

Extensive Auswahlmöglichkeiten des Klägers können durch restriktive Auslegung konkurrierender Zuständigkeiten einschränkt werden. Lässt man den Vorwurf der Rechtsunsicherheit unberücksichtigt, so ist die *forum non conveniens*-Lehre als ein Mittel zum Ausgleich exorbitanter Gerichtsstände geeignet, unerwünschtem *forum shopping* zu begegnen.[394] Fraglich ist nur, ob hierfür nicht auch eine engere Formel ausreichen würde. Insbesondere *Huber*[395] spricht sich in diesem Zusammenhang für eine Rückbesinnung auf die enge *St. Pierre*-Formel aus, namentlich für einen Test, der eine Verfahrensaussetzung nur für den Fall des Rechtsmissbrauchs vorsieht.[396] Dies erscheint indes nicht unproblematisch, denn die *St. Pierre*-Rechtsprechung setzte nicht nur eine Rechtsmissbrauchskomponente voraus, sondern sah darüber hinaus eine starke Beachtung des klägerischen Vorteils vor. Danach musste eine Verfahrensaussetzung unterbleiben, wenn sie für den Kläger einen Vorteilsverlust bedeuten würde. Die *St. Pierre*-Formel respektierte einseitig die Interessen des Klägers und fragte nicht nach den Belangen des Beklagten. Um exorbitante Gerichtsstände zu begrenzen und unerwünschtem *forum shopping* vorzubeugen, bedarf es jedoch eines Zuständigkeitssystems, das gleichermaßen die Interessen des Klägers und des Beklagten berücksichtigt. Die nach *St. Pierre* zu beobachtende schrittweise Reduzierung der Bedeutung des klägerischen Vorteils, ist daher zu begrüßen. Sie bringt einen objektiveren Maßstab mit sich und kann unter Umständen auch den Interessen des Beklagten angemessen Rechnung tragen. Erfreulich ist darüber hinaus, dass mit diesem Rechtswandel überdies die überkommene Vorstellung aufgegeben wurde, dass das englische Justizsystem besser als Justizsysteme anderer Staaten sei.[397]

394 Deutlich *Juenger,* FS Schütze, S. 317, 322. Vgl. auch *Jasper,* Forum shopping in England und Deutschland, S. 57 f.
Darüber hinaus kann unter Umständen auch die negative Feststellungsklage ein Mittel zum Abwehr des *forum shopping* darstellen. Zu Unzulänglichkeiten dieser Lösung vgl. *Kropholler,* FS Firsching, S. 165, 167 ff. *Forum shopping* lässt sich außerdem durch die Vereinbarung eines ausschließlichen Gerichtsstandes vor Prozessbeginn verhindern. Vgl. *Schack,* IZVR, Rn. 261.

395 *Huber,* Die englische forum-non-conveniens-Doktrin und ihre Anwendung im Rahmen des Europäischen Gerichtsstands- und Vollstreckungsübereinkommens, S. 153.

396 Vgl. hierzu bereits oben Kap. 1, III, 2, b), bb).

397 *Cheshire/North/Fawcett,* S. 435 bezweifeln allerdings, dass diese Haltung ausreichend zu den unteren Gerichten durchsickert.

5. Zusammenfassung

Als Ergebnis ist festzuhalten, dass mit der modernen englischen *forum non conveniens*-Lehre keine Gefahr des negativen Kompetenzkonflikts und auch keine Missbrauchsgefahr in dem hier dargelegten Sinne verbunden sind. Die Rechtsunsicherheit lässt sich dagegen nicht leugnen. Die entsprechende Kritik ist jedoch nicht an die *forum non conveniens*-Lehre als solche, sondern an die gesamte englische Zuständigkeitsordnung zu richten. Unabhängig davon sind die neueren Entwicklungen der Lehre – namentlich in Ansehung der Bedeutung des Klägervorteils und der öffentlichen Interessen – insgesamt sehr willkommen.

Zweites Kapitel: Die *forum non conveniens*-Lehre im deutschen Zivilprozess

De lege lata gibt es im deutschen Prozessrecht keine ausdrückliche Vorschrift, die eine *forum non conveniens*-Lehre regelt. Doch finden sich in einzelnen Normen und bisweilen auch in der Rechtsprechung gewisse Ansätze, die dem Richter Ermessen bei der Zuständigkeitsbestimmung einräumen. Auch einige Stimmen in der Literatur plädieren für eine Rezeption dieses Rechtsinstituts. Die vorhandenen Ansätze sollen hier nacheinander dargestellt werden, bevor in einem weiteren Schritt die Frage untersucht werden soll, ob eine Ergänzung des gegenwärtigen Zuständigkeitsrechts durch eine generalklauselartige Übernahme der *forum non conveniens*-Lehre erstrebenswert wäre.

I. Ansätze im Gesetz

1. § 99 Abs. 2 und 3 FamFG

Gemäß § 99 Abs. 2 FamFG[398] kann ein zuständiges Gericht[399] von der Anordnung der Vormundschaft absehen, wenn neben den deutschen Gerichten auch die Gerichte eines anderen Staates international zuständig sind und ein entsprechendes Verfahren in dem anderen Staat bereits anhängig ist. Den Maßstab für die Entscheidung bildet allein das Interesse des Mündels, das mithilfe verschiedener Kriterien wie Wohnsitz oder gewöhnlicher Aufenthalt des Mündels festgestellt werden kann.[400] Von Bedeutung ist aber auch, ob die im Ausland anhängige Vormundschaft einen der deutschen Vormundschaft vergleichbaren Schutz gewähren kann und ob sie im Inland anerkannt werden kann.[401] Ähnlich ist in § 99 Abs. 3 FamFG die Abgabe einer deutschen Vormundschaft an die Gerichte

398 Gesetz über das Verfahren in Familiensachen und in den Angelegenheiten der freiwilligen Gerichtsbarkeit vom 17. 12. 2008, BGBl. I, S. 2586. Es ist am 1. 9. 2009 in Kraft getreten, vgl. Art. 112 Abs. 1 FGG-RG.

399 Siehe §§ 151 Nr. 7, 99 Abs. 1 FamFG.

400 *Reus*, RIW 1991, 542, 549; MünchKommZPO/*Rauscher*, § 99 FamFG Rn. 71.

401 Keidel/*Engelhardt*, FamFG, § 99 Rn. 48; Horndasch/Viefhues/*Hohloch*, FamFG, § 99 Rn. 19; teilweise differenzierend Musielak/*Borth/Grandel*, FamFG, § 99 Rn. 5; MünchKommZPO/*Rauscher*, § 99 FamFG Rn. 71.

eines anderen Staates geregelt, wenn diese zuständig und übernahmebereit sind. Auch diese Entscheidung ist maßgeblich vom Interesse des Mündels abhängig; zusätzlich ist die Zustimmung des Vormunds notwendig. In beiden Fällen trifft das Gericht die Entscheidung nach pflichtgemäßem Ermessen.[402] Die Vorschrift gibt damit dem Richter die Befugnis, eine nach allgemeinen Regeln bestehende Zuständigkeit aufgrund von Zweckmäßigkeitserwägungen nicht auszuüben und kommt insoweit der *forum non conveniens*-Lehre sehr nahe.[403]

2. § 4 FamFG und § 273 FamFG

Die Idee des *forum non conveniens* ist überdies in den §§ 4 und 273 FamFG zu finden. § 4 FamFG regelt eine nicht bindende Abgabe einer Sache an ein anderes Gericht trotz bestehender Zuständigkeit des angerufenen Gerichts. Die Abgabe setzt einen wichtigen Grund und die Übernahmebereitschaft des anderen Gerichts voraus. § 273 FamFG knüpft direkt an § 4 FamFG an und legt fest, dass in Betreuungssachen ein wichtiger Grund für die Abgabe regelmäßig dann gegeben ist, wenn sich der gewöhnliche Aufenthalt des Betroffenen geändert hat und die Aufgaben des Betreuers im Wesentlichen am neuen Aufenthaltsort des Betroffenen zu erfüllen sind.[404] Die Vorschriften beruhen auf dem Gedanken, dass der Personenbezug im Verfahren nach dem FamFG im Vordergrund steht und es aus diesem Grund zweckmäßig sein kann, das Verfahren an ein Gericht abzugeben, in dessen Nähe sich die betroffene Person zwischenzeitlich befindet.[405] Die Abgabe soll insbesondere dem Richter einen persönlichen Eindruck von dem zu Betreuenden ermöglichen.[406]

---

402 Bassenge/Roth/*Althammer,* FamFG, § 99 Rn. 5; Musielak/*Borth/Grandel,* FamFG, § 99 Rn. 5.

403 So auch *Schack,* RabelsZ 58 (1994) 40, 42; *Dorsel,* Forum non conveniens, S. 152; *Wahl,* Die verfehlte internationale Zuständigkeit, S. 115 f.

404 Eine ähnliche Regelung für Unterbringungssachen enthält § 314 FamFG. Soweit eine ausdrückliche Regelung des wichtigen Grundes fehlt – z.B. im Bereich der Adoptionssachen – kann ein wichtiger Grund etwa dann angenommen werden, wenn der Annehmende und das Kind ihren Wohnsitz in den Bezirk eines anderen Gerichts verlegt haben, vgl. Regierungsentwurf, BT-Drucks. 16/6308, S. 176; Bassenge/Roth/*Gottwald,* FamFG, § 4 Rn. 4; Keidel/*Sternal,* FamFG, § 4 Rn. 26; *BayObLG* FamRZ 2001, 1536, 1537.

405 Regierungsentwurf, BT-Drucks. 16/6308, S. 175.

406 *Schack,* IZVR, Rn. 565.

3. § 36 Nr. 3 ZPO

Ermessensgesichtspunkte spielen darüber hinaus auch im Rahmen des § 36 Nr. 3 ZPO eine Rolle. Sollen mehrere Personen, die keinen gemeinsamen allgemeinen oder besonderen Gerichtsstand haben, als Streitgenossen verklagt werden, so bestimmt das nächst höhere Gericht, welches Gericht für den Rechtsstreit zuständig sein soll. Bei der Ausübung des Auswahlermessens können Gesichtspunkte wie das räumliche Schwergewicht des Rechtsstreits, Prozessökonomie und Konzentration gleichartiger Verfahren berücksichtigt werden. Ziel der Gerichtsstandsbestimmung ist es, die Waffengleichheit der Parteien zu wahren bzw. wiederherzustellen[407] und aus mehreren Gerichtsständen denjenigen auszuwählen, der als zweckmäßig erscheint.[408] Die Vorschrift unterscheidet sich aber insofern von der *forum non conveniens*-Lehre, als hier eine Zuständigkeit erst begründet und nicht eine bereits bestehende Zuständigkeit abgelehnt wird.[409]

II. Ansätze in der Rechtsprechung

1. Freiwillige Gerichtsbarkeit

Von der Rechtsprechung wurde der Gedanke des *forum non conveniens* vornehmlich im Bereich der freiwilligen Gerichtsbarkeit aufgegriffen. So entschied im Jahr 1959 das *Kammergericht*[410] in einem Adoptionsverfahren zwischen einem amerikanischen Ehepaar und einem deutschen Kind, die alle nach Einreichung des Antrags in die Vereinigten Staaten verzogen waren, dass der Grundsatz der *perpetuatio fori* nicht schlechthin auch für die internationale Zuständigkeit gelte. Vielmehr könne das Tätigwerden des Gerichts aufgrund des *forum non conveniens*-Prinzips trotz gegebener Zuständigkeit abgelehnt werden, wenn das Gericht eines anderen Staates ebenfalls zuständig und die Sache dort offenbar besser aufgehoben sei.[411] Diese Voraussetzungen sah das Gericht hier als gegeben an: Die durch den Aufenthalt des Annehmenden begründete Inlandsbeziehung, die deutsche Gerichte zum Tätigwerden berechtigte, sei nach Verfahrensbeginn fortgefallen und die Mitwirkung der ebenfalls zuständigen Gerichte des neuen Aufenthaltsstaates aller Beteiligten erscheine angebrachter, zumal nicht

407 Vgl. Musielak/*Heinrich*, ZPO, § 36 Rn. 24; *Vossler*, NJW 2006, 117, 120.
408 Vgl. *BGH* NJW 2008, 3789, 3790; *OLG Brandenburg* FamRZ 2009, 797, 798.
409 Vgl. *Schack*, IZVR, Rn. 565.
410 *KG* IPRspr. 1958/59 Nr. 209.
411 Unter ausdrücklicher Berufung auf *Wengler*, NJW 1959, 127, 130.

sicher sei, ob eine Entscheidung des deutschen Gerichts in Kalifornien überhaupt anerkannt werden würde.[412] In ähnlicher Weise argumentierte auch das *OLG Zweibrücken* und lehnte seine Zuständigkeit in einem Adoptionsverfahren ab, weil mit dem Wegzug der Beteiligten in ihren Heimatstaat ihre besondere Bindung zum Inland und damit der Anknüpfungspunkt für die internationale Zuständigkeit deutscher Gerichte entfallen sei.[413]

Darüber hinaus finden sich auch außerhalb des Adoptionswesens Gerichtsentscheidungen, die dem *forum non conveniens*-Gedanken folgen. In einer Entscheidung aus dem Jahr 1982 wandte das *Oberlandesgericht Frankfurt*[414] die Lehre in einem Sorgerechtsstreit an, weil sich das Kind unerreichbar im Ausland befand und seine Eltern, die ebenfalls nicht mehr in Deutschland wohnten, seit mehr als zwei Jahren jegliche Förderung des Verfahrens unterlassen hatten.[415] Das *Kammergericht* hat ebenfalls in einem Sorgerechtsverfahren seine Zuständigkeit unter Berufung auf die *forum non conveniens*-Lehre abgelehnt, weil dem Staat des gewöhnlichen Aufenthaltes des Kindes wegen der größeren Sachnähe Vorrang einzuräumen sei.[416] Etwas zurückhaltender mit der Anwendung der Lehre war dagegen das *Bayerische Oberste Landesgericht* in einem Verfahren, in dem die Parteien um das Recht zur Aufenthaltsbestimmung zweier Kinder stritten.[417] Nach Ansicht der Richter kann die internationale Zuständigkeit deutscher Gerichte bei deutscher Staatsangehörigkeit aller Verfahrensbeteiligten in der Regel nicht wegen *forum non conveniens* abgelehnt werden. Eine Ausnahme solle allenfalls dann gelten, wenn die zu erwartende Entscheidung darauf gerichtet ist, im Ausland Dauerwirkungen zu entfalten und mit ihrer Anerkennung im Ausland nicht gerechnet werden kann.[418]

---

412 *KG* IPRspr. 1958/59 Nr. 209, S. 684 f. Hieran lehnt sich *OLG Frankfurt* an, StA 1975, 98 f., und betont nochmals, dass die konkurrierende Zuständigkeit der Gerichte eines anderen Staates alleine nicht genüge, um *forum non conveniens* anzuwenden; vielmehr müsse feststehen, dass die Entscheidung des alternativen Gerichts dem wohlverstandenen Interesse des Kindes entspricht und dem Annehmenden ohne wesentliche Beeinträchtigung seiner Belange zugemutet werden kann, die Gerichte seines Heimatstaates anzurufen. Diese Voraussetzungen waren im konkreten Fall nicht gegeben. Vgl. hierzu *Jayme,* StA 1975, 92 f.

413 *OLG Zweibrücken* FamRZ 1973, 479, 480. Vgl. auch *AG Würzburg* IPRax 1985, 111.

414 *OLG Frankfurt* IPRax 1983, 294 ff.

415 *Schlosser,* IPRax 1983, 285, 287 weist zutreffend darauf hin, dass die Heranziehung der Lehre hier nicht ganz richtig war, weil diese keine Waffe gegen die inaktive Partei darstelle, sondern im Gegenteil voraussetze, dass der Kläger ein Interesse an einer Sachentscheidung habe. Das Gericht hätte hier eher die Anordnung eines förmlichen Ruhens des Verfahrens oder ein informelles Stillstehenlassen des Verfahrens erwägen sollen. Das Ergebnis als solches ist dennoch überzeugend. Kritisch hierzu auch Staudinger/*Spellenberg,* § 606 a ZPO Rn. 312.

416 *KG* IPRax 1998, 274, 275 f. Kritisch hierzu *Henrich,* IPRax 1998, 247 ff.

417 *BayObLG* IPRspr. 1982 Nr. 194.

418 *BayObLG* IPRspr. 1982 Nr. 194, S. 477 f.

Zusammenfassend lässt sich Folgendes festhalten: Der Grundsatz der *perpetuatio fori,* wonach die einmal gegebene Zuständigkeit durch den nachträglichen Wegfall der sie begründenden Umstände nicht berührt wird,[419] gilt im Regelfall auch im internationalen Zivilverfahrensrecht. Die Zuständigkeitsfortdauer dient in erster Linie der Rationalisierung des Prozesses: Es soll vermieden werden, dass sich ein anderes Gericht erneut in den Fall einarbeiten muss und der Prozess dadurch verzögert wird. Dieser Grundsatz vermag jedoch der besonderen Interessenlage in der freiwilligen Gerichtsbarkeit nicht immer gerecht zu werden. Dies gilt vornehmlich dann, wenn es sich um Angelegenheiten handelt, durch die der Personenstand der Beteiligten oder deren persönliche Rechtsbeziehungen zueinander berührt werden.[420] Der Nähebeziehung zwischen den Parteien und dem Gericht gebührt hier häufig Vorrang vor der Rationalisierung des Prozesses. Die *forum non conveniens*-Lehre kann in solchen Fällen Abhilfe schaffen und flexible, am Wohl der Beteiligten orientierte Lösungen ermöglichen.

Wie die hier dargestellten Entscheidungen zeigen, besteht dann kein Interesse an der Zuständigkeitsfortdauer im Inland, wenn ein ausländisches Gericht dem Rechtsstreit wesentlich näher steht. Im Einzelfall ist darüber in einer Interessenabwägung zu bestimmen.[421] Eine tragende Bedeutung kommt hierbei dem Anknüpfungspunkt für die Zuständigkeit inländischer Gerichte[422] und der Frage zu, ob nach dem Wegzug der Beteiligten aus Deutschland noch eine Bindung zum Inland fortbesteht oder nicht. Unproblematisch scheinen die Fälle zu sein, in denen die Zuständigkeit der deutschen Gerichte alleine auf dem gewöhnlichen Aufenthalt des Hauptbeteiligten im Inland beruht, wenn dieser also ausländischer Staatsbürger ist. Mit der Ausreise aus Deutschland entfällt die Inlandsbeziehung und damit die Basis für die Fürsorgepflicht deutscher Gerichte. Es erscheint verständlich, dass hier die deutschen Richter ihre weitere Mitwirkung versagen wollen. Unterschiedlich beurteilt wird dagegen die Tragweite der prozessualen Fürsorgepflicht des Staates gegenüber Verfahrensbeteiligten, die (auch) deutsche Staatsangehörigkeit besitzen. So hat insbesondere *Henrich* für diese Fälle Bedenken gegen die Anwendbarkeit der *forum non conveniens*-Lehre geäußert und betont, dass jeder Staat eine Schutzpflicht gegenüber seinen Angehörigen habe; deshalb seien die Heimatgerichte zur Gewährung von Rechtsschutz verpflichtet. Eine Heranziehung der Lehre ist ihm zufolge nur dann angebracht, wenn die Anrufung deutscher Gerichte eindeutig zweckwidrig war und sich als Rechtsmiss-

---

419 *Schack,* IZVR, Rn. 451.

420 Vgl. *KG* IPRspr. 1958/59 Nr. 209, S. 684.

421 Vgl. Keidel/*Engelhardt,* FamFG, § 97 Rn. 8.

422 Vgl. für Adoptionssachen § 101 FamFG und für Verfahren betreffend die elterliche Sorge §§ 99 Abs. 1, 151 Nr. 1 FamFG.

brauch darstellt.[423] Die deutschen Gerichte gehen indes überwiegend davon aus, dass die internationale Zuständigkeit wegen *forum non conveniens* auch bei deutscher Staatsangehörigkeit des Hauptbeteiligten verneint werden könne.[424] Dies ist überzeugend, denn eine starre Annahme der staatlichen Fürsorgepflicht und daraus resultierender Pflicht zum Tätigwerden der Gerichte bei deutschen Staatsbürgern würde den Wirkungsbereich der Lehre zu sehr eingrenzen und häufig zu sinnwidrigen Entscheidungen führen. Daher ist davon auszugehen, dass die prozessual verstandene Schutzpflicht der Bundesrepublik auch bei Aufenthaltswechsel von deutschen Staatsangehörigen enden kann, wenn unter Berücksichtigung aller Umstände des Einzelfalles die Sache vor den Gerichten eines anderen Staates besser aufgehoben ist.

Überdies ist diese Rechtsprechung dadurch gekennzeichnet, dass die Verweigerung der Zuständigkeit stets zugunsten von Heimatbehörden der Beteiligten erfolgt.[425] Über Sachverhalte mit Aufenthaltswechsel von Personen in einen Nichtheimatstaat wurde in der Praxis bisher noch nicht entschieden. Ob der Staatsangehörigkeit eine alleinentscheidende Bedeutung zukommen soll, erscheint allerdings fragwürdig. Eine Abwägung aller Gesamtumstände nach dem Vorbild der englischen Rechtsprechung kann den Besonderheiten des Einzelfalls besser Rechnung tragen, zumal gegenwärtig die Staatsangehörigkeit nicht zwangsläufig die tatsächliche Verbundenheit eines Menschen mit einem Staat ausdrücken muss.[426] Ob diese Ansicht auch Eingang in die Rechtsprechung finden wird, bleibt jedoch abzuwarten.

Erkennbar ist des Weiteren eine Tendenz, die Prognose der Anerkennungsfähigkeit einer deutschen Entscheidung im Ausland zu berücksichtigen.[427] So wird die Entscheidung durch das andere Gericht regelmäßig im objektiven Interesse der Beteiligten liegen, wenn die Anerkennung einer inländischen Entscheidung im Ausland nicht gesichert erscheint. Diese Entscheidungspraxis soll hinkende Rechtsverhältnisse vermeiden.

Abschließend bleibt darauf hinzuweisen, dass nicht in allen familiengerichtlichen Angelegenheiten der freiwilligen Gerichtsbarkeit der Rückgriff auf die *forum non conveniens*-Lehre gerechtfertigt ist. Ein besonderes Bedürfnis für ihre

423 *Henrich,* IPRax 1998, 247, 249 im Hinblick auf *KG* IPRax 1998, 274 ff.

424 Vgl. *KG* IPRax 1998, 274 ff.

425 In dem Verfahren vor dem *KG,* IPRax 1998, 274 ff., das zur Diskussion über die Tragweite der staatlichen Schutzpflicht bei deutschen Staatsbürgern führte, war das betroffene Kind ein Doppelstaater.

426 Vgl. *Henrich,* FS Stoll, S. 437, 444, der von Schwächung der identitätsstiftenden Bindung an die heimische Rechtsordnung spricht.

427 *KG* IPRspr. 1958/59 Nr. 209; *OLG Frankfurt* StA 1975, 98 f; *BayObLG* IPRspr. 1982 Nr. 194, S. 478; *AG Würzburg* IPRax 1985, 111.

Anwendung besteht vielmehr nur dann, wenn es um die Regelung von Dauerverhältnissen – wie z.B. Adoption oder Sorgerecht – geht, die im Ausland ihre Wirkungen entfalten sollen. Auf punktuelle Streitigkeiten können diese Grundsätze nicht übertragen werden.[428]

2. Streitige Gerichtsbarkeit

Darüber hinaus lassen sich bisweilen auch im Bereich der streitigen Gerichtsbarkeit Entscheide finden, die *forum non conveniens*-Erwägungen zwecks Zuständigkeitsablehnung heranziehen. Interessant in diesem Zusammenhang sind die Ausführungen des *Landgerichts Frankfurt*[429] zu einem Ehescheidungsverfahren aus dem Jahr 1972. Der Kläger war italienischer Staatsbürger mit Wohnsitz in Deutschland und begehrte Scheidung von seiner italienischen Ehefrau, die sich dauerhaft in Italien aufhielt. Das Gericht lehnte die internationale Zuständigkeit ab, weil die damals noch notwendige Anerkennung des Scheidungsurteils in Italien nicht gewährleistet wäre. Dies war zutreffend und zur Begründung der Entscheidung auch allein ausreichend. Dennoch führte das Gericht ferner aus, dass dieses Ergebnis auch am besten der Situation der Parteien entspreche. Dem Kläger sei es zuzumuten, die Gerichte seines Heimatstaates in Anspruch zu nehmen; umgekehrt würde es für seine Ehefrau eine unzumutbare Erschwernis darstellen, sich vor einem deutschen Gericht einlassen zu müssen.[430] Wenngleich diese Überlegungen nur hilfsweise erfolgten und der betreffende Sachverhalt heutzutage anderen Vorschriften unterliegen würde,[431] so zeigt dieses Urteil doch die deutliche Bereitschaft des Gerichts, die internationale Zuständigkeit auch an Zweckmäßigkeitserwägungen zu messen.[432]

3. Auslegung des Vermögensgerichtsstandes

Eine Entsprechung der *forum non conveniens*-Lehre im deutschen Recht findet sich schließlich in einer Entscheidung des *BGH* zur Auslegung des § 23 Satz 1 Var. 1 ZPO. Nach dieser Vorschrift kann eine Person, die im Inland zwar keinen Wohnsitz, aber immerhin Vermögen besitzt, wegen vermögens-

---

428 So zutreffend *Gottwald,* FS Jayme, S. 277, 279 f. und *BayObLG* IPRspr. 1982 Nr. 194, S. 478.

429 *LG Frankfurt/M.* FamRZ 1972, 507 m. Anm. *Jayme* 508.

430 *LG Frankfurt/M.* FamRZ 1972, 507, 508.

431 Vgl. Art. 3 Abs. 1 lit. a), 5. Spiegelstrich Brüssel II *bis*-VO.

432 Zustimmend hierzu *Jayme,* FamRZ 1972, 508. Vgl. auch *OLG Saarbrücken* FamRZ 1973, 454, 456.

rechtlicher Angelegenheiten dort verklagt werden, wo sich der Vermögensgegenstand befindet. Der genaue Normzweck des § 23 ZPO wird sehr unterschiedlich beurteilt. Völlig unstreitig ist jedoch, dass der Gesetzgeber eine Stärkung des Gläubigerschutzes bezweckte. In bestimmten Situationen sollten Kläger in Ausnahme zum Grundsatz des *actor sequitur forum rei* eine inländische Klagemöglichkeit erhalten und so vor Nachteilen geschützt werden, die mit einer Anspruchsverfolgung im Ausland einhergehen.[433] Der Vermögensgerichtsstand sollte umständliche Anerkennungsverfahren verhindern und dem Gläubiger den Zugriff auf das inländische Vermögen des Schuldners erleichtern. Der Gesetzgeber sah in § 23 ZPO einen Weg, inländische Vollstreckungsenklaven zu verhindern, die dadurch entstehen können, dass ein ausländisches Urteil im Inland nicht anerkennungsfähig und damit nicht vollstreckbar ist.[434] Doch die Vorschrift gilt international als unliebsam, weil sie nach Ansicht vieler eine Zuständigkeit ohne hinreichenden Anknüpfungsbezug gewähren könne. Für das europäische Zivilprozessrecht wurde sie daher in den Katalog der exorbitanten Gerichtsstände aufgenommen, die nicht gegen Personen mit Wohnsitz in einem anderen EU-Mitgliedstaat beansprucht werden können (vgl. Art. 3 Abs. 2 i.V.m. Anhang I Brüssel I-VO). Kritisiert wird an der Vorschrift vor allem, dass der Wert des zuständigkeitsbegründenden Vermögensgegenstandes in keiner Beziehung zur Höhe der Klageforderung stehen muss. Nicht einmal pfändbar muss der Gegenstand sein.[435] Dieses weite Verständnis der Vorschrift ist zwar insofern berechtigt, als im Gerichtsstand des § 23 ZPO nicht nur eine Leistungsklage, sondern auch eine Feststellungs- oder Gestaltungsklage erhoben werden kann,[436] führt jedoch zu Unbilligkeiten, wenn man bedenkt, dass sogar ein im Hotel vergessener Regenschirm zur Begründung der Zuständigkeit ausreichen könnte.[437] Aus diesem Grund wird diese Zuständigkeitsregel gerne spöttisch als die *umbrella rule* bezeichnet.[438] Im Schrifttum wird seit langem eine teilweise Reduktion der Vorschrift favorisiert. Die entwickelten Lösungsmodelle knüpfen dabei hauptsächlich an die Reichweite des Merkmals Vermögen an.[439] Die Rechtsprechung hat im Jahr 1991 auf die anhaltende Kritik reagiert und eine Reduktion der Vorschrift in der Weise vollzogen, dass sie einen über die Vermögensbelegenheit

---

433 Vgl. *Lüke,* ZZP 105 (1992) 321, 324.

434 *Schack,* IZVR, Rn. 367 f.

435 *Schack,* IZVR, Rn. 370; *Linke,* IZPR, Rn. 165; *Nagel/Gottwald,* IZPR, § 3 Rn. 338.

436 Vgl. *Schack,* IZVR, Rn. 371.

437 Vgl. RGZ 75, 147, 152 zur Zuständigkeitsbegründung bei vier zurückgelassenen Obstkörben.

438 Vgl. *Linke,* IZPR, Rn. 166; *Nagel/Gottwald,* IZPR, § 3 Rn. 338.

439 Zu den einzelnen Vorschlägen zur Reduktion des § 23 ZPO vgl. die ausführliche Darstellung bei *Schütze,* DWiR 1991, 239, 240 f.

hinausgehenden hinreichenden Inlandsbezug des Rechtsstreits verlangt.[440] Diese Rechtsprechung soll im Folgenden näher beleuchtet werden.

a) Rechtsprechung des *BGH*

Der Grundsatzentscheidung des *BGH*[441] aus dem Jahr 1991 lag folgender Sachverhalt zugrunde:

Ein zypriotisches Bauunternehmen *M. Ltd.* hatte sich gegenüber dem libyschen *D* verpflichtet, in Libyen eine Hafenanlage zu errichten. *D* leistete eine Anzahlung, die durch eine Garantie der beklagten türkischen Bank gesichert war. Für diese Garantie zahlte die *M. Ltd.* 20 Mio. US-Dollar als Sicherheit bei der Beklagten ein. Nach vorzeitiger Auflösung des Bauvertrages wurden die Garantien in Anspruch genommen. Die Beklagte verrechnete die bei ihr hinterlegten 20 Mio. US-Dollar mit ihrem Erstattungsanspruch. Die *M. Ltd.* bestritt den Garantiefall und machte einen Anspruch auf Rückzahlung der hinterlegten Summe vor den englischen Gerichten geltend. Nachdem dieses Verfahren wegen *forum non conveniens* ausgesetzt wurde,[442] trat die *M. Ltd.* ihren behaupteten Rückzahlungsanspruch teilweise an die Klägerin, eine Geschäftsführerin und Mitinhaberin der *M. Ltd.* und an deren Ehemann ab. Den abgetretenen Anspruch machte die Klägerin in Deutschland geltend, wo die beklagte türkische Bank eine Niederlassung und Vermögen besaß. Die Klage wurde in zweiter Instanz wegen fehlender internationaler Zuständigkeit deutscher Gerichte abgewiesen. Die dagegen gerichtete Revision blieb ohne Erfolg.

Das Erfordernis des hinreichenden Inlandsbezugs begründete der *BGH* zunächst mit „dem aus der Entstehungsgeschichte abzuleitenden Sinn und Zweck der Vorschrift". Der als Vorgängernorm des Vermögensgerichtsstandes geltende § 34 des Anhangs zur Preußischen Allgemeinen Gerichtsordnung konnte nur von Inländern in Anspruch genommen werden.[443] Ferner sei eine einschränkende Auslegung auch im Hinblick auf die völkerrechtliche Vertragspraxis geboten, die vom Bestreben geprägt sei, exorbitante Gerichtsstände auszuschließen oder ein-

440 Für eine derartige Einschränkung des § 23 ZPO hat bereits früher *Hausmann,* IPRax 1982, 51, 56, plädiert und darauf hingewiesen, dass ein Vermögensgerichtsstand ohne jegliche – über die Vermögensbelegenheit hinausgehende – Beziehung des Prozesses zum Gerichtsstaat ein *forum non conveniens* sei. Vgl. ferner *Jayme,* Kollisionsrecht und Bankgeschäfte mit Auslandsberührung, S. 30; *Schumann,* FS Liebman, S. 839, 865 f.

441 BGHZ 115, 90 ff. = *BGH* NJW 1991, 3092 ff. in Bestätigung von *OLG Stuttgart,* RIW 1990, 829 ff.

442 *Muduroglu Ltd. v. T.C. Ziraat Bankasi* [1986] QB 1225 (*C.A.*). Vgl. zu dem Fall bereits oben Kap. 1, IV, 2, b), aa), (6), und 3, b) ferner Fn. 312.

443 BGHZ 115, 90, 94. Kritisch zu dieser Begründung Musielak/*Heinrich,* ZPO, § 23 Rn. 3; *Mansel,* FS Jayme, S. 561, 566 f; *Schack,* JZ 1992, 54, 55.

zuschränken.[444] Schließlich führten die Richter aus, dass es notwendig sei, außenwirtschaftlichen und außenpolitischen Belastungen vorzubeugen, die aus einer Zuständigkeitsanmaßung der deutschen Gerichte und damit verbundenem *forum shopping* resultieren könnten.[445]

In der Literatur wurden gegen diese Rechtsprechung teilweise schwerwiegende Einwände erhoben.[446] Der wohl wichtigste Kritikpunkt bezieht sich auf den Verlust der Rechtsklarheit, der mit Einführung des recht unbestimmten Begriffs des Inlandsbezugs einhergehen könne.[447] Die Wurzel der Entscheidung liege in der *forum non conveniens*-Lehre, für die es im deutschen System der Zuständigkeitsordnung keinen Platz gäbe.[448] Überdies sei das *forum shopping* des Klägers nach deutschem Prozessrecht durchaus nicht zu beanstanden und eine Einschränkung des Vermögensgerichtsstandes weder aus verfassungs- noch völkerrechtlicher Sicht notwendig. Das Völkergewohnheitsrecht enthalte kein allgemeines Verbot der exorbitanten Gerichtsstände und auch aus internationalen Verträgen und dem europäischen Zivilprozess – namentlich Art. 3 Abs. 2 Brüssel I-VO – lasse sich keine Regel über den allgemeinen Ausschluss von § 23 ZPO entnehmen. Im Staatsvertragsrecht und Europarecht könne auf den Vermögensgerichtsstand leicht verzichtet werden, da dort die gegenseitige Urteilsanerkennung gesichert ist. Jenseits dieser Regelungswerke sei aber ein Ausschluss oder eine Einschränkung der Vorschrift nicht haltbar.[449] Wer Vermögen im Inland besitze, zeige eine Affinität zum Inland, die alleine ausreiche, um eine Gerichtspflichtigkeit des Vermögensinhabers zu begründen.[450]

Trotz der beachtenswerten Kritik ist die Rechtsprechung des *BGH* im Ergebnis zu begrüßen.[451] Für eine adäquate Begrenzung der Vorschrift sprechen insbesondere Überlegungen der Zweckmäßigkeit und des fairen Verfahrens. Zum einen kann der geforderte Inlandsbezug sicherstellen, dass ein deutsches Gericht nur dann mit der Sache befasst ist, wenn eine hinreichende Rechts- und Sachnähe vorliegt. Die oft sehr schwierige Anwendung ausländischen Rechts wird re-

---

444 BGHZ 115, 90, 95 ff.

445 BGHZ 115, 90, 98.

446 *Fischer,* RIW 1992, 57 ff.; *Geimer,* NJW 1991, 3072 ff.; Musielak/*Heinrich,* ZPO, § 23 Rn. 3; *Lüke,* ZZP 105 (1992) 321 ff.; Stein/Jonas/*Roth,* ZPO, § 23 Rn. 10 ff.; *Schack,* JZ 1992, 54 ff; *Schütze,* DWiR 1991, 239 ff.

447 Musielak/*Heinrich,* ZPO, § 23 Rn. 3; Stein/Jonas/*Roth,* ZPO, § 23 Rn. 10; *Schack,* JZ 1992, 54, 55; *Lüke,* ZZP 105 (1992) 321, 325.

448 Stein/Jonas/*Roth,* ZPO, § 23 Rn. 11; *Schütze,* DWiR 1991, 239, 242 f; *Fischer,* RIW 1992, 57.

449 Vgl. Stein/Jonas/*Roth,* ZPO, § 23 Rn. 11; *Schack,* JZ 1992, 54 f; *Geimer,* NJW 1991, 3072, 3073 f.

450 *Geimer,* IZPR, Rn. 1347; *ders.,* FS Schwind, S. 17, 40.

451 So auch Wieczorek/Schütze/*Hausmann,* ZPO, § 23 Rn. 50; Staudinger/*Hausmann,* IntVertrVerfR, Rn. 222.

gelmäßig vermieden. Das spart nicht nur Zeit und Kosten, sondern verringert auch das Risiko fehlerhafter Urteile.[452] Zum anderen werden dadurch die Verteidigungsmöglichkeiten des ausländischen Beklagten verbessert, da er nicht mit einer Klage in einem für ihn beziehungsarmen Forum belangt wird. Auf diese Weise wird das missbräuchliche *forum shopping* des Klägers unterbunden[453] und die prozessuale Chancengleichheit gesichert.[454] Eine Begrenzung der Zuständigkeit im Hinblick auf den Wert der belegenen Sache allein kann nicht zu befriedigenden Ergebnissen führen, weil in vielen Fällen langwierige Zuständigkeitsstreitigkeiten die Folge einer solchen Beschränkung sein könnten.[455] Sollte es in extremen Fällen notwendig sein, einer Partei einen Gerichtsstand zur Verfügung zu stellen, weil für die Entscheidung des Rechtsstreits ansonsten keine anderweitige Zuständigkeit gegeben wäre, so kann dem Kläger mit einer internationalen Notzuständigkeit geholfen werden.[456] Auf diese Weise lässt sich der Gefahr einer Rechtsverweigerung begegnen.

Doch diese vom Ergebnis her durchaus willkommene Lösung steht auf einer dünnen Legitimationsbasis. Insbesondere vermag die Entstehungsgeschichte der Vorschrift nicht eindeutig das Erfordernis eines Inlandsbezugs zu begründen, denn der Wegfall der Einschränkung des Klägerkreises im Zuge der Reformierung des preußischen Vorläufers des § 23 ZPO kann nicht nur auf ein redaktionelles Versehen, sondern genauso gut auf eine klare Entscheidung des in seinen Leitbildvorstellungen gewandelten Gesetzgebers hindeuten.[457] Unstreitig ging es dem Gesetzgeber um den Gläubigerschutz. Dass er diesen nur bestimmten Personengruppen oder nur bei einer gewissen Nähebeziehung des Streitgegenstandes zum Inland gewähren wollte, lässt sich dem Wortsinn indes nicht entnehmen. Es ist daher zweifelhaft, ob der *BGH* hier „mit ‚denkendem Gehorsam' ganz im Geiste des Gesetzgebers dessen wahre Intention durchsetzt, indem er Sinn und Zweck der Norm berücksichtigt".[458] Für eine teleologische Reduktion[459] wäre

---

452 So auch *Dorsel,* Forum non conveniens, S. 161; vgl. ferner *Wollenschläger,* IPRax 2002, 96, 97 f.

453 Vgl. Wieczorek/Schütze/*Hausmann,* ZPO, § 23 Rn. 48.

454 *Mansel,* FS Jayme, S. 561, 568.

455 Vgl. *Schütze,* DWiR 1991, 239, 241; kritisch hierzu auch *Mansel,* FS Jayme, S. 561, 569.

456 So ausdrücklich BGHZ 115, 90, 99.

457 So die Lesart von Musielak/*Heinrich,* ZPO, § 23 Rn. 3; *Lüke,* ZZP 105 (1992) 321, 324; *Schack,* JZ 1992, 55.

458 So *Engisch,* Einführung in das juristische Denken, S. 235 unter Berufung auf *Heck,* Gesetzesauslegung und Interessenjurisprudenz, AcP 112 (1914) 1, 51.

459 Der *BGH* selbst spricht von einer restriktiven Auslegung, siehe BGHZ 115, 90, 93. Richtigerweise sollte es sich hier jedoch um eine teleologische Reduktion handeln, weil der Anwendungsbereich des § 23 ZPO über die durch den möglichen Wortsinn gezogene Grenze hinaus eingeengt wird, *Larenz,* Methodenlehre der Rechtswissenschaft, S. 376. Anders ausgedrückt:

dies jedoch unumgänglich. Die vom *BGH* genannten Argumente sind vorwiegend rechtspolitischer Natur. Seine Vorgehensweise gleicht eher einer „Rechtsfortbildung nach Gesichtspunkten der transzendenten materiellen Gerechtigkeit" als einer „systemkonformen" Gesetzesberichtigung.[460] Anstatt des *BGH* hätte hier der Gesetzgeber tätig werden und den Vermögensgerichtsstand entsprechend ändern sollen. Für die Rechtsprechung war der eingeschlagene Weg nicht gangbar.[461]

b) Konkretisierung des Inlandsbezugs

Unabhängig von den methodischen Bedenken bedarf der Begriff des hinreichenden Inlandsbezugs einer näheren Konkretisierung, um der im Zuständigkeitsrecht gebotenen Rechtssicherheit und Voraussehbarkeit Rechnung zu tragen. Der *BGH* hat nicht genauer ausgeführt, unter welchen Umständen ein ausreichender Inlandsbezug zu bejahen ist. Insbesondere hat er offengelassen, ob es für die Inanspruchnahme des Vermögensgerichtsstandes genügt, dass der Kläger seinen Wohnsitz im Inland hat.[462] Im Schrifttum und in der Rechtsprechung lässt sich eine Tendenz erkennen, den Inlandsbezug im Falle eines Wohnsitzes oder gewöhnlichen Aufenthaltes zu bejahen;[463] die bloße deutsche Staatsangehörigkeit des im Ausland wohnhaften Klägers soll hingegen nicht genügen.[464] Des Weiteren liegt ein hinreichender Inlandsbezug dann vor, wenn die Geschäftsabwicklung vom Inland aus erfolgt[465] oder der Sachverhalt sonstige Verbindungen zum

---

Alle Sachverhalte ohne hinreichenden Inlandsbezug werden entgegen dem an sich eindeutigen Wortlaut aus dem Gesetz ausgeklammert; vgl. *Rüthers/Fischer/Birk,* Rechtstheorie mit Juristischer Methodenlehre, Rn. 903; *Wank,* Die Auslegung von Gesetzen, S. 89 f. Die Grenze zwischen einengender Auslegung und teleologischer Reduktion ist oft fließend. Die Rechtsprechung spricht gerne von einengender Auslegung, auch wenn es sich in Wirklichkeit um Fälle der teleologischen Reduktion handelt. *Larenz* vermutet darin das Bestreben der Rechtsprechung, dadurch den Eindruck größerer „Gesetzestreue" erwecken zu können; siehe *Larenz,* Methodenlehre der Rechtswissenschaft, S. 376.

460 Eingehend hierzu *Engisch,* Einführung in das juristische Denken, S. 234 f. unter Hinweis auf *Canaris,* Systemdenken und Systembegriff in der Jurisprudenz, S. 106 ff.

461 So im Ergebnis auch *Lüke,* ZZP 105 (1992) 321, 323; Musielak/*Heinrich,* ZPO, § 23 Rn. 3.

462 BGHZ 115, 90, 95.

463 *BGH* NJW 1997, 324, 325; *BGH* IPRspr. 2001 Nr. 2, S. 4; Wieczorek/Schütze/*Hausmann,* ZPO, § 23 Rn. 49; *Schumann,* FS Liebman, S. 839, 864 ff.; a.A. *Mansel,* FS Jayme, S. 561, 569 f., der eine ausreichende Beziehung *beider* Parteien zum Inland verlangt. Eine rein klägerbezogene Zuordnung solle demgegenüber nicht genügen.

464 Wieczorek/Schütze/*Hausmann,* ZPO, § 23 Rn. 49; *Mansel,* FS Jayme, S. 561, 570. Zur Bejahung des Inlandsbezugs bei deutscher Staatsangehörigkeit des Beklagten vgl. *BGH* NJW-RR 1993, 5.

465 *OLG München* IPRax 2007, 322, 323.

Inland aufweist. Dies könnte beispielsweise dann bejaht werden, wenn der streitgegenständliche Vertrag dem deutschen Recht unterliegt,[466] die Vertragsverhandlungen im Inland geführt wurden oder ein inländisches haftungsbegründendes Verhalten vorliegt.[467] In solchen Fällen erscheint ein Tätigwerden deutscher Gerichte aufgrund der größeren Rechts- und Beweisnähe sachgerecht.[468] Die Berücksichtigung dieser Kriterien verdeutlicht die – oft kritisierte – Nähe dieser Rechtsprechung zur *forum non conveniens*-Lehre. Doch bleibt das den Richtern eingeräumte Ermessen aufgrund der Konkretisierung durch die vorgenannten Fallgruppen nicht bindungslos. Die Frage, ob eine Rechtsstreitigkeit einen hinreichenden Bezug aufweist, lässt sich im Einzelfall in der Regel leicht feststellen, was die Gerichtsentscheide der letzten Jahre deutlich belegen. Die Einwände, die gegen die Einführung einer allgemeinen Regel des *forum non conveniens* ins deutsche Recht erhoben werden, stehen einer derart moderaten Zulassung von Ermessensgesichtspunkten im Rahmen der Bestimmung des hinreichenden Inlandsbezugs nicht entgegen.[469]

4. Ansätze im Prozesskostenhilferecht

Eine geradezu frappierende Ähnlichkeit[470] mit der *forum non conveniens*-Praxis findet sich ferner in einer Entscheidung des *OLG Celle*[471] aus dem Jahr 1998, in der es um die Bewilligung von Prozesskostenhilfe ging. Der Antragsteller war polnischer Staatsbürger und hatte seinen ständigen Aufenthalt in Polen. Er machte Schadensersatzansprüche gegen einen deutschen Versicherer an dessen Sitz in Deutschland geltend. Haftungsgrund war ein Verkehrsunfall, der sich in Polen ereignet hatte. Das Gericht lehnte hier die Gewährung von Prozesshilfe ab, weil es die beabsichtigte Rechtsverfolgung als mutwillig ansah (§ 114 ZPO). Dieses Ergebnis begründeten die Richter insbesondere damit, dass auf den

466 *OLG Stuttgart* RIW 1990, 829, 831.

467 Zum Ganzen: Wieczorek/Schütze/*Hausmann*, ZPO, § 23 Rn. 50; *Mansel*, FS Jayme, S. 561, 570; Zöller/*Vollkommer*, ZPO, § 23 Rn. 13; *Fischer*, RIW 1992, 57, 59; *Schumann*, FS Liebman, S. 839, 867.

468 So Wieczorek/Schütze/*Hausmann*, ZPO, § 23 Rn. 50.

469 So auch Wieczorek/Schütze/*Hausmann*, ZPO, § 23 Rn. 50, der zutreffend darauf hinweist, dass die Relevanz der Fälle des hinreichenden Inlandsbezugs wegen größerer Rechts- und Beweisnähe ohnehin nur gering ist. Wer deutsches Recht wählt, wird sich in der Regel auch für die Zuständigkeit deutscher Gerichte entscheiden. Eine besondere Beweisnähe ist nicht denkbar, ohne dass zugleich weitere zuständigkeitstypische Anknüpfungen vorliegen. Vgl. auch die Ausführungen zur Relevanz des anwendbaren Rechts im englischen Recht, Kap. 1, IV, 2, b), aa), (6).

470 Vgl. *Mankowski*, IPRax 1999, 155, 156.

471 *OLG Celle* IPRax 1999, 171.

Rechtsstreit polnisches Recht anzuwenden sei; ferner müssten die Verletzungen des Antragstellers und ihre Folgen aufgeklärt werden. Zu diesem Zweck sei die Durchführung des Verfahrens in Polen ohne weiteres möglich und dem Antragsteller zumutbar. Darüber hinaus sah das Gericht die Vollstreckung eines in Polen erstrittenen Urteils als gesichert an, da es mit einer freiwilligen Leistung des Versicherers rechnete. Schließlich würde ein polnisches Verfahren geringere Kosten verursachen als ein deutsches.[472] All diese Kriterien entsprechen weitgehend den Faktoren, die im Rahmen des *Spiliada*-Tests von Bedeutung sind.

Die Hintergründe, warum das Gericht diese Entscheidung getroffen hatte, mögen noch einleuchten: Die Bundesrepublik darf nicht zum Paradies für ausländische Kläger werden, die lediglich vom deutschen System der Prozesskostenhilfe profitieren möchten.[473] Der vom *OLG Celle* eingeschlagene Weg ist jedoch nicht überzeugend. Rechtspolitisch bedenkliche Streitigkeiten müssen durch eine strengere Prüfung der Erfolgsaussichten der Klage und der Bedürftigkeit des Antragstellers unterbunden werden.[474] Mutwilligkeit stellt hierfür kein geeignetes Ausschlusskriterium dar. Denn mutwillig ist eine Rechtsverfolgung erst dann, wenn eine wirtschaftlich denkende, nicht hilfsbedürftige Partei ihre Rechte nicht in gleicher Weise verfolgen würde.[475] Allein die Möglichkeit, den Beklagten vor einem ausländischen Gericht verklagen zu können, macht eine Rechtsverfolgung im Inland noch nicht mutwillig im Sinne von § 114 ZPO. Dies gilt auch dann, wenn ausländisches Recht anzuwenden ist und die Beweise im ausländischen Staat der *lex causae* zu erheben wären.[476] Besteht ein inländischer Gerichtsstand, so hat der Kläger einen Justizgewähranspruch, der nicht aus Gründen, die der *forum non conveniens*-Lehre entstammen, eingeschränkt werden kann. Die Prozesskostenhilfe ist als Bestandteil der Rechtsschutzgewährung an den verfassungsrechtlichen Rechtsschutzgarantien zu messen; ihre Versagung allein aufgrund einer alternativen Klagemöglichkeit im Ausland würde den im gesamten Bereich des Rechtsschutzes geltenden Grundsatz der absoluten Rechtsgleichheit verletzten.[477] Die Berufung der Richter auf die Anwendbarkeit

---

472 *OLG Celle* IPRax 1999, 171, 172.

473 Vgl. *Mankowski*, IPRax 1999, 155, 158.

474 So zutreffend *Mankowski*, IPRax 1999, 155, 158.

475 Zöller/*Geimer*, ZPO, § 114 Rn. 30; Stein/Jonas/*Bork*, ZPO, § 114 Rn. 27; *Geimer*, IZPR, Rn. 2009d; *OLG Düsseldorf* FamRZ 1998, 758; *OLG Karlsruhe* FamRZ 2004, 550.

476 *OLG Zweibrücken* IPRspr. 1999, Nr. 141 mit Anm. *Mansel*, IPRax 1999, 475, 476; MünchKommZPO/*Motzer*, § 114 Rn. 92; *Schack*, IZVR, Rn. 637; a.A. *OLG Celle* IPRax 1999, 171 mit ablehnender Anm. *Mankowski* 155 ff.; *OLG Frankfurt* FamRZ 1991, 94 mit ablehnender Anm. *Gottwald*.

477 Vgl. Maunz/Dürig/*Dürig*, GG, Art. 3 Abs. 1 Rn. 42: „Unterschiedslose und absolute Egalität herrscht von Verfassungs wegen in der Rechtsschutzgleichheit." Allgemein zum Zweck und zu

des ausländischen Rechts ist zudem deswegen nicht haltbar, weil man dadurch beim bedürftigen Kläger durch die Hintertür der Prozesskostenhilfe einen faktischen Gleichlauf zwischen der internationalen Zuständigkeit und dem materiellen Recht erreichen würde,[478] der so vom Kollisionsrecht gerade nicht gewollt ist.[479] Ferner übersieht das *OLG Celle* die besonderen Wertungen des Beklagtengerichtsstands.[480] *Actor sequitur forum rei* als Grundregel der deutschen internationalen Zuständigkeit soll den Beklagten vor unzumutbarer Ausweitung seiner Gerichtspflichtigkeit schützen. Durch die Versagung der Prozesskostenhilfe könnte der Schutz des Beklagten leicht entwertet werden.[481] Überdies erscheint es eher widersprüchlich, eine Rechtsverfolgung als mutwillig anzusehen, wenn sich der Kläger gerade für einen Gerichtsstand entscheidet, der den Beklagten am wenigsten belastet, indem er ihm die Verteidigung erleichtert und der Kläger andererseits davon ausgehen kann, dass er am Sitz des Schuldners den Hauptteil des vollstreckungsfähigen Vermögens vorfinden wird.[482] Schließlich kann der Kläger aber auch andere anerkennenswerte Motive für eine Rechtsverfolgung in einem bestimmten Gerichtsstand haben. So ist es möglich, dass er ein deutsches Verfahren einem ausländischen Verfahren wegen einer kürzeren Prozessdauer oder wegen des besonderen Vertrauens in die deutsche Justiz vorzieht.[483]

Festzuhalten bleibt mithin, dass die Verfügbarkeit eines ausländischen, beweisnahen Forums, in dem sowohl nach inländischem als auch ausländischem IPR das ausländische Sachrecht anzuwenden ist, allein nicht bedeuten kann, dass eine verständige, bemittelte Partei von einer Anspruchsverfolgung im Inland absehen würde. Der allgemeine Gedanke des *forum non conveniens* kann nicht über das Merkmal der Mutwilligkeit berücksichtigt werden und damit faktisch zu einer Einschränkung der Rechtsschutzgewährung führen, die bei einem vermögenden Kläger – namentlich wenn kein PKH-Verfahren stattfindet – keinesfalls möglich wäre.[484] Zu Recht blieb daher die Entscheidung des *OLG Celle* nahezu

---

verfassungsrechtlicher Legitimation des Prozesskostenhilferechts Stein/Jonas/*Bork*, ZPO, vor § 114 Rn. 7 f.

478 So zutreffend *Mansel*, IPRax 1999, 475, 476. Vgl. auch *Mankowski*, IPRax 1999, 155, 158.

479 Dazu *von Bar/Mankowski*, IPR, Bd. 1, § 5 Rn. 152.

480 Zu Parallelwertungen bei Zuständigkeit nach Art. 5 Nr. 2 EuGVÜ vgl. *OLG Zweibrücken* IPRspr. 1999, Nr. 141 mit Anm. *Mansel*, IPRax 1999, 475, 476; *OLG Frankfurt* IPRspr. 1982 Nr. 140 S. 343 f. mit Anm. *Jayme*, IPRax 1983, 46.

481 Ähnlich *Mankowski*, IPRax 1999, 155, 156, der insbesondere mit Fairness gegenüber dem Beklagten argumentiert.

482 Allgemein dazu *Schack*, IZVR, Rn. 222 und *Schröder*, Internationale Zuständigkeit S. 229 ff.

483 So *Mansel*, IPRax 1999, 475, 477. Dieses Argument lässt der BGH im Fall des § 23 ZPO aber gerade nicht ausreichen, vgl. BGHZ 115, 90, 97 f.

484 Wie hier im Ergebnis *Mankowski*, IPRax 1999, 155; *Gottwald*, FamRZ 1991, 94.

ein Einzelfall und wird auch in der Literatur weitgehend als verfehlt angesehen.[485]

III. Weitere Ansätze im deutschen Recht

1. Internationale Zuständigkeit nach § 343 FamFG

Einen denkbaren Platz für den Gedanken des *forum non conveniens* bietet darüber hinaus die Neuregelung der internationalen Zuständigkeit im Nachlassverfahren nach dem FamFG. Früher war die internationale Zuständigkeit der deutschen Nachlassgerichte gesetzlich nicht geregelt. Nach der Rechtsprechung galt der sogenannte strenge Gleichlaufgrundsatz,[486] d.h. die deutschen Gerichte waren nur dann international zuständig, wenn deutsches materielles Recht Erbstatut war. Durchbrochen wurde der Grundsatz unter anderem durch die Regelung des § 2369 BGB, wonach deutsche Gerichte bei Maßgeblichkeit fremden Erbstatuts für die im Inland belegenen Nachlassgegenstände einen sog. Fremdrechtserbschein erteilen konnten. Nach neuer Rechtslage leitet sich demgegenüber die internationale Zuständigkeit gem. § 105 FamFG von der örtlichen Zuständigkeit ab. Diese ist in § 343 FamFG geregelt, der im Wesentlichen die Regelung des § 73 FGG übernimmt. Die Vorschrift stützt sich in erster Linie auf den letzten Wohnsitz des Erblassers (Abs. 1 Var. 1). Alternativ hält sie eine Anknüpfung an den (schlichten) Aufenthalt des Erblassers zur Zeit des Erbfalls bereit (Abs. 1 Var. 2). Ist danach keine Zuständigkeit gegeben, so ist beim deutschen Erblasser das *AG Schöneberg* (Abs. 2) und beim ausländischen Erblasser jedes Gericht, in dessen Bezirk sich Nachlassgegenstände befinden, für alle Nachlassgegenstände zuständig (Abs. 3).

Speziell die Anknüpfungen an den schlichten Aufenthalt und an die Nachlassbelegenheit können sich unter Umständen als extrem weitreichend erweisen. So kann nach der neuen Rechtslage ein deutsches Gericht etwa einen Erbschein nach § 2353 BGB dann erteilen, wenn ein Italiener auf dem Flughafen in Frankfurt verstirbt, während er auf seinen Anschlussflug nach Sydney wartet oder wenn er dort nur einen Gegenstand vergisst, bevor er wieder ins Flugzeug steigt.[487] Die Situation erinnert stark an den Vermögensgerichtsstand des § 23

485 *Mankowski,* IPRax 1999, 155; *Schack,* IZVR, Rn. 637.

486 *BayObLG* NJW 1987, 1148, 1149; *BayObLG* NJW-RR 2001, 297, 298; *OLG Hamm* ZEV 2005, 436; umfangreicher Nachweis bei Staudinger/*Dörner,* Art. 25 EGBGB, Rn. 835 und *Berenbrok,* Internationale Nachlassabwicklung, S. 17 Fn. 4.

487 Nach altem Recht war hier nur in der zweiten Variante die Erteilung eines beschränkten Fremdrechtserbscheins nach § 2969 BGB im Hinblick auf den in Frankfurt befindlichen Gegenstand

ZPO und die dort diskutierte Problematik.[488] Ähnlich der für den § 23 ZPO entwickelten Rechtsprechung wird im Schrifttum auch für die auf dem schlichten Aufenthalt und der Nachlassbelegenheit basierenden internationalen Zuständigkeit gem. § 343 Abs. 1 Halbsatz 2 bzw. Abs. 3 FamFG ein hinreichender Inlandsbezug gefordert.[489] Die Legitimation für eine derartige teleologische Reduktion wird insbesondere darin gesehen, dass der historische Gesetzgeber bei der Ausarbeitung der Vorgängervorschrift des § 73 FGG lediglich die Regelung der örtlichen Zuständigkeit im Blick gehabt habe.[490] Grenzüberschreitende Fallkonstellationen und damit die bei der internationalen Zuständigkeit einschlägigen Interessen seien dabei nicht berücksichtigt worden. Vielmehr sollte die Regelung der internationalen Zuständigkeit dem damals noch zu erlassenden „IPR" überlassen werden.[491] Auch der FGG-Reformgesetzgeber im Jahr 2008 habe die Bedeutung der einzelnen Anknüpfungen des § 343 FamFG in Ansehung der internationalen Zuständigkeit nicht explizit gewürdigt, sondern lediglich pauschal darauf hingewiesen, dass es nunmehr zu einer Ausweitung der internationalen Zuständigkeit der deutschen Nachlassgerichte kommen werde.[492] Der Argumentation ist insoweit beizupflichten, als in der Tat Einiges dafür spricht, dass es dem FGG-Reformgesetzgeber in erster Linie darum ging, die viel kritisierte Gleichlauftheorie[493] aufzugeben und dass deren Nachfolgeregelung nicht gänzlich durchdacht wurde. Sicher lag es nicht fern, anstelle des Gleichlaufs die internationale Zuständigkeit wie im streitigen Verfahren in Anlehnung an die Vorschriften über die örtliche Zuständigkeit zu bestimmen. Doch ist auch die Doppelfunktionalität kein starres Prinzip und es verbietet sich, die internationale Zu-

---

möglich, da das italienische IPR die Verweisung des Art. 25 Abs. 1 EGBGB annimmt und somit der Erblasser nach italienischem Recht beerbt wird, Art. 46 des Gesetzes vom 31. 5. 1995 Nr. 218. Ein Erbschein nach § 2353 BGB kam hier nicht in Betracht.

488 Hierzu bereits oben Kap. 2, II, 3.

489 *Schäuble,* ZErb 2009, 200, 206. Vgl. auch Palandt/*Weidlich,* § 2353 Rn. 10.

490 Vgl. *Schäuble,* ZErb 2009, 200, 205.

491 Vgl. die Wiedergabe der Begründung zu § 55 des Planckschen Entwurfs eines Gesetzes für das Deutsche Reich von 1888 bei *Berenbrok,* Internationale Nachlaßabwicklung, S. 57 und *Schröder,* Internationale Zuständigkeit, S. 535. Hierzu auch: *Wiethölter,* in: Vorschläge und Gutachten zur Reform des deutschen internationalen Erbrechts, S. 141, 162 f. m.w.N. Die zitierten Fundstellen lassen jedoch mehrere Deutungen zu; der wahre Wille des historischen Gesetzgebers ist wohl nur schwer auszumachen. So weist *Berenbrok,* Internationale Nachlaßabwicklung, S. 58 f., zutreffend darauf hin, dass eine andere Stelle des Planckschen Entwurfs (Abs. 3 zu § 55) wohl eine internationale Statutszuständigkeit voraussetzt. Die Denkschrift zum FGG selbst ist dagegen in diesem Punkt völlig unscharf. Die Annahme, die Verfasser beabsichtigten überhaupt keine Aussage zur internationalen Zuständigkeit ist hier eher gerechtfertigt.

492 *Schäuble,* ZErb 2009, 200, 206 unter Hinweis auf BT-Drucks. 16/6308 S. 221 f.

493 Statt vieler Staudinger/*Dörner,* Art. 25 EGBGB Rn. 848.

ständigkeit „mechanisch aus der örtlichen abzuleiten".[494] Im Bereich des internationalen Nachlassverfahrensrechts wäre sicher eine differenziertere Regelung zweckmäßiger gewesen, um zu verhindern, dass in den ausländischen Rechtsverkehr durch Erbrechtszeugnisse eingegriffen wird, für deren Erteilung aus deutscher Sicht kein Bedürfnis besteht.[495] Daher erscheint es zweifelhaft, dass der Gesetzgeber seine Regelung bewusst und gewollt auch auf Konstellationen wie die hier dargestellten zugeschnitten hat. Das Erfordernis eines hinreichenden Inlandsbezugs könnte eine adäquate Begrenzung der Vorschrift sicherstellen. Hier bleibt indes an Konkretisierung noch Einiges zu leisten, um der Rechtssicherheit und Voraussehbarkeit genügend Rechnung zu tragen. In Betracht kommt die Bejahung eines hinreichenden Inlandsbezugs etwa dann, wenn die Erben ihren Wohnsitz oder gewöhnlichen Aufenthalt in Deutschland haben.[496] Die Vorbehalte gegenüber der Übernahme einer allgemeinen Lehre von *forum non conveniens* ins deutsche Recht stehen der Berücksichtigung von einzelnen Ermessensgesichtspunkten in eindeutig bestimmten Fallgruppen nicht entgegen. Ob die Rechtsprechung diesem Ansatz folgen wird, bleibt jedoch abzuwarten.

2. Nichtfeststellbarkeit des anwendbaren Rechts

Nicht immer lässt sich das kollisionsrechtlich anzuwendende Recht ermitteln. Zwar sind solche Fälle eher selten, doch wenn sie vorkommen, bereiten sie der Praxis enorme Schwierigkeiten. Als nicht ermittelbar gilt nach der Rechtsprechung das ausländische Recht dann, wenn sich darüber „keine sicheren Feststellungen treffen lassen oder Feststellungen nur mit unverhältnismäßigem Aufwand und erheblicher Verfahrensverzögerung ermöglicht werden können".[497] Welche Rechtsfolge die Nichtfeststellbarkeit des ausländischen Rechts nach sich zieht, ist heftig umstritten. Die Rechtsprechung wendet in erster Linie die *lex fori* an. Nur wenn die Anwendung des inländischen Sachrechts „äußerst unbefriedigend" wäre, kann danach ein anderes Ersatzrecht herangezogen werden.[498] In der Literatur werden dagegen überwiegend andere Ersatzrechtsordnungen bevorzugt und die *lex fori* lediglich an letzter Stelle, quasi als Notbehelf eingesetzt.[499] Weit verbreitet ist dabei die Heranziehung verwandter Rechtsordnungen. Danach kann

---

494 *Schack,* IZVR, Rn. 266 unter Berufung auf *Walchhöfer,* ZZP 80 (1967) 165, 189 f., 203.

495 *Schäuble,* ZErb 2009, 200, 206.

496 *Schäuble,* ZErb 2009, 200, 206.

497 *BGH* NJW 1978, 496, 498; zustimmend *Kindl,* ZZP 111 (1998) 177, 195 f.

498 *BGH* NJW 1978, 496, 498; vgl. auch *BGH* NJW 1982, 1215, 1216.

499 A.A. Musielak/*Huber,* ZPO, § 293 Rn. 13; *von Bar/Mankowski,* IPR Bd. I, § 5 Rn. 104.

etwa statt des belgischen das französische Recht zur Anwendung kommen.[500] Andere greifen demgegenüber zur kollisionsrechtlichen Hilfsanknüpfung.[501] So soll z B. entsprechend dem Gedanken des Art. 5 Abs. 2 EGBGB anstelle des nicht ermittelbaren Heimatrechts das Aufenthaltsrecht berufen sein. Darüber hinaus wird vereinzelt die Lösung in der Heranziehung des internationalen Einheitsrechts[502] oder allgemeiner Rechtsgrundsätze[503] gesucht. Teilweise wird aber auch der Rückgriff auf die *forum non conveniens*-Lehre erwogen. Begründet wird dies damit, dass ihre Anwendung nicht nur auf Umstände der Sachnähe des alternativen Gerichts zu beschränken sei. Vielmehr könne auch die Nähe zum anzuwendenden Recht und die damit einhergehende Fähigkeit, es leicht und richtig zu ermitteln, ihre Anwendung rechtfertigen.[504] Eine unerwünschte Abgabe des Verfahrens an das ausländische Gericht solle dadurch verhindert werden können, dass die Parteien das Gericht bei der Ermittlung des ausländischen Rechts unterstützen oder eine Rechtswahl zugunsten der *lex fori* treffen.[505]

Die Lösung über die *forum non conveniens*-Lehre ist mit den anderen aufgezeigten Modellen nicht gleichwertig und kann daher keines davon vollständig ersetzen. Denn sie kommt nur dann in Betracht, wenn in dem ausländischen Staat, dessen Recht maßgeblich ist, die Zuständigkeit und sonstige Sachurteilsvoraussetzungen gegeben sind.[506] In diesen Fällen ist aber die *forum non conveniens*-Lösung allen anderen Vorgehensweisen vorzuziehen,[507] denn es dürfte den Interessen beider Parteien weitaus mehr entsprechen, das Verfahren an einem rechtsnahen Gericht auszutragen als an einem Gericht, das sich einer eigentlich nicht berufenen Rechtsordnung und damit lediglich einer Notlösung be-

500 *Schack,* IZVR, Rn. 719; *Geimer,* IZPR, Rn. 2600; Zöller/*Geimer,* § 293 Rn. 27; *Nagel/Gottwald,* § 10 Rn. 45; ablehnend *Kindl,* ZZP 111 (1998) 177, 199 f.

501 *Kindl,* ZZP 111 (1998) 177, 200; *Kropholler,* IPR, § 31 III 2 b); *K. Müller,* NJW 1981, 481, 484 ff.; *Kreuzer,* NJW 1983, 1943, 1946 f.

502 MünchKommZPO/*Prütting,* § 293 Rn. 65.

503 *Broggini,* AcP 155 (1956) 469, 483 f.

504 *Hay/Hampe,* RIW 1998, 760, 764.

505 *Hay/Hampe,* RIW 1998, 760, 765.

506 Vgl. *Wengler,* JR 1983, 221, 224; *Schack,* IZVR, Rn. 717. Insofern undeutlich *Hay/Hampe,* RIW 1998, 760, 764 f.
Allgemein zur Verfügbarkeit des anderen Forums vgl. bereits oben Kap. 1, IV, 2, a).

507 Soweit die Entscheidungen des *LG München I,* IPRax 1984, 318 und des *OLG München,* IPRax 1984, 319 m. Anm. *Jayme*, IPRax 1984, 303 die Anwendung des *forum non conveniens* entschieden ablehnen, ist zu beachten, dass sie nur den Fall betreffen, dass fremdes Recht *anwendbar* ist. Das Problem der Nichtfeststellbarkeit des ausländischen Rechts war nicht Gegenstand der Verfahren. Insoweit ist den Entscheidungen zuzustimmen. Die hier vertretene Ansicht bezieht sich ausschließlich auf den Fall, dass das kollisionsrechtlich berufene fremde Recht *nicht feststellbar* ist.

dient.[508] Der Schutz des Klägers lässt sich dadurch optimieren, dass man eine Übernahmebereitschaft des ausländischen Forums voraussetzt. In all anderen Fällen, namentlich dann, wenn das ausländische Gericht im Sinne der *forum non conveniens*-Lehre nicht verfügbar ist, scheidet deren Anwendung aus und die Ersatzrechtsordnung richtet sich nach der *lex fori* oder nach einem anderen der hier kurz vorgestellten Lösungsmodelle. Welches davon letztendlich vorzugswürdig ist, kann für die hier vorliegende Untersuchung offen bleiben.

IV. Allgemeine Regel des *forum non conveniens*

Schließlich bleibt zu untersuchen, ob eine Übernahme der *forum non conveniens*-Lehre in Form einer Generalklausel in das deutsche Prozessrecht wünschenswert wäre. Wie bereits erwähnt, findet die Lehre insgesamt einen sehr unterschiedlichen Widerhall.[509] Die Beurteilung ihrer Daseinsberechtigung ist nur im Zusammenhang mit einem konkreten Regelungssystem der internationalen Zuständigkeitsordnung möglich.[510] Ihre Befürwortung für das englische Zivilprozessrecht sagt daher noch nichts über ihre Zweckmäßigkeit für das deutsche Zivilverfahrensrecht aus. Vielmehr muss eine getrennte Betrachtung unter Würdigung der besonderen Konzeption des autonomen deutschen Zuständigkeitssystems erfolgen. Im Folgenden soll deshalb zunächst der Frage nachgegangen werden, inwieweit im deutschen Recht ein Bedarf nach einem Korrektiv in Form einer *forum non conveniens*-Klausel besteht. Sodann werden die jeweiligen Argumente für und gegen seine Akzeptanz in Deutschland näher beleuchtet. An die Untersuchung schließt sich eine zusammenfassende Stellungnahme an.

508 So im Ergebnis auch *Hay/Hampe,* RIW 1998, 760, 765, die aber zutreffend darauf hinweisen, dass das Kriterium der Sach- und Rechtsnähe zu Abwägungsschwierigkeiten führen kann. Denn es ist möglich, dass das ausländische Gericht wegen der Anwendbarkeit seiner eigenen *lex fori* als geeigneter erscheint, das Heimatgericht aber leichteren Zugang zu den Beweismitteln haben kann. In diesen Fällen ist im Wege einer Interessenabwägung die Entscheidung möglichst zugunsten desjenigen Gerichts zu treffen, für das die Ermittlungen lediglich erschwert und nicht ganz aussichtlos sind.
Allgemein zum Stellenwert der möglichen Ersatzrechtsordnungen *Kindl,* ZZP 111 (1998) 177, 199; MünchKommZPO/*Prütting,* § 293 Rn. 65.

509 Hierzu bereits oben Kap. 1, V.

510 Vgl. hierzu bereits oben Kap. 1, V, 3.

1. Gefahr einer missglückten Zuständigkeitswahl

Das autonome deutsche Zuständigkeitsrecht ist geprägt von einem Nebeneinander verschiedener Arten von internationaler und örtlicher Zuständigkeit.[511] Ausschließliche Gerichtsstände, die das Gesetz eigens anordnet, müssen zwingend in Anspruch genommen werden; im Übrigen gilt, dass beim Vorhandensein mehrerer Gerichtsstände der Kläger unter diesen die freie Wahl hat (vgl. § 35 ZPO). Nicht immer sorgt der Zwang der Umstände für eine angemessene Wahl des Klägers. Vielfach kann dem Kläger die Ausübung seines Wahlrechts unabsichtlich misslingen oder er kann es sogar bewusst missbrauchen.[512] Die Gefahr einer verfehlten Zuständigkeitswahl lässt sich nicht mit dem Argument verharmlosen, dass es stets um eine Auswahl zwischen Gerichtsständen geht, die der Gesetzgeber zur Verfügung gestellt hat, denn dies allein bedeutet nicht zwangsläufig, dass alle in einem konkreten Fall verwirklichten Gerichtsstände gleichermaßen zur Entscheidung geeignet sind.

Die einzelnen Gerichtsstände bestehen aus festen Regeln, die sich auf unterschiedliche partei- oder sachbezogene Merkmale stützen. Die Anknüpfungskriterien sollen eine angemessene Berücksichtigung von im Durchschnittsfall typischerweise einschlägigen Zuständigkeitsinteressen gewährleisten. Für dingliche Ansprüche hat der Gesetzgeber beispielsweise einen Gerichtsstand des Belegenheitsortes vorgesehen (§ 24 ZPO), weil dieser hier die Sach- und Vollstreckungsnähe am besten sicherstellen kann. Für Statusangelegenheiten etwa bedient man sich der Staatsangehörigkeit als Anknüpfungskriterium, um das berechtigte Interesse eines Staates zu sichern, über personen- oder familienrechtliche Rechtsstreitigkeiten seiner Bürger selbst zu befinden.[513] Nicht immer passt die konkrete Fallkonstellation perfekt in diese gesetzliche Typenregelung hinein. In vielen Fällen treten die Anknüpfungsbezüge zerstreut und verschieden stark auf; es kommt zur Zuständigkeitskonkurrenz. Diese ist zwar an sich nicht zu beanstanden, kann jedoch unerfreulich werden, wenn der Kläger für seinen Rechtsstreit gerade die Zuständigkeit mit dem schwächsten Bezugspunkt auswählt.[514] So ist es möglich, dass die Klage im Gerichtsstand des Tatortes erhoben wird, während sich der Streit allein um die Höhe des im Wohnsitzstaat beider Parteien entstandenen Schadens dreht und es keine Zeugen am Tatort gibt. Auch beim Gerichts-

511 Zur Unterscheidung zwischen internationaler und örtlicher Zuständigkeit vgl. statt vieler *Schack*, IZVR, Rn. 217.

512 Eingehend hierzu *Schröder*, Internationale Zuständigkeit, S. 487.

513 Vgl. *Schack*, IZVR, Rn. 238.

514 Zum Ganzen *Schröder*, Internationale Zuständigkeit, S. 487 f.

stand für vertragliche Streitigkeiten ist die Sach- und Beweisnähe durch die gesetzliche Zuständigkeitsregelung häufig nur unzureichend gewährleistet.[515]

Fälle dieser Art könnten möglicherweise Raum für die Anwendung einer allgemeinen Regel von *forum non conveniens* bieten. Ob deren Einführung hierzulande angezeigt wäre, ist trotz des vereinzelt nachweisbaren Bedarfs indes fraglich.

2. Einzelfallgerechtigkeit

Zugunsten einer Generalklausel von *forum non conveniens* als Ergänzung des gegenwärtigen Zuständigkeitsrechts lässt sich insbesondere die Einzelfallgerechtigkeit anführen.

Ist ein deutsches Gericht international zuständig, so ist der Richter grundsätzlich gehalten, über den betreffenden Rechtsstreit zu befinden.[516] Dies gilt unabhängig davon, ob der konkrete Fall einen starken oder lediglich einen schwachen Bezug zum Gerichtsstand aufweist. Völlig ohne Bedeutung ist auch, ob eine konkurrierende Zuständigkeit eines ausländischen Forums gegeben ist, das im Hinblick auf Rechts- und Beweisnähe, Effektivität und Prozessökonomie zur Entscheidung über den Streitfall besser geeignet ist. Im Extremfall kann dies dazu führen, dass im Inland ein mühsamer Prozess unter Verwendung vieler Ressourcen stattfindet, obwohl im Ausland über den Rechtsstreit wesentlich zeit- und kostensparender geurteilt werden könnte.

Das vom Gesetzgeber geschaffene Zuständigkeitsmodell ist auf die Anforderungen eines Durchschnittsfalls ausgerichtet und erweist sich als zweckwidrig und ungerecht,[517] wenn ein bezugsschwaches Gericht angerufen wird. Eine *forum non conveniens*-Lehre kann dagegen flexible und an die Besonderheiten des Einzelfalls angepasste Lösungen bieten, indem sie die Verfahrensdurchführung vor dem besser geeigneten Forum ermöglicht. Sie sorgt mithin für eine effektivere Verwirklichung von Zuständigkeitsinteressen im Einzelfall.[518] Die Bedeutung

---

515 Vgl. *Schack,* IZVR, Rn. 224. Als weitreichend und ohne nennenswerten Bezug zum konkreten Streitgegenstand zeigt sich mitunter auch der allgemeine Wohnsitzgerichtsstand nach § 12 ZPO. Weitere Beispiele für Konstellationen, in denen die internationale Zuständigkeit deutscher Gerichte bei einem nur schwachen Bezug zum Inland gegeben ist, finden sich bei *Dorsel,* Forum non conveniens, S. 169 ff.

516 Zur Beachtung von Gerichtsstands- und Schiedsvereinbarungen zugunsten eines ausländischen Gerichts sowie von früherer ausländischer Rechtshängigkeit siehe *Schack,* RabelsZ 58 (1994) 40, 48 ff.

517 Vgl. *Reus,* RIW 1991, 542, 550; *Wahl,* Die verfehlte internationale Zuständigkeit, S. 25.

518 So auch *Dorsel,* Forum non conveniens, S. 172 f.

dieses Vorteils wird deutlich, wenn man bedenkt, wie wichtig die Zuständigkeitsentscheidung für den Ausgang des Verfahrens sein kann, indem sie mittelbar über das anwendbare Recht bestimmt. Darüber hinaus ist es nur im Interesse der Parteien und der Gerechtigkeit, wenn der Rechtsstreit an dem Ort stattfindet, wo der Zugang zu Zeugen und Beweismitteln am besten gewährleistet ist.[519]

Einen weiteren Vorteil der Lehre sieht *Dorsel* darin, dass sie dem Kläger neue Wahlmöglichkeiten eröffne und damit alternative Gerichtsstände begünstige. Erweitere der Gesetzgeber die internationale Zuständigkeit und ermöglicht er gleichzeitig, die Ausübung dieser Zuständigkeit im Einzelfall abzulehnen, so könne die dem Kläger zustehende Rechtsverfolgungsgarantie besser verwirklicht werden.[520] *Dorsel* ist nicht zuzustimmen. Auf den ersten Blick mögen zwar die weiten Zuständigkeitsvorschriften die Wahloptionen des Klägers erweitern, doch werden diese bei einer korrekten Anwendung[521] des *forum non conveniens* wieder entsprechend eingeschränkt. Die Lehre zielt gerade darauf ab, das sachnächste, natürliche Forum zur Streitentscheidung zu finden. Davon wird es in aller Regel nur eines geben. Ein starres Zuständigkeitssystem, wie es das deutsche Verfahrensrecht kennt, erlaubt dagegen grundsätzlich auch einen Prozess vor einem weniger geeigneten Forum, wodurch das Wahlspektrum des Klägers im Ergebnis breiter erscheinen kann als in den *forum non conveniens*-Fällen.

3. Rechtsunsicherheit

Dem Vorteil der Einzelfallgerechtigkeit steht der Nachteil der Rechtsunsicherheit gegenüber. Dass Ermessenserwägungen im Kompetenzrecht eine erhebliche Rechtsunsicherheit mit sich bringen, während ein festes Zuständigkeitssystem dagegen Anwendungsklarheit und damit Rechtssicherheit gewährleistet, wurde bereits bei der allgemeinen Bewertung der Lehre erläutert.[522] Hierauf sei auch an dieser Stelle verwiesen. Speziell in Ansehung des deutschen Rechts bleibt es gesondert hervorzuheben, dass Klarheit, Verlässlichkeit und Vorhersehbarkeit den deutschen Regeln der internationalen Zuständigkeit das wesentliche Gepräge geben.[523] Die festen, in sich geschlossenen Regeln, die auf anerkannten Zuständigkeitsinteressen beruhen, lassen das Bedürfnis nach einem Korrektiv in Form der

519 So auch *Reus,* RIW 1991, 542, 550.

520 *Dorsel,* Forum non conveniens, S. 173 f.

521 Eine eventuelle Gefahr des Ermessensmissbrauchs (vgl. Kap. 1, V, 2) bleibt hier unberücksichtigt.

522 Siehe Kap. 1, V, 3.

523 So auch *Reus,* RIW 1991, 542, 551.

forum non conveniens-Lehre im Regelfall entfallen.[524] Die wenigen – hier erläuterten – gesetzlichen Fälle, die Ermessen bei der Zuständigkeitsbestimmung zulassen, wurden gerade eingeführt, um eine Generalklausel möglichst zu vermeiden.[525] Alle darüber hinausgehenden Unzulänglichkeiten der Zuständigkeitsordnung, die vereinzelt zu Missständen führen können, wurden vom Gesetzgeber bewusst in Kauf genommen.[526] Die Gefahr, dass in seltenen Einzelfällen eine nicht sachgerechte Zuständigkeit begründet wird, wiegt nicht so schwer wie die allgemeine Rechtsunsicherheit, die bei der Übernahme der Lehre vom *forum non conveniens* entstehen würde.[527]

4. Die Ansicht *Wahls*

Wahl stellt in seiner Schrift aus dem Jahr 1974 die These auf, dass eine Übernahme der Lehre vom *forum non conveniens* in das deutsche Recht lediglich eine „sachgerechte Anwendung der Lehre vom Rechtsschutzbedürfnis im Bereich des internationalen Zivilprozesses" wäre.[528]

Das Rechtsschutzbedürfnis bedeutet ein berechtigtes Interesse des Klägers an der Inanspruchnahme des Zivilgerichts, um den begehrten Rechtsschutz zu erreichen. Sein Fehlen führt zur Abweisung der Klage als unzulässig.[529] Nach *Wahl* weist die Lehre vom Rechtsschutzbedürfnis Parallelen zum *forum non conveniens* auf, weil beide Rechtsinstitute dem Richter eine gewisse Entscheidungsfreiheit einräumen, den Prozesszweck in einem konkreten Einzelfall sichern und damit auch auf Zweckmäßigkeitserwägungen wie Kosten, Prozessdauer und Effektivität abstellen würden.[530] Angesichts dieser Vergleichbarkeiten plädiert

---

524 Etwas rigoroser argumentieren *Kropholler,* in: Hdb. IZVR I, Kap. III, Rn. 208 und *Reus,* RIW 1991, 542, 551, die die Übernahme der Lehre in das deutsche Recht als ein „aliud" bezeichnen würden. *Schack,* RabelsZ 58 (1994) 40, 46, spricht in dem Zusammenhang von einem „Systembruch".

525 So auch *Reus,* RIW 1991, 542, 551.

526 Vgl. *Kropholler,* in: Hdb. IZVR I, Kap. III, Rn. 208; *Schröder,* Internationale Zuständigkeit, S. 488.

527 *Kropholler,* in: Hdb. IZVR I, Kap. III, Rn. 209; *ders.* IPR, § 58 VII 2 b); *Schack,* IZVR, Rn. 568; *Schütze,* ZZP 88 (1975) 478, 479.

528 *Wahl,* Die verfehlte internationale Zuständigkeit, S. 115, 119 ff. Zustimmend *Jayme,* StAZ 1975, 91, 93 f.; kritisch *Geimer,* IZPR, Rn. 1074 f.; *Kropholler,* in: Hdb. IZVR I, Kap. III, Rn. 208; *Dorsel,* Forum non conveniens, S. 175 f.; *Cohn,* AcP 175 (1975) 372 ff; *Schütze,* ZZP 88 (1975) 478 ff.

529 Thomas/Putzo/*Reichhold,* ZPO, Vorbem. § 253 Rn. 26; MünchKommZPO/*Becker-Eberhard,* Vor §§ 253 ff. Rn. 11; Musielak/*Foerste,* ZPO, vor § 253 Rn. 7; Zöller/*Greger,* ZPO, Vor § 253 Rn. 18.

530 *Wahl,* Die verfehlte internationale Zuständigkeit, S. 119 f.

Wahl für eine Ausweitung der Lehre vom Rechtsschutzbedürfnis. Sie solle nicht nur – wie bisher – nach der Verwertbarkeit des Urteils, sondern darüber hinaus danach fragen, ob „im Vergleich zu anderen Gerichtsständen der inländische noch als geeignet anzusehen ist, im konkreten Fall Prozessökonomie, Verfahrensgerechtigkeit und richtige Beurteilung des Sachverhalts zu gewährleisten".[531] Nur so ließe sich ein „richtiges Urteil durch ein gerechtes Verfahren" erzielen.[532] Die Regeln über die internationale Zuständigkeit können nach *Wahl* nur „Vermutungen begründen, dass das inländische Gericht zur Verwirklichung des allgemeinen Prozesszwecks geeignet ist".[533]

Unabhängig von den allgemeinen Einwänden gegen die Übernahme des *forum non conveniens* ins deutsche Recht ist die von *Wahl* vorgeschlagene Lesart der Lehre vom Rechtsschutzbedürfnis abzulehnen. Beim Rechtsschutzbedürfnis geht es allgemein um die Frage, ob eine Prozessführung als solche überhaupt sinnvoll ist.[534] Niemand soll die Gerichte unnütz bemühen oder ein gerichtliches Verfahren zur Verfolgung nicht schutzwürdiger Ziele ausnutzen.[535] Alleine die Wahrscheinlichkeit, dass ein ausländisches Gericht eine „richtigere Entscheidung"[536] treffen könnte, lässt das Bedürfnis des Klägers nach Rechtsschutz nicht entfallen. Die von *Wahl* vorgeschlagene Ausweitung des Anwendungsbereichs der Lehre vom Rechtsschutzbedürfnis lässt sich mithin mit der Grundkonzeption der Rechtschutzgewährung im deutschen Recht nicht vereinbaren.

5. Verfassungsrechtliche Bedenken

a) Grundsatz des gesetzlichen Richters

In der Literatur wird teilweise die Ansicht vertreten, dass einer Übernahme der *forum non conveniens*-Lehre ins deutsche Recht der in Art. 101 Abs. 1 Satz 2 GG

531 *Wahl,* Die verfehlte internationale Zuständigkeit, S. 126.

532 *Wahl,* Die verfehlte internationale Zuständigkeit, S. 123 ff.

533 *Wahl,* Die verfehlte internationale Zuständigkeit, S. 126.

534 Im Unterschied hierzu ist im Anwendungsbereich der *forum non conveniens*-Lehre eine sinnvolle Prozessführung vor dem angerufenen Gericht möglich, sie ist nur unter Umständen erschwerter als vor einem alternativen Forum. Die von *Wahl* behauptete Vergleichbarkeit beider Institute ist daher höchst fraglich. Kritisch auch *Dorsel,* Die verfehlte internationale Zuständigkeit, S. 176; *Cohn,* AcP 175 (1975) 372, 374.

535 *BGH* NJW 1970, 2023, 2024; *BGH* NJW 1978, 2031, 2032; MünchKommZPO/*Becker-Eberhard,* Vor §§ 253 ff. Rn. 11.

536 *Wahl,* Die verfehlte internationale Zuständigkeit, S. 123.

verankerte Grundsatz des gesetzlichen Richters entgegenstehen würde.[537] Gemäß dieser Garantie[538] darf niemand seinem gesetzlichen Richter entzogen werden, was so viel bedeutet, dass die Zuständigkeit eines Richters für einen konkreten Fall im voraus abstrakt-generell bestimmt sein muss; dieser muss „blindlings" aufgrund allgemeiner Merkmale dem entscheidenden Richter zugeordnet werden können.[539] Ziel der Norm ist es, der Gefahr vorzubeugen, dass die rechtsprechenden Organe durch Manipulation – sei es durch die Justiz selbst, sei es durch die anderen Staatsgewalten – sachfremden Einflüssen ausgesetzt werden.[540]

Daraus folgt indessen nicht, dass der Gesetzgeber den Richter stets endgültig bestimmen muss;[541] in der Praxis wäre dies auch gar nicht möglich. Um das Spannungsverhältnis zwischen Rechtssicherheit und materieller Gerechtigkeit zum Ausgleich zu bringen, bedarf es gerichtlicher Zuständigkeiten, die einerseits den „gesetzlichen Richter" voraussehbar bestimmen und andererseits der Eigenheit des betroffenen Rechtsgebiets und dem Einzelfall gerecht werden.[542] Daraus folgt, dass auch „bewegliche Zuständigkeiten" mit der Garantie des Art. 101 Abs. 1 Satz 2 GG vereinbar sind, solange sie so beschaffen sind, dass sachfremde Einflüsse verhindert werden.[543] Auch unbestimmte Begriffe sind zulässig, solange sie nicht so unbestimmt sind, dass sie gegen das rechtsstaatliche Gebot der Normenklarheit verstoßen oder gar unpraktikabel sind.[544] Ihre Auslegung lässt kein Ermessen zu und begründet auch kein echtes „Wahlrecht"; darüber hinaus unterliegt die Auslegung von unbestimmten Rechtsbegriffen in vollem Umfang der gerichtlichen Nachprüfung.[545] Nach Maßgabe dieser Rechtsprechung würde eine *forum non conveniens*-Regel gegen das Gebot des gesetzlichen Richters nicht verstoßen, wenn sie die Voraussetzungen, unter denen die Gerichte ihre

537 *Erwand,* Forum non conveniens und EuGVÜ, S. 99; *Geimer,* FS Schwind, S. 17, 23; *Schlosser,* IPRax 1983, 285, 286; *Schütze,* DWiR 1991, 239, 242; *Ultsch,* MittBayNot 1995, 6, 13.

538 Entsprechend der Gleichstellung in Art. 93 Abs. 1 Nr. 4a GG handelt es sich hierbei um ein *grundrechtsähnliches* Recht, vgl. Maunz/Dürig/*Maunz,* GG, Art. 101 Rn. 6.

539 *BVerfG* NJW 1997, 1497, 1489. Zu eng erscheint dagegen die Lesart von *Dorsel,* Forum non conveniens, S. 178, wonach Art. 101 Abs. 1 Satz 2 GG in erster Linie vor einer „Richterverdrängung" schütze, die aber nicht angenommen werden könne, wenn der Richter seine Zuständigkeit selbst ablehnt. Ein Eingriff in den Schutzbereich des Art. 101 Abs. 1 Satz 2 GG ist vielmehr gegeben, wenn die internationale Zuständigkeit dem richterlichen Ermessen überlassen wird und damit eine Möglichkeit zum willkürlichen Manipulieren besteht, vgl. Maunz/Dürig/*Maunz,* GG, Art. 101 Rn. 27.

540 *BVerfG* NJW 1997, 1497, 1498; BVerfGE 17, 294, 299; BVerfGE 82, 286, 296.

541 Deutlich BVerfGE 9, 223, 226.

542 BVerfGE 9, 223, 227.

543 BVerfGE 9, 223, 227; vgl. auch BVerfGE 20, 336, 344.

544 BVerfGE 9, 223, 229.

545 BVerfGE 9, 223, 229.

Zuständigkeit ablehnen dürfen, hinreichend konkret umschreiben würde.[546] Wie *Kropholler* zutreffend bemerkt, ist dies am ehesten möglich, wenn man spezielle *forum non conveniens*-Klauseln für einzelne Rechtsgebiete wie Adoptions- oder Vormundschaftssachen zu erstellen versucht.[547]

b) Justizgewährungsanspruch

Verfassungsrechtliche Bedenken gegen eine allgemeine *forum non conveniens*-Regel im deutschen Prozessrecht sollen sich darüber hinaus aus dem allgemeinen Justizgewährungsanspruch ergeben.[548] Dieser gewährleistet das Offenstehen des Rechtsweges für privatrechtliche Streitigkeiten[549] und wurde vom *BVerfG* aus dem Rechtsstaatsprinzip abgeleitet.[550] Der Justizgewährungsanspruch umfasst „das Recht auf Zugang zu den Gerichten und eine grundsätzlich umfassende tatsächliche und rechtliche Prüfung des Streitgegenstandes sowie eine verbindliche Entscheidung durch den Richter".[551]

Allgemein gilt, dass der inländische Justizgewähranspruch von der Stärke des Inlandbezugs einer Streitigkeit abhängt.[552] Bei reinen Inlandsfällen wird man ein Rechtspflegebedürfnis und damit einen Anspruch auf Justizgewährung bejahen müssen. Jenseits solcher Fälle ist jedoch völlig unklar, wie viel Inlandsbezug notwendig ist, um den Zugang zu inländischen Gerichten verfassungsrechtlich zu sichern. *Geimer* hat den Versuch unternommen, die Frage zu beantworten. Gleichzeitig hat er jedoch auf die seiner Einschätzung nach nur „sehr mageren" Ergebnisse seiner Untersuchung hingewiesen.[553] Dennoch erscheinen die gewonnenen Erkenntnisse wertvoll und können wie folgt zusammengefasst werden: Die Verfassung gebietet den Zugang zu den inländischen Gerichten nicht schon dann, wenn der Kläger Inländer ist. Umgekehrt schließt die Ausländereigen-

546 Vgl. auch *Dorsel,* Forum non conveniens, S. 179; *Reus,* RIW 1991, 542, 552; *Schack,* IZVR, Rn. 565; *Schröder,* Internationale Zuständigkeit, S. 490.

547 *Kropholler,* in: Hdb. IZVR I, Kap. III, Rn. 210; ähnlich *Reus,* RIW 1991, 542, 552.

548 KGR Berlin 2001, 401. Deutlich *Nagel/Gottwald,* IZPR, § 3 Rn. 310; *Ultsch,* MittBayNot 1995, 6, 13. Für den Fall einer Klageabweisung *Erwand,* Forum non conveniens und EuGVÜ, S. 93.

549 Den Rechtsschutz gegen Rechtsverletzungen durch die öffentliche Gewalt regelt Art. 19 Abs. 4 GG.

550 BVerfGE 85, 337, 345; BVerfGE 88, 118, 123; BVerfGE 93, 99, 107; BVerfGE 97, 169, 185. A.A. *Schlosser,* IPRax 1983, 285, wonach der Anspruch jeweils aus dem thematisch betroffenen Grundrecht selbst hergeleitet wird. Kritisch hierzu *Geimer,* FS Schwind, S. 17, 31.

551 BVerfGE 85, 337, 345.

552 *Geimer,* FS Schwind, S. 17, 32.

553 *Geimer,* FS Schwind, S. 17, 34.

schaft den einschlägigen Inlandsbezug nicht aus.[554] Entsprechendes gilt auch in Ansehung des Wohnsitzes bzw. des gewöhnlichen Aufenthaltes des Klägers oder des Beklagten im Gerichtsstaat. Beide genügen nicht und sind nicht geeignet, den Umfang des verfassungsmäßigen Rechts auf Justizgewährung zu beschreiben.[555] Nicht aussagekräftig und daher irrelevant bleibt überdies der Umstand, ob in der Sache deutsches oder ausländisches Recht zur Anwendung kommt.[556] Als brauchbares Kriterium nennt *Geimer* schließlich das Vermögen des Schuldners im Inland. Dieses reiche nach seiner Ansicht alleine aus, um den verfassungsrechtlich verbürgten Anspruch auf Zugang zu inländischen Gerichten zu begründen.[557]

Unabhängig von diesen Regeln lässt sich festhalten, dass der Anspruch auf Justizgewährung umso schwächer wird, je schwächer der Inlandsbezug eines Falles ist und damit die Gefahr der Verletzung des inländischen Rechtsfriedens.[558] Die *forum non conveniens*-Fälle sind gekennzeichnet durch eine geringe – oft gar nur eine minimale – Rechts- und Sachnähe zum angerufenen Gericht. In solchen Fällen wird es kaum verfassungsrechtlich geboten sein, eine Sachentscheidung durch die inländischen Gerichte zu sichern. Des Weiteren ist zu beachten, dass die englische *forum non conveniens*-Lehre den Verlust eines legitimen Klägervorteils nicht erlaubt, wodurch eine zusätzliche Absicherung des Justizgewährungsanspruchs gewährleistet ist. Bei Übernahme der Lehre nach dem englischen Vorbild wären Konflikte mit dem Anspruch auf Justizgewährung mithin nicht zu befürchten.

V. Zusammenfassung zum zweiten Kapitel

Kurz zusammengefasst lässt sich Folgendes festhalten: Die *forum non conveniens*-Lehre hat auch im deutschen autonomen Zivilverfahrensrecht ihren Niederschlag gefunden. Der Gedanke der Ermessensausübung bei der Bestimmung der Zuständigkeit ist insbesondere im Verfahren nach dem FamFG zur Regelung von Dauerverhältnissen – wie etwa Adoption oder Sorgerecht – nicht ganz unbekannt. Die Praxis ist sinnvoll, da Entscheidungen auf diesem Gebiet oft eine Nähebeziehung zwischen den Parteien und dem Gericht erfordern. Überdies können Elemente des *forum non conveniens* in die Auslegung gesetzlicher Zuständig-

554 *Geimer,* FS Schwind, S. 17, 34; *ders.,* IZPR, Rn. 1946. So auch *Ultsch,* MittBayNot 1995, 6, 11 f.

555 *Geimer,* FS Schwind, S. 17, 35 ff.

556 *Geimer,* FS Schwind, S. 17, 35; *ders.,* IZPR, Rn. 1955 f.

557 Vgl. hierzu bereits oben Fn. 449.

558 *Reus,* RIW 1991, 542, 552.

keitsvorschriften einfließen. So lässt sich etwa mithilfe von Kriterien der Partei- und Beweisnähe das von der Rechtsprechung zur Einschränkung des Vermögensgerichtsstands entwickelte Tatbestandsmerkmal des hinreichenden Inlandsbezugs näher konkretisieren. Ein ähnlicher Ansatz ist auch im Bereich der Feststellung der internationalen Zuständigkeit nach § 343 FamFG zu empfehlen. Schließlich kann sich ein deutsches Gericht, das das kollisionsrechtlich anzuwendende Recht nicht ermitteln kann, nach der hier vertretenen Ansicht für *forum non conveniens* erklären, wenn in dem ausländischen Staat, dessen Recht anwendbar ist, eine Zuständigkeit eröffnet ist und die ausländischen Gerichte übernahmebereit sind. Es ist nicht auszuschließen, dass künftig weitere Ansätze der Lehre im deutschen Recht hinzukommen.

Diese Ansätze dürfen indes nicht als ein Indiz für das Bedürfnis nach einer allgemeinen Regel des *forum non conveniens* im deutschen Recht verstanden werden. Vielmehr müssen sie absolute Ausnahmen bleiben.[559] Zwar stünden verfassungsrechtliche Gebote einer generalklauselartigen Übernahme der Lehre nicht grundsätzlich im Wege, wenn ihre Anwendungsvoraussetzungen hinreichend konkretisiert würden. Für eine derartige Generalklausel findet sich im deutschen autonomen Zuständigkeitsrecht jedoch kein Platz. Die festen Zuständigkeitsregeln können im Regelfall die einschlägigen Zuständigkeitsinteressen angemessen berücksichtigen und im Übrigen genießt nach der Konzeption des deutschen internationalen Zivilverfahrensrechts die Rechtssicherheit Vorrang vor der Einzelfallgerechtigkeit.

Gesondert hinzuweisen bleibt schließlich darauf, dass die hier behandelten Grundsätze nur einen sehr begrenzten Anwendungsbereich haben. Mit zunehmender Vereinheitlichung des internationalen Zuständigkeitsrechts verlieren die autonomen deutschen Zuständigkeitsvorschriften immer mehr an Bedeutung. So ist im Bereich des Kindschaftsrechts vorranging das Haager Minderjährigenschutzabkommen (MSA) von 1961 zu beachten.[560] Dieses soll künftig durch das Haager Kinderschutzübereinkommen (KSÜ) von 1996 abgelöst werden.[561] Das

559 Vgl. auch *Reus,* RIW 1991, 542, 553.

560 Haager Übereinkommen über die Zuständigkeit der Behörden und das anzuwendende Recht auf dem Gebiet des Schutzes von Minderjährigen vom 5. 10. 1961, BGBl. 1971 II, S. 217; englischer und französischer Text abrufbar unter http://www.hcch.net (zuletzt abgerufen am 26. 2. 2012); deutsche Übersetzung in *Jayme/Hausmann,* Internationales Privat- und Verfahrensrecht, Nr. 52.

561 Haager Übereinkommen über die Zuständigkeit, das anzuwendende Recht, die Anerkennung, Vollstreckung und Zusammenarbeit auf dem Gebiet der elterlichen Verantwortung und der Maßnahmen zum Schutz der Kinder vom 19. 10. 1996, englischer und französischer Text abrufbar unter http://www.hcch.net (zuletzt abgerufen am 26. 2. 2012); deutsche Übersetzung in *Jayme/Hausmann,* Internationales Privat- und Verfahrensrecht, Nr. 53.

MSA – bzw. demnächst das KSÜ – wird zwischen den Mitgliedstaaten der EU[562] in seinem Anwendungsbereich durch die Brüssel II *bis*-VO erheblich eingeschränkt.[563] Die Vorschrift des § 99 FamFG kommt mithin nur dann zur Anwendung, wenn das Kind seinen gewöhnlichen Aufenthalt in einem Drittstaat hat, der kein Vertragsstaat des MSA oder künftig des KSÜ ist. Hierzu gehören beispielsweise Dänemark und die USA. Die autonomen deutschen Zuständigkeitsvorschriften werden darüber hinaus im großen Umfang vor allem durch die Brüssel I-VO eingeschränkt.[564] Weitere Rechtsakte der Europäischen Gemeinschaft mit Regelungen der internationalen Zuständigkeit sind zu erwarten.[565] Ob und inwieweit der *forum non conveniens*-Lehre eine Bedeutung auch im Anwendungsbereich des europäischen Zivilverfahrensrecht zukommt, bleibt es im folgenden Abschnitt zu untersuchen.

---

562 Ausgenommen ist hierbei Dänemark. Dieses nimmt nach Art. 1 und 2 des Protokolls (über die Position Dänemarks) zum Vertrag über die EU und zum Vertrag über die Gründung der EG (BGBl. 1998 II, S. 432) an Gemeinschaftsrechtsakten auf dem Gebiet der Justiz- und Innenpolitik derzeit nicht teil.

563 Vgl. Art. 60 lit. a bzw. Art. 61 Brüssel II *bis*-VO.

564 Auf Sachverhalte mit Berührungspunkten zu Island, Norwegen und der Schweiz ist das Luganer Übereinkommen über die gerichtliche Zuständigkeit und die Vollstreckung gerichtlicher Entscheidungen in Zivil- und Handelssachen vom 30. 10. 2007 anwendbar, ABl. EU 2009 Nr. L 147, S. 5, abgedruckt bei *Jayme/Hausmann,* Internationales Privat- und Verfahrensrecht, Nr. 152. Im Verhältnis zu Dänemark gilt das Brüsseler Übereinkommen über die gerichtliche Zuständigkeit und die Vollstreckung gerichtlicher Entscheidungen in Zivil- und Handelssachen vom 19. 10. 2005 (ABl. EU 2007 Nr. L 339, S. 3).

565 Die Verordnung (EG) Nr. 4/2009 über die Zuständigkeit, das anwendbare Recht, die Anerkennung und Vollstreckung von Entscheidungen und die Zusammenarbeit in Unterhaltssachen vom 18. 12. 2008 ist am 31. 1. 2009 in Kraft getreten. Sie ist seit dem 18. 6. 2011 anwendbar. Für eine Erbrechtsverordnung liegt inzwischen ein Vorschlag der EU-Kommission vom 14. 10. 2009 vor, KOM (2009) 154 endg. Vgl. Kap. 3, II, 4. Hierzu *Kindler,* IPRax 2010, 44 ff.; *Süß,* ZErb 2009, 342 ff.

Drittes Kapitel: Die *forum non conveniens*-Lehre im europäischen Zivilprozess

Die Integration verfahrensrechtlicher Instrumente des englischen *common law* in das kontinentaleuropäisch geprägte Zuständigkeitssystem der Brüssel I-VO gehört derzeit zu den spannendsten Entwicklungen des europäischen Zivilverfahrensrechts.[566] Der *EuGH* hatte am 1. März 2005 in seiner Entscheidung *Owusu ./. Jackson*[567] die Gelegenheit, diese Entwicklung im Hinblick auf das Rechtsinstitut des *forum non conveniens* zu ergänzen und entschied sich gegen seine Anwendbarkeit im europäischen Verfahrensrecht. Die Entscheidung überraschte wenig, folgte der *EuGH* doch im Wesentlichen den aus der bisherigen Diskussion bereits bekannten Argumenten. Umso überraschender erschien es aber, dass die europäische Verordnung in Ehe- und Kindschaftssachen – die sog. Brüssel II *bis*-VO –, die an demselben Tag in Kraft trat, in ihrem Art. 15 eine Regelung enthält, die oft als eine europarechtliche Ausprägung des *forum non conveniens* verstanden wird. Bereits diese beiden Entwicklungen genügen, um die enorme Dynamik[568] des europäischen Zivilverfahrensrechts zu verdeutlichen. Im Folgenden gilt es zunächst, die Rechtsprechung im *Owusu*-Fall darzustellen und ihre Motive eingehend zu untersuchen. Im zweiten Schritt soll der Frage nach der verbleibenden Bedeutung der Lehre für den europäischen Zivilprozess nachgegangen werden, wobei insbesondere die Regelung des Art. 15 Brüssel II *bis*-VO beleuchtet werden soll, um auf diese Weise eine Verständnisbasis für die bemerkenswerten Reaktionen der Rechtsprechung einerseits und des Verordnungsgebers andererseits zu schaffen.

566 Vgl. *Dutta/Heinze*, ZEuP 2005, 428, 431.

567 *EuGH*, Urt. v. 1. 3. 2005, Rs. C-281/02 – *Owusu ./. Jackson u.a.*, Slg. 2005, I-1383 = EuZW 2005, 345.

568 *Blobel*, GPR 2005, 140, 142. Vgl. auch *Hess*, EuZPR, S. VII.

I. Zulässigkeit des *forum non conveniens* im Rahmen des EuGVÜ bzw. nunmehr der Brüssel I-VO

1. Systematische Einordnung der Fragestellung

Die Problematik, ob englische Gerichte ein Verfahren auch dann aufgrund der *forum non conveniens*-Doktrin aussetzen können, wenn sich ihre Zuständigkeit auf das Europäische Gerichtsstands- und Vollstreckungsübereinkommen vom 27. September 1968 (EuGVÜ) bzw. nunmehr die Brüssel I-VO stützt, war jahrelang Gegenstand einer kontroversen Diskussion.[569] Sie korrespondiert mit der Frage der Anwendbarkeit der europäischen Zuständigkeiten in Fällen mit Drittstaatenbezug. Die Drittstaatenproblematik hat ihre Ursache wiederum darin, dass das EuGVÜ bzw. die Brüssel I-VO lediglich positiv bestimmen, wann die Zuständigkeit vertrags- bzw. mitgliedstaatlicher Gerichte eröffnet ist. Eine zentrale Stellung nimmt hierbei der Gerichtsstand am Beklagtenwohnsitz ein (Art. 2 Abs. 1 EuGVÜ/Brüssel I-VO), von dem gemäß Art. 3 Abs. 1 EuGVÜ/Brüssel I-VO nur nach Maßgabe der Art. 5 bis 18 EuGVÜ bzw. Art. 5 bis 24 Brüssel I-VO abgewichen werden kann. Danach kommt entweder ein besonderer Gerichtsstand zum Beklagtenwohnsitz hinzu (z.B. Art. 5 oder 6 EuGVÜ/Brüssel I-VO) oder es liegt ein ausschließlicher Gerichtsstand nach Art 16 f. EuGVÜ bzw. Art. 22 oder 23 Abs. 1 Satz 2 Brüssel I-VO vor, der die Grundregel des Art. 2 gänzlich verdrängt. Die Regelwerke sagen hingegen nichts darüber aus, wann in negativer Hinsicht die europäischen Zuständigkeiten zum Vorteil der Gerichte eines Drittstaates begrenzt sind.[570] Dass die *forum non conveniens*-Lehre nicht eingreift, wenn das alternative Forum in einem Vertrags- bzw. Mitgliedstaat liegt, galt bereits in der älteren Rechtsprechung und Literatur weitgehend als unbestritten.[571] Ihre Zulassung würde in diesem Fall einen direkten Eingriff in die eu-

569 Vgl. *Huber,* Die englische forum-non-conveniens-Doktrin und ihre Anwendung im Rahmen des Europäischen Gerichtsstands- und Vollstreckungsübereinkommens, S. 156 ff.; *dens.*, RIW 1993, 977 ff.; *Erwand,* Forum non conveniens und EuGVÜ, S. 185 ff.; *Niegisch,* Mehrspurigkeit des Internationalen Zivilverfahrensrechts in den Mitgliedstaaten der Europäischen Gemeinschaft am Beispiel des Vereinigten Königreiches – Die Doktrin *forum non conveniens* und das EuGVÜ, S. 206 ff.; *Thiele,* RIW 2002, 696 ff.; *Duintjer Tebbens,* FS Voskuil, S. 47.

570 Eingehend hierzu *Heinze/Dutta,* IPRax 2005, 224.

571 *The „Po"* [1991] 2 Lloyd's Rep. 206, 213 (*C.A.*); *Haji-Ioannou v. Frangos* [1999] 2 Lloyd's Rep. 337, 346 (*C.A.*); *Cheshire/North/Fawcett,* S. 321; *Dicey, Morris and Collins,* Rn. 12-015; *Schlosser*-Bericht, ABl. EG 1979 Nr. C 59, S. 71 Rn. 76 ff.; Wieczorek/Schütze/*Hausmann,* ZPO, vor Art. 2 EuGVÜ Rn. 23; MünchKommZPO/*Gottwald,* Art. 2 EuGVO Rn. 9; *Kropholler,* vor Art. 2 Rn. 20.

ropäische Zuständigkeitsordnung bedeuten.[572] Dies hat auch der englische Gesetzgeber erkannt und in section 49 Civil Jurisdiction und Judgments Act 1982 folgende Bestimmung getroffen:

> „Nothing in this Act shall prevent any court in the United Kingdom from staying, sisting, striking out or dismissing any proceedings before it, on the ground of *forum non conveniens* or otherwise, where to do so is not inconsistent with the 1968 Convention".

In Fallkonstellationen, in denen die Anwendbarkeit des EuGVÜ bzw. der Brüssel I-VO fraglich war, also dann wenn der Rechtsstreit nur Berührungspunkte zu einem Drittstaat, nicht aber zu einem weiteren Vertrags- bzw. Mitgliedstaat aufwies, blieb jedoch unklar, ob diese Regelung einschlägig ist und die englischen Richter tendierten weiterhin zum Rückgriff auf *forum non conveniens.* Die Praxis durfte den kontinentaleuropäischen Juristen zumindest vom Ergebnis her nicht allzu sehr überrascht haben, denn auch hierzulande wurde die Anwendbarkeit des EuGVÜ/der VO in Drittstaatenfällen überwiegend abgelehnt. Der hier vertretene Ansatz unterschied sich allerdings vom englischen insofern, als er nicht die Zuständigkeit durch Rückgriff auf nationales Recht, sondern durch eine teleologische Reduktion der einschlägigen Vorschriften begrenzen sollte (sog. Reduktionslehre).[573] Zu beiden Ansätzen hat der *EuGH* in der Entscheidung *Owusu* im Hinblick auf das EuGVÜ Stellung genommen. Diese Entscheidung ist aufgrund der unverändert gebliebenen Vorschrift des Art. 2 EuGVÜ (nunmehr Art. 2 Brüssel I-VO) und des hinzugekommenen Erwägungsgrundes 8 der Verordnung auf die Brüssel I-VO übertragbar.[574]

2. Englische Rechtsprechung bis zur *Owusu*-Entscheidung des *EuGH*

Die Frage, ob und inwieweit die Vorschriften der Art. 2 ff. EuGVÜ mittels der *forum non conveniens*-Lehre eingeschränkt werden können, befasste die engli-

---

572 Vgl. *Thiele,* RIW 2002, 696 f.; ferner die ausführlichen Darstellungen bei *Huber,* Die englische forum-non-conveniens-Doktrin und ihre Anwendung im Rahmen des Europäischen Gerichtsstands- und Vollstreckungsübereinkommens, S. 168 ff.; *dems.,* RIW 1993, 977, 978 ff.; *Erwand,* Forum non conveniens und EuGVÜ, S. 206 ff.; *Niegisch,* Mehrspurigkeit des Internationalen Zivilverfahrensrechts in den Mitgliedstaaten der Europäischen Gemeinschaft am Beispiel des Vereinigten Königreiches – Die Doktrin *forum non conveniens* und das EuGVÜ, S. 210 ff.

573 BGHZ 134, 127, 133; BGHZ 109, 29, 34; Wieczorek/Schütze/*Hausmann,* ZPO, Vor Art. 2 EuGVÜ Rn. 10; Stein/Jonas/*Roth,* ZPO, vor § 12, Rn. 32; *Samtleben,* NJW 1974, 1590, 1593; *Piltz,* NJW 1979, 1071, 1072; a.A. *Thiele,* RIW 2002, 696, 699; *Huber,* RIW 1993, 977, 981.

574 Der Begriff „Vertragsstaat" muss allerdings durch „Mitgliedstaat" ersetzt werden. Vgl. Kropholler/*von Hein,* EuZPR, vor Art. 2 Rn. 20.

schen Gerichte bereits lange Zeit vor der *Owusu*-Entscheidung. Sie wurde zum Teil sehr unterschiedlich beurteilt.

a) Die Entscheidungen *S. & W. Berisford v. New Hampshire Insurance* und *Arkwright v. Bryanston*

In dem Fall *S. & W. Berisford*[575] aus dem Jahr 1989 machten eine englische Gesellschaft und ihre amerikanische Tochter Ansprüche aus einem Versicherungsvertrag gegen eine amerikanische Versicherungsgesellschaft geltend. Die internationale Zuständigkeit der englischen Gerichte folgte aus Art. 8 Abs. 2 i.V.m. Abs. 1 EuGVÜ, da die Streitigkeit aus dem Betrieb der Beklagten in ihrer Londoner Niederlassung resultierte und diese daher diesbezüglich so behandelt werden konnte, wie wenn sie einen Sitz in England hätte. Die Beklagte beantragte die Aussetzung des Verfahrens mit dem Argument, dass die Gerichte von New York zur Entscheidung über den Fall besser geeignet seien.

Bei der Beantwortung der Frage, ob das nach dem EuGVÜ zuständige Gericht das Verfahren aufgrund des *forum non conveniens* aussetzen durfte, ging der Richter in erster Linie von der Regelung in section 49 Civil Jurisdiction and Judgments Act 1982 aus und stellte im Ergebnis die dort normierte Unvereinbarkeit eines *stay* mit dem Übereinkommen fest. Hierfür nannte er drei Gründe: Zum einen enthalte der Wortlaut des EuGVÜ keine Hinweise auf die Anwendbarkeit des *forum non conveniens.*[576] Zum anderen lehne der *Schlosser*-Bericht die Heranziehung nationaler Ermessensgesichtspunkte im Rahmen des EuGVÜ ab.[577] Und schließlich würde die Zulassung der Lehre der Einheitlichkeit der Rechtsanwendung und dem Harmonisierungszweck des Übereinkommens zuwiderlaufen. Insgesamt gäbe es keinen Platz für die *forum non conveniens*-Doktrin im Rahmen des EuGVÜ.[578]

Bei *Arkwright v. Bryanston*[579] aus dem Jahr 1990 handelte es sich demgegenüber um eine *lis alibi pendens*-Konstellation. Die Klägerin, eine amerikanische Versicherungsgesellschaft klagte gegen mehrere Beklagte auf Zahlungen aus

575 *S. & W. Berisford Plc. and NGI International Precious Metals Inc. v. New Hampshire Insurance Co.* [1990] 1 Lloyd's Rep. 454.

576 *S. & W. Berisford Plc. and NGI International Precious Metals Inc. v. New Hampshire Insurance Co.* [1990] 1 Lloyd's Rep. 454, 462.

577 *S. & W. Berisford Plc. and NGI International Precious Metals Inc. v. New Hampshire Insurance Co.* [1990] 1 Lloyd's Rep. 454, 462. Vgl. auch *Schlosser*-Bericht, ABl. EG 1979 Nr. C 59, S. 71 Rn. 76 ff.

578 *S. & W. Berisford Plc. and NGI International Precious Metals Inc. v. New Hampshire Insurance Co.* [1990] 1 Lloyd's Rep. 454, 462 f.

579 *Arkwright Mutual Insurance Co. v. Bryanston Insurance Co. Ltd.* [1990] 2 Lloyd's Rep. 70. Vgl. hierzu bereits oben Kap. 1, IV, 2, b), aa), (5), (a).

Rückversicherungsverträgen. Es war unumstritten, dass sämtliche Beklagte als in England ansässig behandelt werden konnten, so dass eine Zuständigkeit nach dem EuGVÜ eröffnet war.[580] Kurz vor der Einleitung des englischen Verfahrens hatten die Beklagten eine negative Feststellungsklage hinsichtlich ihrer Haftung vor einem New Yorker Gericht erhoben. Vor dem englischen Gericht begehrten sie sodann die Aussetzung unter Berufung auf *forum non conveniens* und die anderweitig rechtshängige Klage. Die Rechtshängigkeitsvorschriften des EuGVÜ (Art. 21 ff. EuGVÜ) waren im vorliegenden Fall nicht anwendbar, da sich das alternative Forum nicht in einem Vertragsstaat befand.

In der Urteilsbegründung folgte der zuständige Richter im Ergebnis der Entscheidung in *S. & W. Berisford* und ergänzte, dass ihre Aussage auch für Fälle einer *lis alibi pendens* in einem Drittstaat gelten müsse. Er betonte nochmals, dass die Hauptanliegen des Übereinkommens, namentlich Rechtssicherheit und Homogenität der Rechtsanwendung durch Zulassung von Ermessen stark beeinträchtigt würden. Demnach besitze das Gericht keine Handhabe, seine nach dem EuGVÜ begründete Zuständigkeit aus *forum non conveniens*-Gründen zugunsten eines Nichtvertragsstaates zu versagen.[581]

Kurz zusammengefasst lässt sich festhalten, dass nach dieser Rechtsprechung *forum non conveniens*-Erwägungen im Anwendungsbereich des EuGVÜ grundsätzlich nicht zulässig waren. In beiden Fällen handelte es sich um Sachverhalte mit Drittstaatenbezug. Die *S. & W. Berisford*-Entscheidung erörterte die Frage der Zulässigkeit einer Zuständigkeitsbegrenzung ganz allgemein, ohne zu unterscheiden, ob das alternative Forum in einem Drittstaat liegt oder nicht. In dem *Arkwright*-Urteil wurde dagegen die Frage ausdrücklich in Ansehung einer im Drittstaat rechtshängigen alternativen Klage diskutiert und im gleichen Sinne wie in *S. & W. Berisford* entschieden. Diese Haltung der Gerichte wehrte indes nicht lange. Denn bereits im Jahr 1991 brachte die *Harrods*-Entscheidung des *Court of Appeal* eine völlige Kehrtwende mit sich.

b) *In Re Harrods (Buenos Aires)*

In *Harrods*[582] handelte es sich um eine gesellschaftsrechtliche Streitigkeit. Die Klägerin war eine in der Schweiz ansässige Minderheitsgesellschafterin der Gesellschaft *Harrods*. Diese wurde in England gegründet und registriert, hatte aber

580 *Arkwright Mutual Insurance Co. v. Bryanston Insurance Co. Ltd.* [1990] 2 Lloyd's Rep. 70, 72.

581 *Arkwright Mutual Insurance Co. v. Bryanston Insurance Co. Ltd.* [1990] 2 Lloyd's Rep. 70, 78 ff.

582 *In Re Harrods (Buenos Aires) Ltd.* [1992] Ch. 72 (*C.A.*). Vgl. hierzu *North,* IPRax 1992, 183 f.; *Erwand,* Forum non conveniens und EuGVÜ, S. 191 ff., kritisch *Duintjer Tebbens,* FS Voskuil, S. 47, 59 f.; *Kohler,* FS Matscher, S. 251, 254 ff.

ihren tatsächlichen Verwaltungssitz in Buenos Aires, Argentinien, wo sie auch ihre gesamten Geschäfte betrieb. Die Beklagte war ebenfalls eine schweizerische Gesellschafterin. Sie hielt die restlichen Gesellschaftsanteile an *Harrods*. Die Klägerin behauptete, die Beklagte habe sie durch missbräuchliche Geschäftspraktiken geschädigt und sei daher zur Übernahme der Geschäftsanteile der Klägerin verpflichtet. Hilfsweise begehrte sie die Auflösung von *Harrods,* die nach englischem Recht notwendige Partei des Verfahrens war.[583] Die Zuständigkeit englischer Gerichte ergab sich aus Art. 2, 53 Abs. 1 EuGVÜ i.V.m. mit englischem Recht (Gründungstheorie). Die Klagegegner beantragten die Aussetzung des Verfahrens, mit dem Argument, Argentinien sei zur Entscheidung des Rechtsstreits am besten geeignet.

Der *Court of Appeal* verneinte die internationale Zuständigkeit der englischen Gerichte. Er war entgegen der beiden erstinstanzlichen Entscheidungen in *S. & W. Berisford* und *Arkwright* der Ansicht, dass der von section 49 Civil Jurisdiction and Judgments Act 1982 geregelte Fall der Unvereinbarkeit der Lehre mit dem Übereinkommen dann nicht vorliege, wenn es darum gehe, ob ein englisches Gericht oder die Gerichte eines Nichtvertragsstaates über den Rechtsstreit zu entscheiden hätten.[584] Begründet wurde dies im Wesentlichen damit, dass das EuGVÜ nur das Verhältnis der Vertragsstaaten zueinander regle und daher keine Wirkungen in Bezug auf Drittstaaten entfalte.[585] Das Übereinkommen solle die Anerkennung von in den Vertragsstaaten ergangenen Entscheidungen vereinfachen. Lehne England ein Verfahren zugunsten der Gerichte eines Nichtvertragsstaates ab, so gebe es kein Urteil eines englischen Gerichts, das in einem anderen Vertragsstaat anerkannt werden könnte.[586] Darüber hinaus sei der Charakter der Art. 2 ff. nicht so zwingend, dass er die Zulassung der Lehre gänzlich ausschließe. Vielmehr zeige der Umstand, dass auch eine anderweitige Rechtshängigkeit drittstaatlicher Verfahren sowie ausschließliche Gerichtsstandsvereinbarungen zugunsten drittstaatlicher Gerichte nach allgemeiner Ansicht nicht unberücksichtigt bleiben, dass das Übereinkommen im gewissen Rahmen auch die Anwendung nationaler Regelungen gestatte.[587]

Die aus Sicht der Richter zulässige Ermessensentscheidung fiel zugunsten der argentinischen Gerichte aus; das englische Verfahren wurde mithin ausgesetzt.

583 Gestützt auf sections 459 (1) und 461 (1) des Companies Act 1985 (sog. *buy-out order*) bzw. auf den Insolvency Act 1986.

584 *In Re Harrods (Buenos Aires) Ltd.* [1992] Ch. 72, 97, 101 (*C.A.*).

585 *In Re Harrods (Buenos Aires) Ltd.* [1992] Ch. 72, 101 und 103 (*Bingham L.J.* unter Bezugnahme auf den Vortrag des Beklagtenvertreters bzw. *Collins* (1990) 106 L.Q.R. 535, 538 f.).

586 *In Re Harrods (Buenos Aires) Ltd.* [1992] Ch. 72, 97 (*C.A.*).

587 *In Re Harrods (Buenos Aires) Ltd.* [1992] Ch. 72, 97 (*C.A.*). Kritisch hierzu *Huber,* RIW 1993, 977, 982.

Eine Vorlage zur Vorabentscheidung durch den *EuGH* erachteten die Richter für nicht notwendig.[588] Auf die Berufung des Klägers legte schließlich das *House of Lords* dem *EuGH* die Frage der Anwendbarkeit der *forum non conveniens*-Doktrin zur Vorabentscheidung vor.[589] Eine Entscheidung ist jedoch nicht ergangen, da die Vorlage nach einem Vergleich durch die Parteien als gegenstandslos gestrichen wurde.[590]

Die nachfolgende englische Rechtsprechung ist der *Harrods*-Entscheidung gefolgt.[591] Vor allem in der kontinentaleuropäischen Literatur stieß die Rechtsprechung aber überwiegend auf Ablehnung;[592] die verpasste Chance zur Klärung durch den *EuGH* wurde lange Zeit bedauert. Umso erfreulicher wurde der Umstand aufgenommen, dass im Jahre 2002 der *Court of Appeal*[593] die Frage erneut dem *EuGH* zur Vorabentscheidung vorgelegt hat.

3. Die Rechtsprechung zum Fall *Owusu v. Jackson*

a) Das Ausgangsverfahren

Der englische Kläger, *Owusu*, erlitt bei seinem Ferienaufenthalt in Jamaika einen Badeunfall und ist seitdem querschnittsgelähmt. Nach dem Unfall erhob er in England eine auf Vertragsverletzung gestützte Schadensersatzklage gegen *Jackson*, den Vermieter der Ferienunterkunft. Sowohl der Kläger als auch der Beklagte hatten ihren Wohnsitz in England. Des Weiteren erhob der Kläger eine auf Ansprüche aus unerlaubter Handlung gestützte Klage gegen fünf jamaikanische Gesellschaften, unter anderem die Eigentümerin des Strandes. Der Beklagte

---

588 *In Re Harrods (Buenos Aires) Ltd.* [1992] Ch. 72, 98, 103 (*C.A.*).

589 *H.L.*, Vorlagebeschluss vom 13. 7. 1992, *Ladenimor S.A. v. Intercomfinanz S.A.*, ABl. EG 1992, Nr. C 219, S. 4; IPRax 1992, 373 m. Anm. *Jayme* 357.

590 *EuGH*, Beschl. v. 21. 2. 1994, Rs. C-314/92 – *Ladenimor S.A. v. Intercomfinanz S.A.*, ABl. EG 1994, Nr. C 103, S. 9.

591 *Haji-Ioannou v. Frangos* [1999] 2 Lloyd's Rep. 337 (*C.A.*); *Ace Insurance Company v. Zurich Insurance Company* [2001] 1 Lloyd's Rep. 618 (*C.A.*). In *The „Po"* [1991] 2 Lloyd's Rep. 206 (*C.A.*) ging es um eine Kollision eines italienischen und eines amerikanischen Schiffes im Hafen von Rio de Janeiro. Die Zuständigkeit englischer Gerichte basierte auf einer Beschlagnahmeverfügung anlässlich eines Aufenthaltes des italienischen Schiffes in South Hampton. Die Richter hielten die *forum non conveniens*-Lehre bezüglich der brasilianischen Gerichte für anwendbar, obwohl ein anderer Vertragsstaat ein Interesse an einer Entscheidung in England hatte.

592 *Jayme*, IPRax 1992, 357 f.; *Duintjer Tebbens*, FS Voskuil, S. 47, 59 f.; *Kohler*, FS Matscher, S. 254 ff.; zustimmend aber die überwiegende englische Lehre: *Collins* (1990) 106 L.Q.R. 535, 538 f.; *Hartley*, Civil Jurisdiction and Judgments, S. 79 f.

593 *Owusu v. Jackson & Ors.* [2003] 1 CLC 246 (*C.A.*).

Jackson sowie drei weitere Beklagte erhoben die Einrede der Unzuständigkeit und trugen vor, dass der Fall engere Beziehungen zu Jamaika aufweise und er daher besser vor den dortigen Gerichten zu entscheiden sei. Der erstinstanzliche Richter sah die Entscheidung des *Court of Appeal* in der Sache *Harrods* als rechtsfehlerhaft an und vertrat die Ansicht, dass die Anwendbarkeit der Zuständigkeitsvorschriften des EuGVÜ grundsätzlich davon abhänge, ob der Beklagte seinen Wohnsitz in einem Vertragsstaat habe und das Übereinkommen auch auf einen Rechtsstreit zwischen einem in einem Vertragsstaat wohnhaften Beklagten und einem in einem Drittstaat wohnhaften Kläger Anwendung finde. Er wies die Einrede der Unzuständigkeit zurück. Auf die Berufung der Beklagten legte der *Court of Appeal*[594] die Problematik dem *EuGH* zur Vorabentscheidung vor. Die Vorlagefragen lauteten folgendermaßen:

> „1. Verstößt ein Gericht eines Vertragsstaats gegen das Brüsseler Übereinkommen, wenn es im Fall eines Klägers, der die Zuständigkeit nach Artikel 2 geltend macht, unter Ausübung eines ihm nach nationalem Recht eingeräumten Ermessens seine Zuständigkeit für ein Verfahren gegen eine Person, die ihren Wohnsitz in diesem Staat hat, zugunsten der Gerichte eines Nichtvertragsstaats verneint,
> a) sofern keine Zuständigkeit eines Gerichts eines anderen Vertragsstaats des Brüsseler Übereinkommens in Betracht kommt;
> b) sofern das Verfahren keine Anknüpfungspunkte zu einem anderen Vertragsstaat aufweist?
> 2. Bei Bejahung von Frage 1a) oder 1b): Handelt es sich in jedem Fall um einen Verstoß oder nur unter bestimmten Umständen und, wenn ja, unter welchen?“

b) Die Entscheidung des *EuGH*

Dem Schlussantrag des Generalanwalts *Philippe Léger*[595] folgend beantwortet der *EuGH* zunächst die Frage, ob Art. 2 EuGVÜ auf Fälle anwendbar ist, die bestimmte Bezüge zu einem Drittstaat, nicht aber zu einem Vertragsstaat aufweisen. Nur wenn dies bejaht werden könne, stelle sich für den konkreten Fall die Frage nach der Vereinbarkeit der Einrede des *forum non conveniens* mit dem EuGVÜ.[596] Seine Urteilsbegründung stützte der *EuGH* auf Regeln und Wertungen des Übereinkommens und des sonstigen Gemeinschaftsrechts.

---

594 *Owusu v. Jackson & Ors.* [2003] 1 CLC 246, 264 (*C.A.*).

595 Schlussanträge des Generalanwalts *Philippe Léger* vom 14. 12. 2004 zum Rechtsstreit *EuGH, Owusu ./. Jackson u.a.*, Slg. 2005, I-1383 Nr. 73.

596 *EuGH,* Urt. v. 1. 3. 2005, Rs. C-281/02 – *Owusu ./. Jackson u.a.*, EuZW 2005, 345 Rn. 23.

aa) Notwendigkeit eines Vertragsstaatenbezugs

Mit der Frage, ob Art. 2 EuGVÜ nur auf innergemeinschaftliche Fälle anwendbar ist, oder ob er auch sog. Drittstaatensachverhalte mitregeln will,[597] hat sich der *EuGH* bereits vor der *Owusu*-Entscheidung befasst.[598] Dennoch äußert er sich noch einmal ausführlich zu der Problematik und beleuchtet diese speziell im Hinblick auf die von den Parteien vorgebrachten Argumente.

Für eine Begrenzung der Anwendbarkeit des EuGVÜ auf Sachverhalte mit Bezug zu mehreren Vertragsstaaten wurde der Grundsatz der relativen Wirkung von Verträgen angeführt.[599] Danach kann ein Übereinkommen nur zwischen Staaten Wirkungen entfalten, die in das Vertragswerk als Partei eingewilligt haben; Vereinbarungen zu Lasten nicht beteiligter Staaten sind generell verboten.[600] Dieser Grundsatz ist jedoch – wie vom *EuGH* zutreffend festgestellt – hier nicht tangiert. Durch Bejahung einer europäischen Zuständigkeit in Fällen mit Drittstaatenbezug werden die Drittstaaten gerade in keinerlei Weise verpflichtet.[601] Sie entscheiden immer noch selbst, wann und unter welchen Voraussetzungen ihre Gerichte zuständig sind. Unliebsamen Entscheidungen durch die Gerichte eines Vertragsstaates kann der Nichtvertragsstaat durch Festlegung entsprechender Anerkennungshindernisse begegnen. Diese lediglich mittelbare Wirkung gegenüber den Drittstaaten stellt nur einen „Reflex der universellen Na-

---

597 Damit vergleichbar, aber gleichwohl davon zu unterscheiden ist die Frage, ob das Brüsseler Zuständigkeitssystem überhaupt einen Auslandsbezug voraussetzt oder ob es auch auf rein innerstaatliche Sachverhalte anwendbar ist. Die überwiegende Ansicht in der Literatur will Binnensachverhalte vom Anwendungsbereich des europäischen Verfahrensrechts herausnehmen. Begründet wird dies insbesondere damit, dass sich Art. 65 EGV (nunmehr Art. 81 Abs. 1 S. 1 AEUV) auf „grenzüberschreitende Bezüge“ beziehe. Gemäß Art. 4 der Präambel zum EuGVÜ und Erwägungsgrund 2 zur VO bezwecken die Regelungswerke, die „internationale Zuständigkeit“ zu regeln. Dogmatisch ist der Auslandsbezug nicht als selbständiges Tatbestandsmerkmal zu verstehen, sondern als die jeder Anwendung internationaler Zuständigkeitsvorschriften vorgeschaltete Prüfung, ob sich die Frage der internationalen Zuständigkeit überhaupt stellt. So zutreffend *Rauscher/Fehre,* ZEuP 2006, 463, 464 f.; Kropholler/*von Hein,* EuZPR, vor Art. 2 Rn. 5 ff.; *Thiele,* RIW 2002, 696, 698; *Schack,* IZVR, Rn. 270. Dies hat nun auch der *EuGH* unter Bezugnahme auf den *Jenard*-Bericht (ABl. EG 1979 Nr. C 59, S. 1, 8) konstatiert, *EuGH,* Urt. v. 1. 3. 2005, Rs. C-281/02 – *Owusu ./. Jackson u.a.,* EuZW 2005, 345 Rn. 25.

598 Vgl. *EuGH,* Urt. v. 13. 7. 2000, Rs. C-412/98 – *Group Josi Reinsurance Company SA ./. Universal General Insurance Company (UGIC),* Slg. 2000, I-5925 = NJW 2000, 3121 Rn. 33-61. Der Unterscheid zum *Owusu*-Fall bestand hier darin, dass der Kläger seinen Sitz in einem Drittstaat hatte.

599 Vgl. *EuGH,* Urt. v. 1. 3. 2005, Rs. C-281/02 – *Owusu ./. Jackson u.a.,* EuZW 2005, 345 Rn. 30 und die Schlussanträge des Generalanwalts *Philippe Léger* vom 14. 12. 2004 zum Rechtsstreit *EuGH, Owusu ./. Jackson u.a.,* Slg. 2005, I-1383 Nr. 178.

600 Vgl. *Rauscher/Fehre,* ZEuP 2006, 463, 466.

601 *EuGH,* Urt. v. 1. 3. 2005, Rs. C-281/02 – *Owusu ./. Jackson u.a.,* EuZW 2005, 345 Rn. 31.

tur“[602] völkerrechtlicher Verträge dar und kann nicht als Verstoß gegen die Relativität von Verträgen gewertet werden.

Gegen die Erstreckung des EuGVÜ auf Drittstaatenfälle wurde darüber hinaus vorgetragen, dass das Übereinkommen zum Ziel habe, die Freizügigkeit der Urteile zwischen den Vertragsstaaten zu sichern.[603] Das EuGVÜ basiert auf Art. 293 (ex-Art. 220) EGV vierter Gedankenstrich, der das Funktionieren des Binnenmarktes durch Erlass gemeinsamer Zuständigkeits- und Anerkennungsvorschriften im Gebiet der Vertragsstaaten erleichtern sollte.[604] Die Vorschrift richtete sich nur an die Mitgliedstaaten der EG; Drittstaaten konnten an völkerrechtlichen Verträgen nach § 293 EGV nicht beteiligt werden.[605] Daraus wurde entnommen, dass das EuGVÜ nur für Fälle gelten könne, die Beziehungen zu mehreren Vertragsstaaten aufweisen. Der *EuGH* verwirft diesen Einwand mit dem Hinweis auf seine frühere Rechtsprechung in Bezug auf Art. 95 (ex-Art. 100a) EGV[606] und die Erwägung, dass die Zuständigkeitsregeln des EuGVÜ nicht nur zur Anwendung auf Fälle bestimmt seien, die einen tatsächlichen und hinreichenden Beitrag zum Funktionieren des Binnenmarktes leisten. Vielmehr genüge es, dass die Vereinheitlichung als solche dem gemeinsamen Markt zugutekommt.[607] Diese Argumentationslinie des *EuGH* ist zutreffend. Die Rechtsgrundlagen des EGV erfordern zwar inhaltlich, dass die Harmonisierungsakte dem Binnenmarkt dienen müssen.[608] Würde man indes in jedem Einzelfall einen

---

602 So zutreffend *Rauscher/Fehre*, ZEuP 2006, 463, 466.

603 Vgl. *EuGH*, Urt. v. 1. 3. 2005, Rs. C-281/02 – *Owusu ./. Jackson u.a.*, EuZW 2005, 345 Rn. 32-34 und die Schlussanträge des Generalanwalts *Philippe Léger* vom 14. 12. 2004 zum Rechtsstreit *EuGH, Owusu ./. Jackson u.a.*, Slg. 2005, I-1383 Nr. 187 ff.

604 Vor dem Inkrafttreten des Amsterdamer Vertrages am 1. 5. 1999 gestaltete sich die justizielle Zusammenarbeit im Rahmen der dritten Säule, insbesondere über das Rechtsinstrument der zwischenstaatlichen Konventionen. Art. 65 des Amsterdamer Vertrages hat einen Teil der Zusammenarbeit in Justiz- und Zivilsachen auf die erste Säule der Union zurückübertragen und in eine Gemeinschaftspolitik überführt. Dies ermöglichte eine vollständige Angleichung des IPR und IZPR der Mitgliedstaaten durch sekundäres Gemeinschaftsrecht. Lesenswert hierzu: *Hausmann*, EuLF 1-2000/01, 40 ff.; *Hess*, NJW 2000, 23, 27. Seit Inkrafttreten des Vertrags von Lissabon am 1. 12. 2009 ist die justizielle Zusammenarbeit in Art. 81 Abs. 1 S. 1 AEUV geregelt (eine konsolidierte Fassung des Vertrags findet sich im ABl. EU 2007 Nr. C 115, S. 47). Dazu *Mansel/Thorn/Wagner*, IPRax 2010, 1, 24 ff.

605 Calliess/Ruffert/*Bröhmer*, EUV/EGV, 3. Aufl., Art. 293 Rn. 5.

606 Vgl. *EuGH*, Urt. v. 20. 5. 2003, Rs. C-465/00 u.a. – *Österreichischer Rundfunk*, Slg. 2003, I-4689 Rn. 41 hinsichtlich Erlass von Rechtsakten nach Art. 95 (ex-Art. 100a) EGV (nunmehr Art. 114 AEUV).

607 *EuGH*, Urt. v. 1. 3. 2005, Rs. C-281/02 – *Owusu ./. Jackson u.a.*, EuZW 2005, 345 Rn. 34.

608 Vgl. die ausdrückliche Bezugnahme auf den Binnenmarkt in Art. 65 EGV; außerdem Calliess/Ruffert/*Bröhmer*, EUV/EGV, 3. Aufl., Art. 65 Rn. 8; *Hess*, NJW 2000, 23, 27. Im Gegensatz zu Art. 65 EGV müssen aber nach neuer Rechtslage die Maßnahmen nicht mehr zwangs-

speziellen Binnenmarktbezug verlangen, ergäben sich erhebliche Abgrenzungsschwierigkeiten und Unsicherheiten bei der Zuständigkeitsbestimmung. Eine solche Auslegung wäre dem Ziel des Übereinkommens abträglich, die Kollisionsnormen auf dem Gebiet des Zuständigkeits- und Anerkennungsrechts zu vereinheitlichen und zu vereinfachen.[609]

Darüber hinaus nennt der *EuGH* noch weitere Argumente, die gegen das Erfordernis eines Vertragsstaatenbezugs sprechen: Der Wortlaut des Art. 2 EuGVÜ stelle allein auf den Wohnsitz des Beklagten ab und sage nichts darüber aus, dass ein Bezug zu mehreren Vertragsstaaten notwendig ist. Die allgemein geforderte Auslandsbeziehung könne sich auch daraus ergeben, dass neben einem Vertragsstaat ein Drittstaat, z.B. durch den Wohnsitz des Klägers oder durch den Ereignisort einbezogen wird.[610] Ferner weist das Gericht darauf hin, dass die Vorschriften über die ausschließliche Zuständigkeit und die Gerichtsstandsvereinbarung ausdrücklich auch in Fällen mit Drittstaatenbezug anwendbar seien.[611] Der Umstand, dass die Regelungen über die Rechtshängigkeit und die Anerkennung und Vollstreckung demgegenüber nach ihrem klaren Wortlaut ausschließlich innergemeinschaftliche Rechtsbeziehungen betreffen, vermöge keine andere Ansicht zu rechtfertigen. Denn die Streitigkeiten, um die es bei diesen Verfahren oder Entscheidungen geht, können sehr wohl einen Bezug zu einem Drittstaat aufweisen.[612]

Die Ansicht des *EuGH* ist überzeugend[613] und findet unter Geltung der Brüssel I-VO eine zusätzliche Stütze in Erwägungsgrund 8. Nach dessen Satz 1 müssen Rechtsstreitigkeiten, die unter die VO fallen, einen Anknüpfungspunkt an das Hoheitsgebiet *eines* der Mitgliedstaaten aufweisen. Satz 2 ergänzt, dass gemeinsame Zuständigkeitsvorschriften grundsätzlich dann Anwendung finden

---

läufig für das reibungslose Funktionieren des Binnenmarktes erforderlich sein, Art. 81 Abs. 2 AEUV (vgl. Wortlaut: „insbesondere"); hierzu *Mansel/Thorn/Wagner,* IPRax 2010, 1, 25.

609 Vgl. hierzu Schlussanträge des Generalanwalts *Philippe Léger* vom 14. 12. 2004 zum Rechtsstreit *EuGH, Owusu ./. Jackson u.a.,* Slg. 2005, I-1383 Nr. 202; *Rauscher/Fehre,* ZEuP 2006, 463, 467.

610 *EuGH,* Urt. v. 1. 3. 2005, Rs. C-281/02 – *Owusu ./. Jackson u.a.,* EuZW 2005, 345 Rn. 24-26.

611 *EuGH,* Urt. v. 1. 3. 2005, Rs. C-281/02 – *Owusu ./. Jackson u.a.,* EuZW 2005, 345 Rn. 28.

612 *EuGH,* Urt. v. 1. 3. 2005, Rs. C-281/02 – *Owusu ./. Jackson u.a.,* EuZW 2005, 345 Rn. 29. Der klare Bezug zu Vertragsstaaten in Art. 21 ff. und Art. 25 ff. EuGVÜ bzw. zu Mitgliedstaaten in Art 27 ff. und Art. 32 ff. Brüssel I-VO rechtfertigt sich durch die Besonderheiten des europäischen Rechtsraums. So ist etwa bei der Prüfung der Rechtshängigkeitssperre nach Art. 21 EuGVÜ/27 Brüssel I-VO die Feststellung der positiven Anerkennungsprognose in Bezug auf die ausländische Entscheidung nicht notwendig, weil die Entscheidungen aus Vertrags- bzw. Mitgliedstaaten grundsätzlich anzuerkennen sind. Bei Verfahren aus Drittstaaten ist hingegen regelmäßig eine positive Anerkennungsprognose notwendig. Eingehend: *Heinze/Dutta,* IPRax 2005, 224, 229; *Huber,* RIW 1993, 977, 983.

613 So auch *Huber/Stieber,* ZZPInt 10 (2005) 285, 288.

sollen, wenn der Beklagte seinen Wohnsitz in einem Mitgliedstaat hat. Darüber hinaus spricht Erwägungsgrund 2 Satz 2 vom Ziel der Vereinheitlichung des Zuständigkeitsrechts ohne Beschränkung auf innerunionsrechtliche Rechtsverhältnisse.[614]

Als Zwischenergebnis bleibt daher festzuhalten, dass die Anwendbarkeit des Art. 2 EuGVÜ/Brüssel I-VO keinen Bezug des Rechtsstreits zu einem weiteren Vertragsstaat bzw. Mitgliedstaat voraussetzt. Vielmehr lässt sich der erforderliche Auslandsbezug auch dadurch herstellen, dass der Kläger in einem Drittstaat wohnt oder das fragliche Rechtsverhältnis durch eine sonstige Beziehung zu einem Drittstaat gekennzeichnet ist.[615]

bb) Zulässigkeit nationaler Ermessensbefugnisse

Nachdem der *EuGH* das Erfordernis einer Reduktion auf einen Vertragsstaatenbezug verneint hat, erschien die Ablehnung der *forum non conveniens*-Lehre als konsequent, wenngleich nicht unbedingt als zwangsläufig. Gegen die Übernahme der Lehre in das europäische Prozessrecht wurden bereits seit geraumer Zeit Einwände erhoben,[616] die nun der *EuGH* im Wesentlichen als berechtigt ansah.

(1) Gemeinschaftsrechtliche Grenzen

Die Zulassung der *forum non conveniens*-Lehre im Anwendungsbereich des europäischen Zivilverfahrensrechts würde nach dem *EuGH* in erster Linie der zwingenden Ausgestaltung des Art. 2 EuGVÜ und dessen Wortlaut widersprechen.[617] Sind danach die Gerichte eines Vertragsstaates zuständig, so steht es nicht in ihrem Belieben, ob sie von der ihnen eingeräumten Entscheidungsbefugnis Gebrauch machen oder nicht. Vielmehr haben sie eine Pflicht zur Justizgewährung.[618] Der unabdingbare Charakter des Art. 2 diene insbesondere der Rechtssicherheit, die eines der Grundanliegen des Übereinkommens darstellt. Das europäische Zuständigkeitssystem soll den Parteien eine sichere Kalkula-

---

614 Vgl. *Heinze/Dutta,* IPRax 2005, 224, 225; *Mankowski,* RIW 2005, 561, 564.

615 *EuGH,* Urt. v. 1. 3. 2005, Rs. C-281/02 – *Owusu ./. Jackson u.a.,* EuZW 2005, 345 Rn. 26 ff.

616 Wieczorek/Schütze/*Hausmann,* ZPO, Vor Art. 2 EuGVÜ Rn. 25; Geimer/Schütze/*Auer,* IRV, vor Art. 2 EuGVO Rn. 29; *Thiele,* RIW 2002, 696, 699 f.; *Huber,* RIW 1993, 977, 980 ff.; *ders.,* Die englische forum-non-conveniens-Doktrin und ihre Anwendung im Rahmen des Europäischen Gerichtsstands- und Vollstreckungsübereinkommens, S. 213 f.; *Erwand,* Forum non conveniens und EuGVÜ, S. 185 ff.; *Duintjer Tebbens,* FS Voskuil, S. 47, 59 ff.

617 *EuGH,* Urt. v. 1. 3. 2005, Rs. C-281/02 – *Owusu ./. Jackson u.a.,* EuZW 2005, 345 Rn. 37.

618 So schon Wieczorek/Schütze/*Hausmann,* ZPO, Vor Art. 2 Rn. 25. Vgl. auch Rauscher/*Mankowski,* EuZPR, Vorbem Art 2 Brüssel I-VO Rn. 14; *Weitz,* EPS Nr. 11/2005, 42, 46.

tionsgrundlage[619] geben; es soll sowohl zugunsten des Beklagten, als auch zugunsten des Klägers eine Garantiefunktion[620] entfalten. Der Beklagte, der nicht an seinem Wohnsitz verklagt wird, soll die in Betracht kommenden Gerichtsstände vorhersehen und sich darauf einstellen können.[621] Zwar gilt dieser Aspekt im Hinblick auf den Beklagten bei der *forum non conveniens*-Frage nicht, denn hier hat er es selbst in der Hand, ob er die Einrede erhebt oder nicht.[622] Allerdings schlägt das Argument der Rechtsgarantie im Hinblick auf den Kläger durch.[623] Sind die tatbestandlichen Voraussetzungen eines Gerichtsstandes erfüllt, so hat der Kläger die Gewähr, dass er seinen Anspruch vor dem betreffenden Forum verfolgen kann. Die Zulassung gerichtlicher Ermessensspielräume würde dieser gesetzgeberischen Intention entgegenstehen und den Rechtsschutz des Klägers beeinträchtigen, denn im Fall der Einrede müsste er – um einen *stay* zu verhindern – nachweisen, dass er im alternativen Forum nicht zu seinem Recht kommen kann.[624] Gelingt ihm der Nachweis nicht, so ist er gehalten, seinen Anspruch vor dem alternativen Forum durchzusetzen und verliert die Chance auf ein mitgliedstaatliches Urteil, das in der gesamten EU grundsätzlich ohne ein besonderes Verfahren nach Art. 32 ff. Brüssel I-VO anerkannt und vollstreckt werden kann.[625] Hinzu kommt die einheitliche Auslegung der im Übereinkommen enthaltenen Zuständigkeitsvorschriften: Nur wenige Rechtsordnungen kennen die *forum non conveniens*-Lehre. Ihre Befürwortung für das europäische Prozessrecht könnte dazu führen, dass die Zuständigkeitsfrage in gleichgelagerten Fällen unterschiedlich beurteilt werden würde, je nachdem ob etwa deutsche oder englische Gerichte angerufen würden – ein Ergebnis, das mit dem Ziel des Übereinkommens, gemeinsame Regeln unter Ausschluss exorbitanter nationaler Vorschriften einzuführen, nicht zu vereinbaren wäre.[626]

---

619 *Mankowski,* RIW 2005, 561, 564.

620 *Rauscher/Fehre,* ZEuP 2006, 463, 469.

621 *EuGH,* Urt. v. 1. 3. 2005, Rs. C-281/02 – *Owusu ./. Jackson u.a.,* EuZW 2005, 345 Rn. 40. Vgl. auch Erwägungsgrund 11 zur Brüssel I-VO; ferner *EuGH,* Urt. v. 19. 2. 2002, Rs. C-256/00 – *Besix,* Slg. 2002, I-1699 = EuZW 2002, 217 Rn. 26; *Rauscher/Fehre,* ZEuP 2006, 463, 469.

622 Vom *EuGH* wohl nicht erkannt, vgl. *EuGH,* Urt. v. 1. 3. 2005, Rs. C-281/02 – *Owusu ./. Jackson u.a.,* EuZW 2005, 345 Rn. 42. Hierzu bereits *Heinze/Dutta,* IPRax 2005, 224, 227; *Rauscher/Fehre,* ZEuP 2006, 463, 469.

623 So auch *Rauscher/Fehre,* ZEuP 2006, 463, 469; *Heinze/Dutta,* IPRax 2005, 224, 227; *Bruns,* JZ 2005, 890, 892.

624 Vgl. *EuGH,* Urt. v. 1. 3. 2005, Rs. C-281/02 – *Owusu ./. Jackson u.a.,* EuZW 2005, 345 Rn. 42.

625 Vgl. *Heinze/Dutta,* IPRax 2005, 224, 227; Schlussanträge des Generalanwalts *Philippe Léger* vom 14. 12. 2004 zum Rechtsstreit *EuGH, Owusu ./. Jackson u.a.,* Slg. 2005, I-1383 Nr. 272.

626 *EuGH,* Urt. v. 1. 3. 2005, Rs. C-281/02 – *Owusu ./. Jackson u.a.,* EuZW 2005, 345 Rn. 43. Vgl. auch Erwägungsgrund 2 zur Brüssel I-VO.

Die grundsätzliche Ablehnung einer Ermessensentscheidung im Einzelfall bedeutet jedoch nicht, dass prozesspraktische Erwägungen wie etwa Verfügbarkeit von Zeugen und Beweismitteln, Verfahrenskosten, die Möglichkeit der Kostenerstattung im Fall einer Klageabweisung, anwendbares Recht und bessere Vollstreckungsaussichten im europäischen Zivilverfahrensrecht unberücksichtigt bleiben. Der *EuGH* hat den entsprechenden Einwand der Beklagten mit der kurzen Begründung verworfen, dass solche Erwägungen nichts am zwingenden Charakter des Art. 2 ändern können.[627] Dahinter steht der Gedanke, dass die Verfasser des Übereinkommens die Zuständigkeitsinteressen bereits abstrakt bei der Formulierung der einzelnen Gerichtsstände berücksichtigt haben. Die Kompetenzvorschriften des EuGVÜ sind somit „convenient per se".[628] Das englische Prozessrecht versteht es dagegen auf andere Weise, die Beziehung zwischen dem Rechtsstreit und dem zuständigen Gericht zu definieren. Es wertet die einschlägigen Zuständigkeitskriterien konkret-individuell in jedem Einzelfall. Gerade wegen der unterschiedlichen rechtstechnischen Ansätze im europäischen und englischen Prozessrecht ist für ein Nebeneinander der *forum non conveniens*-Lehre und der EuGVÜ-Vorschriften kein Raum.[629]

(2) Rechtfertigungsansätze

(a) *forum non conveniens* als nationale Verfahrensregel

Zur Rechtfertigung von *forum non conveniens* wurde von englischer Seite vorgetragen, dieses sei nicht als eine Zuständigkeits- sondern als eine Verfahrensregel zu verstehen und unterliege als solche allein dem nationalen Recht.[630] Die Argumentation steht im Zusammenhang mit der Entscheidung des *EuGH* in der Rechtssache *Kongress Agentur Hagen*,[631] wonach die Autonomie des englischen Zivilverfahrensrechts durch das EuGVÜ unberührt bleibe. Dort hatte der *EuGH* entschieden, dass das EuGVÜ nur die Verteilung der gerichtlichen Zuständigkeit

627 *EuGH,* Urt. v. 1. 3. 2005, Rs. C-281/02 – *Owusu ./. Jackson u.a.,* EuZW 2005, 345 Rn. 44 f.

628 Vgl. *Geimer/Schütze,* EuZVR, A1 – Art. 2 EuGVVO Rn. 70; Geimer/Schütze/*Auer,* IRV, vor Art. 2 EuGVO Rn. 29; *Huber,* RIW 1993, 977, 979 f.; *dens.,* Die englische forum-non-conveniens-Doktrin und ihre Anwendung im Rahmen des Europäischen Gerichtsstands- und Vollstreckungsübereinkommens, S. 176 f; Rauscher/*Mankowski,* EuZPR, Vorbem Art 2 Brüssel I-VO Rn. 14; *Mankowski,* RIW 2005, 561, 564; *Rauscher/Fehre,* ZEuP 2006, 463, 469; *Erwand,* Forum non conveniens und EuGVÜ, S. 185 ff., 206; *Weitz,* EPS Nr. 11/2005, 42, 46.

629 Eingehend *Rauscher/Fehre,* ZEuP 2006, 463, 470 f.

630 Schlussanträge des Generalanwalts *Philippe Léger* vom 14. 12. 2004 zum Rechtsstreit *EuGH, Owusu ./. Jackson u.a.,* Slg. 2005, I-1383 Nr. 260.

631 *EuGH,* Urt. v. 15. 5. 1990, Rs. C-365/88 – *Kongress Agentur Hagen,* Slg. 1990, I-1845 = NJW 1991, 2621 Rn. 19.

zum Gegenstand habe. Fragen der Zulässigkeit einer Klage bleiben dagegen dem autonomen Prozessrecht überlassen.[632] Selbst wenn man die *forum non conveniens*-Lehre als einen Teil des autonomen englischen Verfahrensrechts betrachtet, bleibt jedoch ihre Anwendung im europäischen Verfahrensrecht untersagt. Denn gleichzeitig machte der *EuGH* eine wichtige Einschränkung: Die Anwendung der nationalen Regeln dürfe die praktische Wirksamkeit des Übereinkommens nicht beeinträchtigen.[633] Die *forum non conveniens*-Lehre bezweckt gerade, die an sich gegebenen Zuständigkeiten einzugrenzen und fällt daher genau unter diese Einschränkung. Ein Rückgriff auf die Lehre kann mithin nicht durch die Autonomie des nationalen Verfahrensrechts gerechtfertigt werden.[634]

(b) *forum non conveniens* als Mittel zur Zuständigkeitskonzentration

Der *Owusu*-Fall stellte die Richter zusätzlich vor eine besondere Schwierigkeit. Eindeutig konnte das EuGVÜ nur auf den Beklagten *Jackson* angewendet werden. Die weiteren Beklagten waren allesamt in Jamaika ansässig, so dass ihnen gegenüber die EuGVÜ-Vorschriften zunächst nicht eröffnet waren. Um über alle Ansprüche gegen sämtliche Beklagte einheitlich und widerspruchsfrei entscheiden zu können, bejahten die Instanzgerichte eine streitgenossenschaftliche Zuständigkeit englischer Gerichte auf der Grundlage des autonomen Prozessrechts.[635] Gleichzeitig erblickten sie darin ein Indiz für die Zulässigkeit des *forum non conveniens.* Denn die Anwendung nationaler Prozessregeln bedeutete zugleich die Möglichkeit, die gegen die Mitbeklagten gerichteten Klagen wegen *forum non conveniens* auszusetzen. Eine partielle Anwendung der Lehre würde aber zur Spaltung des Rechtsstreits führen und daher sicherlich nicht den Interessen der Beteiligten entsprechen. Um eine Zuständigkeitskonzentration zu erreichen sei daher eine einheitliche Anwendung der Lehre notwendig.

Diese Sichtweise vermag indes nicht zu überzeugen, denn sie übersieht, dass sich die streitgenossenschaftliche Zuständigkeit hinsichtlich der Beklagten aus Drittstaaten durch eine analoge Anwendung von Art. 6 Nr. 1 EuGVÜ erreichen lässt. Zwar bezieht sich der Wortlaut der Vorschrift nur auf Beklagte mit Wohnsitz in einem Vertragsstaat. Der ihr zugrundeliegende Gedanke ist jedoch auch

---

632 *EuGH,* Urt. v. 15. 5. 1990, Rs. C-365/88 – *Kongress Agentur Hagen,* NJW 1991, 2621 Rn. 17-19.

633 *EuGH,* Urt. v. 15. 5. 1990, Rs. C-365/88 – *Kongress Agentur Hagen,* NJW 1991, 2621 Rn. 20.

634 Vgl. auch Schlussanträge des Generalanwalts *Philippe Léger* vom 14. 12. 2004 zum Rechtsstreit *EuGH, Owusu ./. Jackson u.a.,* Slg. 2005, I-1383 Nr. 261. Ferner zur Parallelproblematik bei der *anti-suit injunction EuGH,* Urt. v. 27. 4. 2004, Rs. C-159/02 – *Turner ./. Grovit,* Slg. 2004, I-3564 = EuZW 2004, 468 Rn. 29.

635 Vgl. *Owusu v. Jackson & Ors.* [2003] 1 CLC 246, 250 (*C.A.*).

im Verhältnis zu einem Beklagten mit Wohnsitz in einem Drittstaaten einschlägig. Eine wortlautgetreue Anwendung des Art. 6 Nr. 1 würde zu einer Besserstellung von Drittstaatenangehörigen führen, denn sie könnten sich einer Klage am Wohnsitz eines in einem Vertragsstaat ansässigen Beklagten entziehen. Ein potenzieller Streitgenosse mit Wohnsitz in einem Vertragsstaat wäre demgegenüber immer nach Nr. 1 gerichtspflichtig. Eine derartige Privilegierung kann kaum den Zielen des Übereinkommens entsprechen. Art. 6 Abs. 1 ist daher auf Drittstaaten-Beklagte analog anzuwenden, sofern mindestens ein weiterer Beklagter seinen Wohnsitz in einem Vertragsstaat hat.[636]

Nach alledem bliebe nur noch der Einwand der Unsicherheit bezüglich der Vollstreckung eines englischen Urteils in Jamaika. Dieser Aspekt fällt jedoch in den Risikobereich des Klägers. Er allein muss entscheiden, ob es für ihn vorteilhafter ist, seinen Anspruch in einem Drittstaat oder in einem Mitgliedstaat zu verfolgen. Zu Recht hat daher der *EuGH* dem Gesichtspunkt der späteren Vollstreckbarkeit bei der Beurteilung der Zulässigkeit von *forum non conveniens* keinen Stellenwert beigemessen.[637]

4. Zwischenergebnis

Nach alledem kann als Zwischenergebnis festgehalten werden, dass ein nach Art. 2 EuGVÜ/Brüssel I-VO zuständiges Gericht am Wohnsitz des Beklagten keine Möglichkeit hat, sich zugunsten der Gerichte eines Drittstaates für *forum non conveniens* zu erklären.

Owusu ist nicht der erste Fall, in dem die englischen Gerichte versucht haben, im Anwendungsbereich der als abschließend konzipierten Vorschriften des EuGVÜ zur Lösung von Kompetenzkonflikten Instrumente der *lex fori* einzuführen. In der Entscheidung *Turner ./. Grovit*[638] hat sich der *EuGH* mit einer *anti-suit injunction* und im Fall *Gasser*[639] mit einer ausschließlichen Gerichtsstands-

636 Rauscher/*Leible,* EuZPR, Art. 6 Brüssel I-VO Rn. 7; *Geimer/Schütze,* EuZVR, A1 – Art. 6 EuGVVO Rn. 4-7; *Schack,* IZVR, Rn. 411; Kropholler/*von Hein,* EuZPR, Art. 6 Rn. 7; MünchKommZPO/*Gottwald,* Art. 6 EuGVO Rn. 3; *Rauscher/Fehre,* ZEuP 2006, 463, 471 ff.; *Thiele,* RIW 2002, 696, 700; a.A. Wieczorek/Schütze/*Hausmann,* ZPO, Art. 6 EuGVÜ Rn. 4; *Vogenauer,* IPRax 2001, 256 f.

637 So auch *Rauscher/Fehre,* ZEuP 2006, 463, 474; Rauscher/*Leible,* EuZPR, Art. 6 Brüssel I-VO Rn. 7; *Blobel,* GPR 2005, 140, 141.

638 *EuGH,* Urt. v. 27. 4. 2004, Rs. C-159/02 – *Turner ./. Grovit,* EuZW 2004, 468. Hierzu *Dutta/Heinze,* ZEuP 2005, 428. Das Verfahren betraf eine *anti-suit injunction* zur Durchsetzung einer Gerichtsstandsvereinbarung gegenüber einem ausländischen Verfahren.

639 *EuGH,* Urt. v. 9. 12. 2003, Rs. C-116/02 – *Gasser,* Slg. 2003, I-14693 = IPRax 2004, 243. Das Gericht hat hier entschieden, dass die strenge Prioritätsregel des Art. 21 EuGVÜ auch dann gilt,

vereinbarung befasst. Beide Ansätze lehnte das Gericht ab, hauptsächlich unter Berufung auf den Grundsatz des gegenseitigen Vertrauens auf eine richtige Auslegung und Anwendung der europäischen Zuständigkeitsregeln durch die mitgliedstaatlichen Gerichte.[640] Wenngleich die *Owusu*-Entscheidung nicht mehr ganz dem gleichen Argumentationsmuster folgt, so fügt sie sich dennoch in diese Rechtsprechungsreihe ein. Denn in all diesen Fällen betonen die europäischen Richter das abschließende System der EuGVÜ-Vorschriften, die Grundsätze der Rechtssicherheit und der Vorhersehbarkeit unter Ausschaltung nationaler Ermessensbefugnisse. Angesichts dieser Entwicklungslinie war die *Owusu*-Rechtsprechung nicht nur zutreffend, sondern darüber hinaus konsequent.

II. Perspektiven für *forum non conveniens* nach *Owusu*

Nachdem der *EuGH* die Unzulässigkeit des *forum non conveniens* zur Ablehnung einer Zuständigkeit nach Art. 2 EuGVÜ festgestellt hat, stellt sich die Frage, welche Perspektiven der Lehre im internationalen Zivilverfahrensrecht verbleiben.

1. Verfahren im Anwendungsbereich der Brüssel I-VO

Der *EuGH* ließ die Frage offen, ob der Rückgriff auf die *forum non conveniens*-Lehre im Anwendungsbereich des EuGVÜ generell oder nur in Fallkonstellationen wie der besprochenen ausscheidet. Für die Beantwortung der zweiten Vorlagefrage des *Court of Appeal* fehlte es an der von Art. 234 EGV[641] vorausgesetzten Entscheidungserheblichkeit. Zwar obliegt die Beurteilung der Erforderlichkeit der Vorlage nicht primär dem *EuGH*, sondern ist grundsätzlich Sache des nationalen Gerichts.[642] Doch sieht sich auch der *EuGH* an einer eigenständigen – wenngleich zurückhaltenden – Prüfung im Regelfall nicht gehindert.[643] So hat er bereits vermehrt die Entscheidung über eine ihm vorgelegte Frage abgelehnt, wenn diese keine Relevanz für den Ausgangsrechtsstreit hatte, sondern auf ein

wenn die Zuständigkeit des zeitlich später angerufenen Gerichts auf einer ausschließlichen Gerichtsstandsvereinbarung basiert und die Verfahrensdauer vor den zuerst angerufenen Gerichten unvertretbar lange ist.

640 *EuGH,* Urt. v. 27. 4. 2004, Rs. C-159/02 – *Turner ./. Grovit,* EuZW 2004, 468 Rn. 24 f.; *EuGH,* Urt. v. 9. 12. 2003, Rs. C-116/02 – *Gasser,* IPRax 2004, 243 Rn. 67, 72.

641 Nunmehr Art. 267 AEUV.

642 Calliess/Ruffert/*Wegener,* EUV/AEUV, Art. 267 Rn. 21.

643 Calliess/Ruffert/*Wegener,* EUV/AEUV, Art. 267 Rn. 23.

abstraktes Rechtsgutachten abzielte.[644] Die Praxis rechtfertigt sich dadurch, dass die nationalen Gerichte auf die dem *EuGH* übertragene Aufgabe, zur Rechtspflege in den Mitgliedstaaten beizutragen, Rücksicht zu nehmen haben. Die Beantwortung allgemeiner oder rein hypothetischer Fragen gehört nicht zu Aufgaben des Gerichtshofes.[645]

So stand auch im *Owusu*-Fall die zweite Vorlagefrage des *Court of Appeal* in keinem Zusammenhang mit dem konkreten Prozess und war rein hypothetischer Natur. Zu Recht hat daher der *EuGH* die Beantwortung der Frage als unzulässig abgelehnt.[646] Die durchaus korrekte Vorgehensweise des Gerichtshofes ist jedoch vom Ergebnis her wenig zufriedenstellend, denn sie lässt ausreichend Platz für weitere Versuche englischer Gerichte, die *forum non conveniens*-Lehre im Anwendungsbereich der Brüssel I-VO heranzuziehen. Es erscheint daher nicht unwahrscheinlich, dass sich der Gerichtshof in Zukunft erneut mit der Lehre wird befassen müssen. Im Folgenden sollen weitere mögliche Anwendungsfelder des *forum non conveniens* im Rahmen der Brüssel I-VO untersucht werden.

a) Vom Wohnsitz des Beklagten abhängige Gerichtsstände

Zunächst stellt sich die Frage, ob die Argumente des *EuGH* auch dann durchschlagen, wenn – bei sonst gleicher Fallkonstellation wie im *Owusu*-Fall – der Kläger seinen Wohnsitz nicht in einem EU-, sondern in einem Drittstaat hat. *Schlosser* verneint dies unter Hinweis darauf, dass es nicht Sinn der Verordnung sei, auch den Bewohnern von Drittstaaten feste Zuständigkeiten zu garantieren. *Forum non conveniens* solle danach möglich sein, wenn das alternative Gericht in einem Drittstaat liegt und der Kläger weder Bewohner noch Angehöriger eines EU-Staates ist.[647] Berechtigterweise konnte die Ansicht *Schlossers* keine große Zustimmung ernten.[648] Nach der ratio der *Owusu*-Rechtsprechung ist die Anwendung der Lehre unabhängig vom Klägerwohnsitz ausgeschlossen. Die Ga-

644 Vgl. *EuGH,* Urt. v. 21. 3. 2002, Rs. C-451/99 – *Cura Anlagen GmbH ./. Auto Service Leasing GmbH,* Slg. 2002, I-3193 Rn. 16; *EuGH,* Urt. v. 30. 3. 2004, Rs. C-147/02 – *Alabaster,* Slg. 2004, I-3101 Rn. 54. Für weitere Nachweise siehe Calliess/Ruffert/*Wegener,* EUV/AEUV, Art. 267 Rn. 23 und Schlussanträge des Generalanwalts *Philippe Léger* vom 14. 12. 2004 zum Rechtsstreit *EuGH, Owusu ./. Jackson u.a.,* Slg. 2005, I-1383 Nr. 81 Fn. 51.

645 Vgl. *EuGH,* Urt. v. 15. 12. 1995, Rs. C-415/93 – *Bosman,* Slg. 1995, I-4921 Rn. 60; *EuGH,* Urt. v. 30. 3. 2004, Rs. C-147/02 – *Alabaster,* Slg. 2004, I-3101 Rn. 54.

646 *EuGH,* Urt. v. 1. 3. 2005, Rs. C-281/02 – *Owusu ./. Jackson u.a.,* EuZW 2005, 345 Rn. 47-52.

647 *Schlosser,* EuZPR, vor Art. 2 EuGVVO Rn. 6.

648 Vgl. Geimer/Schütze/*Auer,* IRV, vor Art. 2 EuGVO Rn. 29; *Huber,* Die englische forum-non-conveniens-Doktrin und ihre Anwendung im Rahmen des Europäischen Gerichtsstands- und Vollstreckungsübereinkommens, S. 211 f.; *Thiele,* RIW 2002, 696, 699. Zustimmend aber *Hartley,* Eur.L.Rev. 1992, 553, 555.

rantie zugunsten des Klägers ist nicht der einzige Schutzzweck der Brüssel I-VO. Eine Zulassung der Lehre zulasten von Klägern aus Drittstaaten würde im gleichen Maße die Vorhersehbarkeit von Zuständigkeitsregeln, die Rechtssicherheit und die Einheitlichkeit der Rechtsanwendung beeinträchtigen wie im Fall eines in der EU wohnhaften Klägers. Eine vom Klägerwohnsitz abhängige Anwendbarkeit der Lehre ließe sich insbesondere auch nicht mit Hinweis auf Art. 4 Abs. 2 Brüssel I-VO rechtfertigen, denn dieser ist eindeutig nur dann einschlägig, wenn der Beklagte und nicht der Kläger in einem Drittstaat ansässig ist.[649] Schließlich spricht auch die Entscheidung in *Group Josi* gegen eine Differenzierung nach dem Klägerwohnsitz. Dort hat der *EuGH* entschieden, dass es für die Anwendbarkeit des EuGVÜ grundsätzlich nicht darauf ankomme, wo der Wohnsitz des Klägers liege; vielmehr hänge die Anwendbarkeit des Abkommens nur vom Wohnsitz des Beklagten ab.[650] Liegt eine Zuständigkeit nach Art. 2 Abs. 1 Brüssel I-VO vor, so ist mithin ein Rückgriff auf *forum non conveniens* stets ausgeschlossen. Dies gilt unabhängig davon, wo sich das alternative Forum befindet und wo der Kläger ansässig ist.

Sicherlich nicht anders als für Art. 2 Abs. 1 Brüssel I-VO ist die Frage der Zulässigkeit des *forum non conveniens* in Ansehung derjenigen Vorschriften zu beurteilen, die eine – neben dem Beklagtengerichtsstand im Wohnsitzstaat bestehende[651] – besondere Zuständigkeit in einem weiteren Mitgliedstaat begründen.[652] Von großer Bedeutung in der Praxis sind etwa der Gerichtsstand des Erfüllungsortes in Art. 5 Nr. 1 Brüssel I-VO und der Gerichtsstand der unerlaubten Handlung in Art. 5 Nr. 3 Brüssel I-VO. Die Fälle, in denen ein besonderer Gerichtsstand neben Art. 2 Abs. 1 Brüssel I-VO erfüllt ist, weisen naturgemäß einen Bezug zu mindestens zwei Mitgliedstaaten auf. Für solche Fallkonstellationen galt bereits vor der *Owusu*-Rechtsprechung die Anwendung der Lehre als ausgeschlossen, denn sie werden direkt von der Regelung in section 49 Civil Jurisdiction und Judgments Act 1982 erfasst.[653]

649 Vgl. *Huber,* Die englische forum-non-conveniens-Doktrin und ihre Anwendung im Rahmen des Europäischen Gerichtsstands- und Vollstreckungsübereinkommens, S. 211 f.; *Thiele,* RIW 2002, 696, 700.

650 *EuGH,* Urt. v. 13. 7. 2000, Rs. C-412/98 – *Group Josi Reinsurance Company SA ./. Universal General Insurance Company (UGIC),* NJW 2000, 3121 Rn. 33-61. Etwas anderes gilt nur im Hinblick auf Vorschriften, die ausdrücklich auf einen Wohnsitz des Klägers in einem Mitgliedstaat abstellen.

651 Für Klagen gegen nicht im Binnenmarkt ansässige Versicherer, Arbeitgeber bzw. Vertragspartner von Verbrauchern ist die gesetzliche Fiktion des Wohnsitzes am Ort der Niederlassung nach Maßgabe der Art. 9 Abs. 2, 15 Abs. 2 bzw. 18 Abs. 2 Brüssel I-VO zu beachten.

652 So auch *Blobel,* GPR 2005, 140, 141.

653 Zur Anwendbarkeit des *forum non conveniens* im Rahmen des Art. 6 Abs. 1 Brüssel I-VO vgl. *Viking Line ABP v. The International Workers' Federation* [2002] I.L.Pr. 4 [70]-[72].

Entsprechendes gilt für Fallkonstellationen, in denen eine besondere Zuständigkeit im Wohnsitzstaat des Beklagten gegeben ist (vgl. etwa die besondere Zuständigkeit für Versicherungssachen in Art. 9 Abs. 1 Brüssel I-VO). Ist ein Bezug zu mehreren Mitgliedstaaten gegeben, scheidet die Lehre von vornherein aus. Bestehen Berührungspunkte zu keinem weiteren EU-Staat, gleicht die Situation insoweit der im *Owusu*-Fall gegebenen, so dass auf die hierzu ergangene Rechtsprechung ohne Einschränkung verwiesen werden kann.

Generell lässt sich daher sagen, dass die Anwendung der *forum non conveniens*-Lehre immer dann ausscheidet, wenn eine vom Wohnsitz des Beklagten abhängige Zuständigkeit nach Abschnit 1 bis Abschnitt 5 der Brüssel I-VO in einem Mitgliedstaat gegeben ist.

b) Vom Wohnsitz des Beklagten unabhängige Gerichtsstände

Weiterhin klärungsbedürftig in dieser Hinsicht sind dagegen die Vorschriften, die keinen Wohnsitz des Beklagten in einem Mitgliedstaat voraussetzen. Hierzu zählen die ausschließlichen Gerichtsstände nach Art. 22 und 23 Brüssel I-VO.

aa) Art. 22 Brüssel I-VO

(1) Begründung der Zuständigkeit in einem Mitgliedstaat

Art. 22 Brüssel I-VO beinhaltet einen abschließenden Katalog ausschließlicher Zuständigkeiten, die an besondere Beziehungen zu einem bestimmtem Mitgliedstaat – etwa an den Belegenheitsort der unbeweglichen Sache (Nr. 1) oder den Ort der Zwangsvollstreckung (Nr. 5) – anknüpfen. Liegen die maßgeblichen Anknüpfungspunkte innerhalb der Union, ist die Anwendung des *forum non conveniens* ausgeschlossen, unabhängig von der Frage, ob ein alternativer Gerichtsstand in einem EU-Staat oder in einem Drittstaat liegt und ob Beziehungen zu weiteren EU-Staaten gegeben sind. Ebenso spielt es keine Rolle, ob der Beklagte seinen Wohnsitz innerhalb der Union hat. All die vom *EuGH* für den Fall der Anwendbarkeit des Art. 2 Abs. 1 Brüssel I-VO genannten Argumente lassen sich auf die aus Art. 22 Brüssel I-VO folgende Zuständigkeit übertragen: Der Wortlaut des Art. 22 Brüssel I-VO ist zwingend und lässt keine Abweichung zu. Im Fall eines in einem Drittstaat ansässigen Beklagten kommt zudem die Wertung des Art. 4 Abs. 1 Brüssel I-VO hinzu, wonach die Anwendung nationaler Regeln unter dem Vorbehalt steht, dass keine mitgliedstaatliche Zuständigkeit nach Art. 22 und 23 Brüssel I-VO begründet ist. Der zwingende Charakter des Art. 22 ist umso mehr ausgeprägt, als der Verordnungsgeber der dort beschriebenen Beziehung zwischen Gerichtsstand und Sachverhalt einen besonderen Stellenwert beigemessen und hierfür eine *ausschließliche* Zuständigkeit geschaffen hat.[654] Dies verdeutlichen auch die Art. 25 und 35 Abs. 1 Brüssel I-VO. Nach Art. 25 Brüssel I-VO hat sich ein Gericht eines Mitgliedstaates von Amts wegen für unzuständig zu erklären, wenn es wegen eines Rechtsstreits angerufen wird, für den das Gericht eines anderen Mitgliedstaats nach Art. 22 Brüssel I-VO zuständig ist. Art. 35 Abs. 1 Brüssel I-VO untersagt die Anerkennung von Entscheidungen von Gerichten anderer Mitgliedstaaten, wenn sie Art. 22 Brüssel I-VO verletzen. Die Verletzung von Art. 2 Brüssel I-VO steht demgegenüber einer Anerkennung nicht im Wege (vgl. Art. 35 Abs. 3 Brüssel I-VO). Durch diese unterschiedliche Wertung wird deutlich, dass der Verordnungsgeber den Art. 22 Brüssel I-VO zugrundeliegenden Zuständigkeitsinteressen ganz bewusst eine größere Bedeutung beigelegt hat als den durch Art. 2 Brüssel I-VO betroffenen.[655] Wenn der *EuGH* also in der *Owusu*-Entscheidung den Art. 2 Brüssel I-VO als unabdingbar ansah, so muss dies erst recht für den Art. 22 Brüssel I-VO gelten. Neben dem Wortlaut und der Systematik der VO verlangen zudem die Grundsätze der Rechtssicherheit und der Vorhersehbarkeit im Zuständigkeitsrecht sowie die Einheitlichkeit der Rechtsanwendung auch im Anwendungsbereich des Art. 22 Brüssel I-VO eine Ablehnung des *forum non conveniens*-Einwands.

(2) Ausschlusswirkung zugunsten drittstaatlicher Gerichte

Etwas schwieriger gestaltet sich indes die Rechtslage, wenn die in Art. 22 Brüssel I-VO für maßgeblich erklärten Berührungspunkte außerhalb der EU liegen, wenn z.B. zwei Berliner über ein kanadisches Grundstück streiten. Hier ist Art. 22 Brüssel I-VO aufgrund seines eindeutigen Wortlauts nicht anwendbar, denn er regelt nur die Zuständigkeit der Gerichte eines Mitgliedstaates für den Fall, dass sich der Sachbezug auf diesen Mitgliedstaat bezieht. Es kommt vielmehr der Beklagtengerichtsstand gem. Art. 2 Brüssel I-VO zum Zuge.[656] Es stellt sich jedoch die Frage, ob die allgemeine Zuständigkeit im Wohnsitzstaat unter

654 Nach *Gaudemet-Tallon* soll die besondere Bindung zwischen Sachverhalt und Gericht im Rahmen der Art. 16 und 17 EuGVÜ dazu führen, dass nur hier die Anwendung der *forum non conveniens*-Lehre ausscheide; bei allen anderen Zuständigkeitsgründen soll sie dagegen zulässig sein. Vgl. *Gaudemet-Tallon,* RCDIP 1991, 491, 514 ff.

655 So auch in Bezug auf EuGVÜ *Grundmann,* IPRax 1985, 249, 251.

656 Hat der Beklagte seinen Wohnsitz außerhalb der EU, so gilt gemäß Art. 4 Brüssel I-VO das autonome Recht der Mitgliedstaaten – in Deutschland also § 24 ZPO.

Hinweis auf den vorrangigen Gerichtsstand des betroffenen Drittstaates eingeschränkt werden soll.[657]

Der überwiegende Teil der Literatur bejaht zu Recht diese Frage.[658] Der Regelung in Art. 22 Brüssel I-VO liegt die Wertung zugrunde, dass die dort normierte Anknüpfung allein sachgerecht ist.[659] Sie soll sich daher nicht nur zugunsten der mitgliedstaatlichen, sondern auch zugunsten der drittstaatlichen Gerichte auswirken. Der Vorschrift kommt mithin neben ihrer primären Funktion, als sog. Befolgungsregel positiv die Zuständigkeit eines Gerichts zu bestimmen, auch eine sekundäre Funktion zu, unter bestimmten Voraussetzungen die nach sonstigen Regeln bestehende Zuständigkeit inländischer Gerichte auszuschließen.[660] Man spricht insoweit von der spiegelbildlichen oder reflexiven Wirkung der Vorschrift. Umstritten ist hierbei, ob die reflexive Wirkung zu einem Ausschluss der inländischen Zuständigkeit in analoger Anwendung des Art 22 Brüssel I-VO führt[661] oder ob sie lediglich einen Rückgriff auf nationale Derogationsvorschriften ermöglicht und es mithin zu einem Zusammenspiel des nationalen und europäischen Rechts kommt.[662] Entnähme man die Derogationswirkung mithilfe des nationalen Rechts, so wäre in England der Weg zum *forum non conveniens* eröffnet. Diese Anwendungsmöglichkeit der Doktrin hatte unter anderem der *Court of Appeal* im Blick, als er die zweite Vorlagefrage im *Owusu*-Fall an den *EuGH* richtete.[663]

---

657 Zu beachten ist, dass es hier nicht um die Begründung einer Zuständigkeit in einem Drittstaat geht, sondern allein um den Ausschluss einer nach der Brüssel I-VO in einem Mitgliedstaat bestehenden Zuständigkeit.

658 Wieczorek/Schütze/*Hausmann,* ZPO, Art. 16 EuGVÜ Rn. 7; Kropholler/*von Hein,* EuZPR, Art. 22 Rn. 7; *Schack,* IZVR, Rn. 359; *Hess,* IZPR, § 5 Rn. 12 ff.; MünchKommZPO/*Gottwald,* Art. 22 EuGVO Rn. 7; *Coester-Waltjen,* FS Nakamura, S. 89, 105; *Heinze/Dutta,* IPRax 2005, 224, 227 ff.; *Grundmann,* IPRax 1985, 249, 250 ff.; *Grolimund,* Drittstaatenproblematik des europäischen Zivilverfahrensrechts, Rn. 429 ff.; *Droz,* Compétence judiciaire et effet des jugements dans le marché commun, Rn. 164 ff.; *Cheshire/North/Fawcett,* S. 333; *Dicey, Morris and Collins,* Rn. 12-021 f. Ablehnend Rauscher/*Mankowski,* EuZPR, Art. 22 Brüssel I-VO Rn. 2 b ff.; *Geimer/Schütze,* EuZVR, A 1 – Art. 22 EuGVVO Rn. 13 f.

659 *Heinze/Dutta,* IPRax 2005, 224, 227 f.; Kropholler/*von Hein,* EuZPR, Art. 22 Rn. 7; Wieczorek/Schütze/*Hausmann,* ZPO, Art. 16 EuGVÜ Rn. 7; *Grundmann,* IPRax 1985, 249, 252.

660 Ausführlich hierzu *Grundmann,* IPRax 1985, 249, 250.

661 *Heinze/Dutta,* IPRax 2005, 224, 228; *Grundmann,* IPRax 1985, 249, 251 ff.; *Coester-Waltjen,* FS Nakamura, S. 89, 105; Kropholler/*von Hein,* EuZPR, Art. 22 Rn. 7.

662 *Droz,* Compétence judiciaire et effet des jugements dans le marché commun, Rn. 165 ff., *Dicey, Morris and Collins,* Rn. 12-022; *Hare,* [2006] J.B.L. 157, 174 ff.; *Grolimund,* Drittstaatenproblematik des europäischen Zivilverfahrensrechts, Rn. 430 f., 434 f. und 507; *Schack,* IZVR, Rn. 359.

663 *EuGH,* Urt. v. 1. 3. 2005, Rs. C-281/02 – *Owusu ./. Jackson u.a.,* EuZW 2005, 345 Rn. 48. Darüber hinaus wurde die zweite Vorlagefrage für den Fall einer Zuständigkeitsvereinbarung zugunsten eines Drittstaatengerichts und für den Fall der Rechtshängigkeit oder des Sachzusam-

Die Heranziehung nationaler Derogationsvorschriften und damit der *forum non conveniens*-Lehre würde die einheitliche Anwendung der Verordnung gefährden und deren Regelungssystematik entgegenstehen.[664] Sie stünde insbesondere im Widerspruch zu Art. 2 Abs. 1 Brüssel I-VO, der ausdrücklich lediglich unter Vorbehalt der Vorschriften der Verordnung und nicht unter Vorbehalt des nationalen Rechts steht.[665] Sie ist folglich abzulehnen.

Vorzugswürdig erscheint es daher, den Ausschluss inländischer Zuständigkeit in Sachverhalten mit Anknüpfungsbezug zu einem Drittstaat an einer analogen Anwendung des Art. 22 Brüssel I-VO zu messen, dies jedenfalls dann, wenn der betroffene Drittstaat eine ausschließliche Zuständigkeit für sich beansprucht.[666] Für derartige Fallkonstellationen fehlt eine spezielle gesetzliche Regelung, es liegt also eine unbewusste Regelungslücke vor. Diese Lücke ist auch planwidrig. Dem Sinn des Gesetzes, für bestimmte Streitigkeiten, nur *ein* Forum unter Zurückdrängung konkurrierender Zuständigkeiten bereitzuhalten,[667] entspräche eine Regelung, die den Beklagtengerichtsstand des Art. 2 Brüssel I-VO unabhängig davon ausschließt, ob der Anknüpfungspunkt des Art. 22 Brüssel I-VO in einem anderen Mitgliedstaat oder in einem Drittstaat liegt. Die Interessenlage ist insoweit vergleichbar. In beiden Fällen bestehen schützenswerte Interessen wie etwa die leichtere Durchsetzbarkeit, besserer Zugang zu Zeugen und Beweismitteln sowie regelmäßig auch die Vertrautheit mit dem anwendbaren Recht. Überdies verlangen der Grundsatz der internationalen Fairness, sowie das Bestreben, hinkende Rechtsverhältnisse zu vermeiden, die Ausschlusswirkung des Art. 22 Brüssel I-VO auch zugunsten von Drittstaaten zu bejahen.[668] Eine analoge Anwendung des Art. 22 I Brüssel I-VO ist daher gerechtfertigt.

Damit bliebe die Berufung auf den *forum non conveniens*-Einwand auch bei Vorliegen eines Drittstaatenbezugs der in Art. 22 Brüssel I-VO beschriebenen Art für englische Gerichte versperrt. Berechtigte Zuständigkeitsinteressen können durch Anerkennung reflexiver Wirkung des Art. 22 Brüssel I-VO zugunsten von Drittstaaten in Wege seiner analogen Auslegung berücksichtigt werden. Es stellt sich jedoch die Frage, ob die sog. Theorie vom *effet réflexe* als solche nicht

---

menhangs mit einem im Drittstaat anhängigen Verfahren gestellt. Hierzu weiter unten Kap. 3, II, 1, b), bb) bzw. c).

664 Vgl. *Heinze/Dutta*, IPRax 2005, 224, 228.

665 Vgl. *Heinze/Dutta*, IPRax 2005, 224, 228.

666 So *Heinze/Dutta*, IPRax 2005, 224, 228; *Coester-Waltjen*, FS Nakamura, S. 89, 105; *Groli-mund*, Drittstaatenproblematik des europäischen Zivilverfahrensrechts, Rn. 430 f.; Wieczorek/Schütze/*Hausmann*, ZPO, Art. 16 EuGVÜ Rn. 7; MünchKommZPO/*Gottwald*, Art. 22 EuGVO Rn. 7.

667 Vgl. *Heinze/Dutta*, IPRax 2005, 224, 227.

668 Vgl. *Coester-Waltjen*, FS Nakamura, S. 89, 105.

als eine spezielle Ausprägung der *forum non conveniens*-Lehre betrachtet werden kann.

(3) *Effet réflexe* als Unterform des *forum non conveniens*

Für eine derartige Lesart könnte insbesondere sprechen, dass beide Rechtsinstrumente den gleichen Zweck verfolgen, nämlich die Berufung des Forums, das zur Entscheidung über den Rechtsstreit am besten geeignet ist. Jedoch bleiben die Unterschiede wesentlich. Zum einen ermächtigt die *forum non conveniens*-Lehre lediglich zu einer Ermessensausübung. Der Kläger behält bei Erhebung der Einrede durch den Beklagten nach wie vor die Möglichkeit, das Gericht von seiner Gerichtsstandswahl zu überzeugen.[669] Die Reflexwirkung entfaltet demgegenüber grundsätzlich eine Pflicht des Gerichts, die eigene Zuständigkeit zugunsten eines Drittstaates abzulehnen, wenn die in Art. 22 Brüssel I-VO umschriebenen Anknüpfungsbezüge dort verwirklicht sind. Ausnahmen hiervon sind nur dann anzuerkennen, wenn im Drittstaat kein effektiver Rechtsschutz erlangt werden kann.[670] Zum anderen handelt es sich beim *forum non conveniens* um ein Mittel zur Korrektur bereits gefundener Zuständigkeiten, beim *effet réflexe* dagegen um eine der Kompetenzregel selbst innewohnende Begrenzung ihres eigenen Anwendungsbereichs.[671] Mit anderen Worten: *forum non conveniens* kommt erst im zweiten Schritt zum Zuge, nachdem die Voraussetzungen eines Gerichtsstandes erfüllt sind, *effet réflexe* ist Teil der Zuständigkeitsvorschrift selbst und wirkt sich bereits bei der Prüfung ihrer Anwendungsvoraussetzungen aus.[672] Der *Owusu*-Fall hat dem Gerichtshof keinen konkreten Anlass geboten, über die Zulässigkeit des *effet réflexe* zu befinden. Bis zu einer Entscheidung des *EuGH* bleibt es den nationalen Gerichten daher unbenommen, die Reflexwirkung anzuerkennen und sich in entsprechenden Fällen für unzuständig zu erklären. Aufgrund dogmatischer Unterschiede zwischen beiden Rechtsinstrumenten kann die kategorische Ablehnung des *forum non conveniens* durch die europäischen Richter nicht als Indiz für ein ähnliches, künftiges Schicksal des *effet réflexe* angesehen werden.[673] Dass der *EuGH* indes den *effet réflexe* billigt und

669 Vgl. hierzu oben Kap. 1, IV, 3.

670 Deutlich *Hess*, EuZPR, § 5 Rn. 12 ff.

671 Ähnlich die Lesart vom *effet réflexe* bei *Heinze/Dutta*, IPRax 2005, 224, 229.

672 Für eine strikte Unterscheidung zwischen *effet réflexe* und *forum non conveniens*, *Cheshire/North/Fawcett*, S. 327 und 333.

673 Vgl. *Cheshire/North/Fawcett*, S. 333.

gleichzeitig darin eine gewisse Anerkennung des *forum non conveniens* erblickt, erscheint als sehr unwahrscheinlich.[674]

bb) Art. 23 Brüssel I-VO

Art. 23 Brüssel I-VO regelt die Vereinbarungen über die Zuständigkeit. Da diese regelmäßig vor dem Entstehen einer Streitigkeit geschlossen werden, also dann wenn noch ungewiss ist, wem die Kläger- und wem die Beklagtenrolle zukommt, hat sich der Verordnungsgeber für eine vom Beklagtenwohnsitz losgelöste Regelung entschieden.[675] Bei ihrer wortlautgetreuen Anwendung erfasst die Vorschrift nur die Prorogation der Zuständigkeit eines mitgliedstaatlichen Gerichts. Außerdem muss zumindest eine der Parteien ihren Wohnsitz in einem Mitgliedstaat haben. Sind diese Voraussetzungen erfüllt, so kommt die Beachtung des *forum non conveniens*-Einwands nicht in Betracht. Die im *Owusu*-Urteil gegen die Lehre genannten Argumente müssen konsequenterweise auch hier gelten und zwar unabhängig davon, ob es sich bei der in einem Mitgliedstaat ansässigen Partei um die Person des Klägers oder um die Person des Beklagten handelt. Keine Rolle spielt es zudem, ob eine nicht ausschließliche oder eine ausschließliche Zuständigkeit vereinbart wurde. Ähnlich wie im Anwendungsbereich des Art. 22 Brüssel I-VO wird zudem der zwingende Charakter des Art. 23 Brüssel I-VO zusätzlich durch die Regelung in Art. 4 Abs. 1 Brüssel I-VO verdeutlicht, wonach die Anwendung des nationalen Rechts ausdrücklich unter Vorbehalt der Art. 22 und Art. 23 Brüssel I-VO steht.[676]

Haben die Parteien die Gerichte eines Drittstaates prorogiert, so ist die Vorschrift nach ihrem Wortlaut nicht anwendbar. Die Wirksamkeit der Prorogation beurteilt sich hier nach autonomem Recht.[677] Wird zugleich eine nach der Brüssel I-VO gegebene Zuständigkeit abbedungen, so stellt sich auch hier die Frage, ob sich die Derogation nach Art. 23 Brüssel I-VO analog richtet oder ob hierfür das autonome Recht maßgeblich ist.[678] Bei Zugrundelegung des nationalen

674 Vgl. auch *Rodger,* (2006) 2 J.Pr.I.L. 71, 97; *Briggs,* (2005) 121 L.Q.R. 535, 539 f. Hierfür sprechen nicht nur die hier aufgezeigten Differenzen zwischen den beiden Lehren, sondern die in der gesamten Linie der Judikate des *EuGH* erkennbare Abneigung gegenüber nationalen Ermessensinstrumenten. Vgl. bereits Fn. 634 und 635.

675 Vgl. *Coester-Waltjen,* FS Nakamura, S. 89, 111 f.

676 Vgl. hierzu bereits oben Kap. 3, II, 1, b), aa), (1).

677 Vgl. *Coester-Waltjen,* FS Nakamura, S. 89, 113; Rauscher/*Mankowski,* EuZPR, Art. 23 Brüssel I-VO Rn. 3a; *EuGH,* Urt. v. 9. 11. 2000, Rs. C-387/98 – *Coreck Maritime GmbH ./. Handelsveem BV u.a.,* Slg. 2000, I-9337 = NJW 2001, 501 Rn. 19.

678 Dass eine solche Derogation europäischer Vorschriften grundsätzlich unzulässig sein soll, lässt sich der Brüssel I-VO indes nicht entnehmen und wird auch allgemein nicht vertreten. Vgl.

Rechts wäre für die englischen Richter zumindest beim Vorliegen einer nicht ausschließlichen Gerichtsstandsvereinbarung der Rückgriff auf *forum non conveniens* möglich. Ausschließliche Gerichtsstandsvereinbarungen folgen dagegen besonderen Regeln.[679]

Eine weit verbreitete Ansicht beurteilt die Ausschlusswirkung europäischer Zuständigkeiten zugunsten des prorogierten Drittstaatengerichts nach Maßgabe des nationalen Rechts.[680] Diese Lösung fügt sich jedoch nur schwer in die Systematik der Verordnung ein. Befindet sich der Beklagtenwohnsitz innerhalb der EU, so entstünde bei Anwendung des nationalen Rechts ein Widerspruch zu Art. 2 Brüssel I-VO, von dem nur nach Maßgabe der Verordnung abgewichen werden kann.[681] Des Weiteren wäre die EU-weit einheitliche Auslegung und Anwendung der Gerichtsstände der Brüssel I-VO gefährdet, könnte jeder Mitgliedstaat über deren Ausschluss nach seinem eigenen Recht entscheiden.[682] Daher ist die Derogationswirkung drittstaatlicher Gerichtsstandsvereinbarungen am Art. 23 Brüssel I-VO zu messen.[683] Diese Lösung hat zudem den Vorteil, dass sie automatisch die Berücksichtigung der in Art. 23 Abs. 5 Brüssel I-VO normierten Schranken der Derogation ermöglicht. Auf diese Weise können insbesondere die Vorschriften der Art. 13, 17 und 21 Brüssel I-VO – die zum Schutze des sozial Schwächeren die Derogation bestimmter Zuständigkeiten nur sehr eingeschränkt zulassen – Anwendung beanspruchen, gleichgültig ob die Zuständigkeit der Gerichte eines Mitgliedstaates oder eines Drittstaates vereinbart wurde.[684]

---

hierzu *Schlosser*-Bericht, ABl. EG 1979 Nr. C 59, S. 71 Rn. 176; *Coester-Waltjen*, FS Nakamura, S. 89, 113.

679 Hierzu *Cheshire/North/Fawcett*, S. 432 und 443 ff.

680 *BGH* NJW 1986, 1438, 1439 m. Anm. *Geimer*; *Konkola Copper Mines Plc. v. Coromin Ltd.* [2005] 2 Lloyd's Rep. 555; Kropholler/*von Hein*, EuZPR, Art. 23 Rn. 14; *Schlosser*-Bericht, ABl. EG 1979 Nr. C 59, S. 71 Rn. 176; *Schlosser*, EuZPR, Art. 23 EuGVVO Rn. 4; MünchKommZPO/*Gottwald*, Art. 23 EuGVO Rn. 8; *Hare*, [2006] J.B.L. 157, 177 f. Ferner *Dicey, Morris and Collins*, Rn. 12-022; *Grolimund*, Drittstaatenproblematik des europäischen Zivilverfahrensrechts, 430 ff., 435, die es als eine kombinierte Anwendung des nationalen Rechts und des Art. 23 Brüssel I-VO verstehen.

681 So *Heinze/Dutta*, IPRax 2005, 224, 228; *Geimer/Schütze*, EuZVR, A 1 – Art. 23 EuGVVO Rn. 41. Vgl. hierzu die entsprechende Problematik bei Art. 22 Brüssel I-VO.

682 Vgl. *Heinze/Dutta*, IPRax 2005, 224, 228; Rauscher/*Mankowski*, EuZPR, Art. 23 Brüssel I-VO Rn. 3b; *Schack*, IPRax 1990, 19, 20.

683 *Heinze/Dutta*, IPRax 2005, 224, 228; Rauscher/*Mankowski*, EuZPR, Art. 23 Brüssel I-VO Rn. 3b; *Schack*, IZVR, Rn. 531; *ders.*, IPRax 1990, 19, 20; *Geimer/Schütze*, EuZVR, A 1 – Art. 23 EuGVVO Rn. 41 ff.; *Geimer*, NJW 1986, 1439 f.

684 Vgl. Rauscher/*Mankowski*, EuZPR, Art. 23 Brüssel I-VO Rn. 3b, der zutreffend darauf hinweist, dass diese Schutzvorschriften nicht danach unterscheiden, welches Gericht prorogiert wird. Vielmehr haben diese nur zum Ziel, die Derogation in bestimmten Fällen zu unterbinden. Eine unterschiedliche Behandlung, je nachdem, ob das Gericht eines Mitgliedstaates oder eines

Nach alledem kommt die Anwendung des *forum non conveniens*-Einwands zur Durchsetzung einer Gerichtsstandsvereinbarung zugunsten von Drittstaatengerichten nicht in Betracht.[685] Vielmehr richtet sich hier die Derogation europäischer Zuständigkeiten nach Maßgabe des Art. 23 Brüssel I-VO analog. Diese spiegelbildliche oder reflexive Wirkung des Art. 23 Brüssel I-VO in Drittstaatenfällen ist mit dem Rechtsinstitut des *forum non conveniens* nicht vergleichbar und daher streng hiervon zu unterscheiden.[686]

c) *Lis alibi pendens*-Situationen

aa) Derzeitige Rechtslage

Die soeben diskutierte Problematik begegnet uns in ähnlicher Form auch im Rahmen der Art. 27 ff. Brüssel I-VO. Die Vorschriften regeln unmittelbar nur die frühere Rechtshängigkeit und im Zusammenhang stehende Verfahren in einem anderen Mitgliedstaat.[687] Für entsprechende Situationen in einem Drittstaat findet sich in der Verordnung keine explizite Regelung.

Allein daraus lässt sich jedoch nicht folgern, dass der Verordnungsgeber die drittstaatliche Rechtshängigkeit als grundsätzlich unbeachtlich ansehen oder deren Berücksichtigung sogar ganz verbieten wollte.[688] Vielmehr rechtfertigt be-

---

Drittstaates prorogiert wird, wäre nicht zu rechtfertigen, zumal das Schutzbedürfnis der Parteien in Fällen mit Drittstaatenbezug sogar noch höher sein kann, als in reinen Binnenmarktfällen. Vgl. auch *von Hein,* IPRax 2006, 16, 17; *Geimer/Schütze,* EuZVR, A 1 – Art. 23 EuGVVO Rn. 42 und Kropholler/*von Hein,* EuZPR, Art. 23 Rn. 14, 81-83, der im Übrigen aber eine analoge Anwendung des Art. 23 Brüssel I-VO auf drittstaatliche Gerichtsstandsklauseln ablehnt und stattdessen für den Rückgriff auf nationales Recht plädiert.

685 Folglich ist es den englischen Gerichten ebenfalls verwehrt, im Fall einer ausschließlichen Gerichtsstandsvereinbarung auf die entsprechenden besonderen Ermessensregeln zurück zu greifen. Insofern verfehlt *Konkola Copper Mines Plc. v. Coromin Ltd.* [2005] 2 Lloyd's Rep. 555, 570 ff.

686 Vgl. hierzu bereits oben auf Kap. 3, II, 1, b), aa), (3).

687 Die Vorschriften gelten unabhängig vom Wohnsitz der Parteien (vgl. *EuGH,* Urt. v. 27. 6. 1991, Rs. C-351/89 – *Overseas Union Insurance Ltd. u.a.* Slg. 1991, I-3317 = NJW 1992, 3221 Rn. 16) und unabhängig davon, ob sich die Zuständigkeit im konkreten Fall auf die Brüssel I-VO oder auf das nationale Recht stützt. Maßgeblich ist allein, dass die konkurrierenden Gerichte in verschiedenen Mitgliedstaaten liegen. Hierzu Kropholler/*von Hein,* EuZPR, vor Art. 27 Rn. 2; MünchKommZPO/*Gottwald,* Art. 27 EuGVO Rn. 2; *Coester-Waltjen,* FS Nakamura, S. 89, 100. Ist der Anwendungsbereich der Art. 27 ff. Brüssel I-VO eröffnet, so ist der Rückgriff auf nationales Recht und damit die *forum non conveniens*-Lehre ausgeschlossen. Deutlich *Huber,* RIW 1993, 977, 983.

688 Vgl. *Schlosser,* Art. 27 EuGVO Rn. 1; *Geimer,* FS Kralik, S. 179, 182; *Geimer/Schütze,* EuZVR, A 1 – Art. 27 EuGVVO Rn. 23; *v. Hoffmann,* AWD 1973, 57, 64;

reits ein Blick auf die Regelung in Art. 34 Nr. 4 Brüssel I-VO eine gegenteilige Annahme. Nach dieser Vorschrift stellt eine frühere drittstaatliche Entscheidung ein Anerkennungshindernis dar, wenn sie im Anerkennungsstaat anerkennungsfähig wäre. Werden im Anerkennungsverfahren ältere drittstaatliche Urteile von der Verordnung vorrangig berücksichtigt, so spricht vieles dafür, die Rechtshängigkeit in einem Drittstaat bereits bei der Zuständigkeitsfrage zu beachten.[689] Des Weiteren lässt sich den Art. 27 ff. Brüssel I-VO auch ganz allgemein die Wertentscheidung entnehmen, dass die frühere ausländische Rechtshängigkeit zum Ausschluss der europäischen Zuständigkeiten führt. Es erscheint sachgerecht, diese Wertentscheidung des Verordnungsgebers auch zugunsten von Drittstaaten anzuerkennen.[690] Auch sachlich ist die Berücksichtigung der drittstaatlichen Rechtshängigkeit gerechtfertigt: Der Beklagte muss vor einer doppelten Inanspruchnahme geschützt werden und das Klägerinteresse, gleichzeitig zwei Prozesse zu führen, ist nicht schutzwürdig.[691] Problematisch ist jedoch, ob die Berücksichtigung der früheren drittstaatlichen Rechtshängigkeit über eine analoge Anwendung der Art. 27 ff. Brüssel I-VO oder über die Anwendung des autonomen Rechts zu erfolgen hat.

Die Lösung über die Art. 27 ff. Brüssel I-VO analog wird nur vereinzelt vertreten.[692] Gegen sie spricht vor allem der Umstand, dass die Rechtshängigkeitsvorschriften der VO in einem engen Zusammenhang mit deren Anerkennungsregime stehen. Die Berücksichtigung fremder Rechtshängigkeit ergibt nur dann Sinn, wenn das zu erwartende ausländische dem inländischen Urteil gleichwertig ist, d.h. wenn es im Inland anerkennungsfähig ist. Die Rechtshängigkeitssperre des Art. 27 Brüssel I-VO wird aber ausgelöst unabhängig von einer positiven Anerkennungsprognose hinsichtlich der zu erwartenden ausländischen Entscheidung. Dies deutet darauf hin, dass die Entscheidungen, die unter Art. 27 ff. Brüssel I-VO fallen, aus den Mitgliedstaaten stammen müssen, denn diese werden im Regelfall nach Art. 32 ff. Brüssel I-VO automatisch ohne ein besonderes Verfahren anerkannt. In Ansehung drittstaatlicher Verfahren wäre ein Verzicht auf die Anerkennungsprognose vor Berücksichtigung der Rechtshängigkeit nicht mög-

689 So zutreffend *Heinze/Dutta,* IPRax 2005, 224, 228 f.; *Huber,* RIW 1993, 977, 983; *ders.,* Die englische forum-non-conveniens-Doktrin und ihre Anwendung im Rahmen des Europäischen Gerichtsstands- und Vollstreckungsübereinkommens, S. 225; *Kropholler,* FS Ferid, S. 239, 244; *Rauscher/Gutknecht,* IPRax 1993, 21, 23.

690 *Heinze/Dutta,* IPRax 2005, 224, 228; *Huber,* RIW 1993, 977, 983; *Geimer,* FS Kralik, S. 179, 182 f.; *Kropholler,* FS Ferid, S. 239, 244.

691 *Schack,* IZVR, Rn. 833 f.; *v. Hoffmann,* AWD 1973, 57, 64.

692 *Kohler,* FS Matscher, S. 251, 260.

lich.[693] Die vereinfachte Urteilsanerkennung im Anwendungsbereich der Brüssel I-VO basiert auf dem Grundsatz des gegenseitigen Vertrauens der Mitgliedstaaten in ihre jeweiligen Justizsysteme.[694] Im Verhältnis zu Drittstaaten gilt der Grundsatz des gegenseitigen Vertrauens jedoch nicht ohne Weiteres; eine Anwendung der Art. 27 ff. Brüssel I-VO scheidet hier aus.[695] Deshalb erscheint es sachgerechter, die Lösung des Rechtshängigkeitseinwands in Drittstaatenfällen – anders als im Bereich der Zuständigkeiten nach Art. 22 und 23 Brüssel I-VO – dem nationalen Recht zu überlassen.[696] Genauer betrachtet kommt es hier im Ergebnis zu einer kombinierten Anwendung des europäischen und nationalen Rechts: Die Brüssel I-VO legt den Fall fest, in dem die Derogation der europäischen Zuständigkeiten möglich ist – namentlich konkurrierende Rechtshängigkeit oder konnexes Verfahren in einem Drittstaat – und das nationale Recht bestimmt die genauen Bedingungen für den konkreten Zuständigkeitsausschluss.[697]

Dies hätte zur Folge, dass in Deutschland – vorbehaltlich staatsvertraglicher Regelungen[698] – § 261 Abs. 3 Nr. 1 ZPO zur Anwendung kommt. Die englischen Richter können dagegen die *lis alibi pendens* im Rahmen von *forum non conveniens* berücksichtigen.[699] Sicherlich ist ein solches Vorgehen nicht bedenkenlos. Denn der Rückgriff aufs nationale Recht schadet dem Ziel der Rechtsvereinheitlichung und bringt Rechtsunsicherheit mit sich. Mag die deutsche Regelung in § 261 Abs. 3 Nr. 1 ZPO der europäischen in Art. 27 Brüssel I-VO noch ähneln –

---

693 Hierzu bereits *Heinze/Dutta,* IPRax 2005, 224, 229; *Huber,* RIW 1993, 977, 983; *Hess,* EuZPR, § 5 Rn. 17; *Weber,* RIW 2009, 622. Allgemein zur Berücksichtigung ausländischer Rechtshängigkeit nach autonomem deutschen Recht MünchKommZPO/*Becker-Eberhard,* § 261 Rn. 74 ff.; *Geimer,* IZPR, Rn. 2688 ff.; *BGH* NJW 2001, 524.

694 Vgl. Erwägungsgrund 16 zur Brüssel I-VO.

695 Vgl. *Huber,* RIW 1993, 977, 983 und ausführlich *Heinze/Dutta,* IPRax 2005, 224, 229.

696 *Huber,* RIW 1993, 977, 983; *ders.;* Die englische forum-non-conveniens-Doktrin und ihre Anwendung im Rahmen des Europäischen Gerichtsstands- und Vollstreckungsübereinkommens, S. 224; *Heinze/Dutta,* IPRax 2005, 224, 229; Kropholler/*von Hein,* EuZPR, vor Art. 27 Rn. 2; MünchKommZPO/*Gottwald,* Art. 27 EuGVO Rn. 2; Rauscher/*Leible,* EuZPR, Art. 27 Brüssel I-VO Rn. 3; *Geimer/Schütze,* EuZVR, A 1 – Art. 27 EuGVVO Rn. 23; *Coester-Waltjen,* FS Nakamura, S. 89, 101; *Grolimund,* Drittstaatenproblematik des europäischen Zivilverfahrensrechts, Rn. 430 f.; 434 f.; 579; *Schack,* IZVR, Rn. 846; *Hess,* EuZPR, § 5 Rn. 17 f.; *Weitz,* EPS 2005, 42, 47 f.

697 So die Lesart von *Grolimund,* Drittstaatenproblematik des europäischen Zivilverfahrensrechts, Rn. 431; *Dicey, Morris and Collins,* Rn. 12-022.

698 Vgl. etwa Art. 22 des deutsch-israelischen Vertrags über die gegenseitige Anerkennung und Vollstreckung von gerichtlichen Entscheidungen in Zivil- und Handelssachen vom 20. 7. 1977, BGBl. 1980 II, S. 926; abgedruckt bei *Jayme/Hausmann,* Internationales Privat- und Verfahrensrecht, Nr. 189.

699 Zustimmend *Dicey, Morris and Collins,* Rn. 12-022; *Hare,* [2006] J.B.L. 157, 176 f.; *Rauscher/Gutknecht,* IPRax 1993, 21, 23; ablehnend *Cheshire/North/Fawcett,* S. 327.

denn beide beruhen auf dem Grundsatz der zeitlichen Priorität – ist der englische Ansatz bereits völlig verschieden. So spielt die zeitliche Komponente hier nur eine geringe Rolle; relevant sind dagegen etwa der Fortschritt oder die zu erwartende Dauer der Verfahren.[700] Manche ausländische Rechtsordnungen wollen eine frühere ausländische Rechtshängigkeit sogar gänzlich unberücksichtigt lassen. Dies gilt etwa für Polen (Art. 1098 kpc) und Portugal[701]. Dass dadurch vergleichbare Fälle in den Mitgliedstaaten jeweils unterschiedlich beurteilt werden können, liegt auf der Hand. *De lege ferenda* wäre daher die Schaffung einer EU-weit einheitlichen Regelung sinnvoll. In der Literatur wurden hierzu einige Vorschläge erarbeitet, die im Folgenden kurz dargestellt werden sollen.

bb) Lösungsmöglichkeiten

(1) Übernahme des *forum non conveniens* nach den Leuven/London-Principles

Um eine sinnvolle Kooperation der EU-Staaten mit Drittstaaten in Fällen mit doppelter Rechtshängigkeit zu erreichen, schlägt *Gottwald* eine Übernahme des *forum non convenies*-Gedankens in der Gestalt der von einem Komitee der International Law Association aufgestellten Leuven/London-Principles vor.[702] Nach Principle 4.3 kann das Ursprungsgericht das Verfahren an ein anderes Gericht verweisen, wenn das alternative Forum besser zur Entscheidung geeignet ist; hierbei sind die Interessen aller Parteien zu beachten und es darf niemand aufgrund seiner Herkunft diskriminiert werden.[703] Ferner enthält diese Leitlinie eine enumerative (nicht abschließende) Aufzählung der zu berücksichtigenden Faktoren. Um einen negativen Kompetenzkonflikt zu vermeiden soll sich das Ursprungsgericht gemäß Principle 5.2 mit dem alternativen Gericht in Verbindung setzen und alle Voraussetzungen der Abgabe klären.[704] Sollte eine Übernahme durch das alternative Gericht dennoch scheitern, so soll das Ursprungsgericht sein Verfahren wieder aufnehmen (Principle 5.8).[705] Eine derart moderate Anwendung der Lehre erscheint zunächst sehr bedenkenswert, denn sie könnte die

700 Vgl. hierzu bereits oben Kap. 1, IV, 2, b), aa), (5) sowie *Hare,* [2006] J.B.L. 157, 177.

701 Hierzu mit weiteren Beispielen *Nuyts/Szychowska,* Study on Residual Jurisdiction, Rn. 99, abrufbar unter http://ec.europa.eu/civiljustice/news/docs/study_residual_jurisdiction_en.pdf (zuletzt abgerufen am 26. 2. 2012).

702 *Gottwald,* FS Jayme, S. 277, 283 f. Zu den „Leuven/London Principles on Declining and Referring Jurisdiction in Civil and Commercial Matters" vom 26. 7. 2000 siehe International Law Association, Report of the 69th Conference, London 2000, S. 153 ff.

703 International Law Association, Report of the 69th Conference, London 2000, S. 160.

704 International Law Association, Report of the 69th Conference, London 2000, S. 162.

705 International Law Association, Report of the 69th Conference, London 2000, S. 164.

Nachteile, die *forum non conveniens*-Abweisungen für beide Parteien regelmäßig mit sich bringen, weitgehend ausgleichen. Dennoch ist es eher unwahrscheinlich, dass sich ein solcher Ansatz innerhalb des europäischen Zuständigkeitsrechts wird durchsetzen können. Zum einen lässt sich der Brüssel I-VO und insbesondere ihren Art. 27 und 34 Nr. 4 der eindeutige Wille entnehmen, dem Grundsatz der zeitlichen Priorität Geltung zu verschaffen. Zum anderen spricht die Linie der Rechtsprechung des *EuGH,*[706] geprägt durch Abkehr von unsicheren, nationalen Ermessensinstrumenten hin zu klar strukturierten, festen Normen, gegen eine solche Übernahme des *forum non conveniens* ins europäische Zuständigkeitsrecht.

(2) Überprüfung der Brüssel I-VO nach dem Grünbuch vom 21. 4. 2009

Weitere mögliche Lösungen sind im Zusammenhang mit der aktuellen Überprüfung der Brüssel I-VO vorgeschlagen worden. In Umsetzung des Art. 73 Brüssel I-VO hat die Kommission dem Europäischen Parlament, dem Rat und dem Wirtschafts- und Sozialausschuss am 21. 4. 2009 einen Bericht über die Anwendung der Verordnung[707] vorgelegt. Der Bericht wird von einem Grünbuch[708] ergänzt, das Vorschläge zur Revision der Brüssel I-VO enthält. Darunter findet sich die Anregung der Kommission, eine einheitliche europäische Zuständigkeitsregelung auch in Fällen zu schaffen, in denen der Beklagte nicht in einem Mitgliedstaat ansässig ist. Des Weiteren soll geprüft werden, unter welchen Voraussetzungen die Gerichte auf die Ausübung ihrer Zuständigkeit zugunsten drittstaatlicher Gerichte verzichten können.

Dem Bericht liegt unter anderem eine von *Nuyts/Szychowska*[709] verfasste Untersuchung zugrunde, die sich eingehend mit dem möglichen Ausschluss der europäischen Zuständigkeiten zugunsten von Drittstaaten befasst. Die Autoren weisen zutreffend darauf hin, dass die Relevanz der Problematik weiter steigen könnte, wenn die geplante Harmonisierung der Vorschriften in Bezug auf Ansprüche gegen Drittstaatenbeklagte[710] umgesetzt würde, denn diese würde die

706 Vgl. *EuGH,* Urt. v. 1. 3. 2005, Rs. C-281/02 – *Owusu ./. Jackson u.a.,* EuZW 2005, 345; *EuGH,* Urt. v. 9. 12. 2003, Rs. C-116/02 – *Gasser,* IPRax 2004, 243; *EuGH,* Urt. v. 27. 4. 2004, Rs. C-159/02 – *Turner ./. Grovit,* EuZW 2004, 468.

707 KOM (2009) 174 endg.

708 KOM (2009) 175 endg.

709 *Nuyts/Szychowska,* Study on Residual Jurisdiction, abrufbar unter: http://ec.europa.eu/civil justice/news/docs/study_residual_jurisdiction_en.pdf (zuletzt abgerufen am 26. 2. 2012).

710 Vgl. hierzu KOM (2009) 175 endg., Frage 2; *Hess,* EuZPR, § 5 Rn. 19 f.; *Nuyts/Szychowska,* Study on Residual Jurisdiction, Rn. 134 ff. sowie die Untersuchung der Europäischen Gruppe für Internationales Privatrecht, insbesondere deren Sitzung in Bergen am 21. 9. 2008, http://www.gedip-egpil.eu/gedip_documents.html (zuletzt abgerufen am 26. 2. 2012).

Gefahr von Parallelverfahren vor einem Gericht eines Mitgliedstaates und einem Gericht eines Drittstaates erhöhen.[711] Als mögliche Lösung erwägt die Studie zunächst die Entwicklung einer einheitlichen Regelung nach dem Vorbild der in den Mitgliedstaaten geltenden autonomen Vorschriften. Im Ergebnis sehen die Autoren jedoch einen solchen Lösungsweg als bedenklich an, denn er führe zu einem Nebeneinander zweier Systeme zur Regelung der Derogation und könne daher leicht als diskriminierend in Bezug auf Drittstaaten empfunden werden.[712] Als Alternative hierzu wird angeregt, die Harmonisierung der Derogationsvorschriften gänzlich abzulehnen und die Rechtslage so zu belassen wie sie gegenwärtig ist, zur Lösung also auch künftig das nationale Recht heranzuziehen. Entsprechend derzeitiger Rechtslage versteht dies die Studie als eine gekoppelte Anwendung der Art. 21 ff. Brüssel I-VO und der nationalen Rechte.[713]

Des Weiteren verweist die Kommission auf die Arbeiten der *European Group for Private International Law*.[714] Diese hat die Einfügung eines neuen Art. 30 *bis* in die Brüssel I-VO mit folgendem Inhalt vorgeschlagen:

> „In the case of lis pendens or related actions as understood in Articles 27 and 28, when the claim is pending before the courts of a non-member State, the court of a Member State seised second may stay the proceedings before it until the court seised first gives judgment, if it appears that judgment will be given within a reasonable time and that it will be subject to recognition under the law of the Member State in question. It shall decline jurisdiction once the court seised first has given a judgment entitled to recognition under the law of that Member State."

Der Vorschlag erscheint gelungen. Zwar enthält er einen unbestimmten Rechtsbegriff hinsichtlich der zu erwartenden Verfahrensdauer in einem Drittstaat, der im Einzelfall Anlass zum Streit geben kann. Er führt aber im Ergebnis zur Beachtung drittstaatlicher Rechtshängigkeit unter weitgehend denselben Voraussetzungen wie im Verhältnis der EU-Mitgliedstaaten zueinander. So soll danach auch gegenüber den Drittstaaten der Grundsatz der zeitlichen Priorität gelten. Zusätzlich verlangt der Vorschlag eine positive Anerkennungsprognose. Dieses Erfordernis war notwendig, um sicherzustellen, dass das drittstaatliche dem mitgliedstaatlichen Verfahren in Ansehung des Rechtsschutzziels gleichwertig ist.

---

711 *Nuyts/Szychowska,* Study on Residual Jurisdiction, Rn. 182.

712 *Nuyts/Szychowska,* Study on Residual Jurisdiction, Rn. 184. Zudem dürfte die Umsetzung dieses Vorschlags Schwierigkeiten bereiten, denn wie soll eine Regelung aussehen, die gleichzeitig den *forum non conveniens*-Gedanken und den Grundsatz des zeitlichen Vorrangs in sich vereint.

713 *Nuyts/Szychowska,* Study on Residual Jurisdiction, Rn. 185. Hierzu bereits oben Kap. 3, II, 1, c), aa).

714 Hierbei handelt es es um einen privaten Zusammenschluss von Hochschullehrern aus unterschiedlichen EU-Mitgliedstaaten und von Mitgliedern internationaler Organisationen, die zu aktuellen Rechtsetzungsvorhaben im IPR und in EuZPR Stellungnahmen und Empfehlungen abgeben, http://www.gedip-egpil.eu (zuletzt abgerufen am 26. 2. 2012).

Es gleicht genau die Merkmale der kohärenten Systematik der Art. 27 ff. und Art. 32 Brüssel I-VO aus, die es unmöglich machen, diese auch im Verhältnis zu einem Drittstaat anzuwenden.[715] Eine derartige Vorschrift würde sicherlich die Funktionsweise der Brüssel I-VO im internationalen Rechtssystem verbessern. Ob es zu einer solchen Erweiterung der Verordnung kommen wird, ist jedoch derzeit noch offen. *De lege lata* bleibt es den englischen Gerichten unbenommen, zur Lösung von Rechtshängigkeitskonflikten mit einem Drittstaat die *forum non conveniens*-Lehre heranzuziehen.[716]

d) Zuständigkeit aus Art. 4 Brüssel I-VO in Verbindung mit nationalen Regeln

Jedenfalls zulässig bleibt die *forum non conveniens*-Lehre dann, wenn das angerufene Gericht seine Zuständigkeit aus Art. 4 Brüssel I-VO in Verbindung mit den nationalen Regeln herleitet, da hier keine von der Verordnung geschützten Interessen betroffen sind.[717] Die ratio der *Owusu*-Entscheidung gilt in diesen Fällen nicht. Sollte die im Grünbuch der Kommission vom 21. 4. 2009[718] angeregte Erweiterung der Zuständigkeitsvorschriften der Verordnung auf Beklagte mit Wohnsitz in einem Drittstaat vollzogen werden, so wird jedoch auch in diesem Bereich der *forum non conveniens*-Einwand unanwendbar sein. Denn die Argumente gegen dieses Rechtsinstrument werden allein aus den Zuständigkeits-

715 Vgl. oben Kap. 3, II, 1, c), aa).

716 Möglicherweise wird der *EuGH* bald Gelegenheit haben, zu der Frage Stellung zu nehmen. In der Rs. *Goshawk Dedicated Ltd. v. Life Receivables,* [2009] IESC 7, hat die Klägerin, eine Gesellschaft englischen Rechts, Klage auf Feststellung erhoben, dass sie die Beklagte, eine irische Gesellschaft, nicht durch Täuschung zum Beitritt zu einer Delaware Partnership veranlasst habe. Kurz vor der Einleitung des irischen Verfahrens hatte die Beklagte in den USA bestimmte Rechtsbehelfe wegen der behaupteten Täuschungshandlung geltend gemacht. Der Irische *Supreme Court* hat das Verfahren ausgesetzt und beschlossen, dass die Frage, ob und unter welchen Voraussetzungen ein mitgliedstaatliches Gericht die Rechtshängigkeit der Streitsache vor einem drittstaatlichen Gericht berücksichtigen kann, dem *EuGH* zur Vorabentscheidung vorgelegt werden soll. Der endgültige Verweis an den *EuGH* steht noch aus, da die Parteien Gelegenheit zur Stellungnahme bekommen sollen. Ausführlich hierzu *Weber,* RIW 2009, 620 ff. Es bleibt zu hoffen, dass der Gerichtshof dem Bedürfnis nach Einschränkung europäischer Zuständigkeiten in der hier vorgeschlagenen Weise Rechnung tragen wird.

717 Geimer/Schütze/*Auer,* IRV, vor Art. 2 EuGVO Rn. 30; Rauscher/*Mankowski,* EuZPR, Vorbem Art. 2 Brüssel I-VO Rn. 16; *Blobel,* GPR 2005, 140, 141; *Dicey, Morris and Collins,* Rn. 12-023; *Rodger,* (2006) 2 J.Pr.I.L. 71, 97; Schlussanträge des Generalanwalts *Philippe Léger* vom 14. 12. 2004 zum Rechtsstreit *EuGH, Owusu ./. Jackson u.a.,* Slg. 2005, I-1383 Nr. 235; *Lubbe v. Cape Plc.* [2000] 2 Lloyd's Rep. 383, 389 (*Lord Bingham*); *In Re Harrods (Buenos Aires) Ltd.* [1992] Ch. 72, 100 (*C.A.*); *Haji-Ioannou v. Frangos* [1999] 2 Lloyd's Rep. 337, 347 (*C.A.*);

718 KOM (2009) 175 endg., Frage 2.

regeln abgeleitet. Zwingender Charakter der Rechtsvorschriften, Rechtssicherheit und Einheitlichkeit der Rechtsanwendung würden das *forum non conveniens* auch im Geltungsbereich von einheitlichen europäischen Gerichtsständen unzulässig machen, die vom Beklagtenwohnsitz in einem Drittstaat abhängen.

2. Verfahren im Anwendungsbereich des Luganer Übereinkommens und der Brüssel II *bis*-VO

Ebenso wie nach der Brüssel I-VO unzulässig ist die *forum non conveniens*-Lehre im Anwendungsbereich des Luganer Übereinkommens und der Brüssel II *bis*-VO,[719] da diesen Regelungswerken im Kern dieselbe Systematik zugrunde liegt. Allerdings findet sich in Art. 15 Brüssel II *bis*-VO eine Vorschrift, die allgemein als eine europarechtliche Ausprägung der *forum non conveniens*-Lehre verstanden wird. Im Folgenden soll nun diese Regelung näher beleuchtet und der Frage nachgegangen werden, ob und inwieweit diese Lesart zutreffend ist.

3. Art. 15 Brüssel II *bis*-VO

a) Regelungsgehalt

Art. 15 Brüssel II *bis*-VO stellt ein unionsrechtliches Novum dar. Die Vorschrift, die den Art. 8 und 9 KSÜ[720] nachempfunden wurde, sieht für Verfahren betreffend die elterliche Verantwortung[721] die Möglichkeit vor, dass ein an sich zu-

---

719 *Geimer,* IZPR, Rn. 1094 b; *Nagel/Gottwald,* IZPR, § 3 Rn. 18, 39 (in Bezug auf Lugano-Übereinkommen); *Blobel,* GPR 2005, 140, 142; *Dilger,* Die Regelungen zur internationalen Zuständigkeit in Ehesachen in der Verordnung (EG) Nr. 2201/2003, Rn. 324 f. und *Niklas,* Die europäische Zuständigkeitsverordnung in Ehe- und Kindschaftsverfahren, S. 104 ff. (in Bezug auf Brüssel II *bis*-VO).

720 Haager Übereinkommen über die Zuständigkeit, das anzuwendende Recht, die Anerkennung, Vollstreckung und Zusammenarbeit auf dem Gebiet der elterlichen Verantwortung und der Maßnahmen zum Schutz der Kinder vom 19. 10. 1996, englischer und französischer Text abrufbar unter http://www.hcch.net (zuletzt abgerufen am 26. 2. 2012); deutsche Übersetzung in *Jayme/Hausmann,* Internationales Privat- und Verfahrensrecht, Nr. 53.

721 Neuere supranationale Regelwerke zum internationalen Familienrecht verwenden anstelle des Begriffs „elterliche Sorge“ den der „elterlichen Verantwortung“. Dieser Begriff hat einen über die „elterliche Sorge“ hinausgehenden Umfang: Er umfaßt unter anderem auch das Umgangsrecht sowie Vormundschaft und Pflegschaft für Minderjährige. Vgl. hierzu die Legaldefinition in Art. 2 Nr. 7 Brüssel II *bis*-VO, ferner *Rausch,* FuR 05, 53, 54.

ständiges Gericht den Rechtsstreit unter bestimmtem Voraussetzungen an die Gerichte eines anderen Mitgliedstaates „verweisen" kann. Hierbei handelt es sich jedoch nicht um eine Verweisung nach deutschem Rechtsverständnis, denn der Beschluss nach Art. 15 Brüssel II *bis*-VO bindet das ausländische Gericht nicht.[722] Die Regelung ermöglicht vielmehr lediglich eine einvernehmliche Zuständigkeitsübertragung,[723] die neben der Abgabebereitschaft des Erstgerichts stets die Zustimmung mindestens einer Partei (Abs. 2 S. 2) und des Zweitgerichts (Abs. 5) erfordert. Die Verweisung kann entweder von Amts wegen oder auf Initiative des Zweitgerichts oder einer der Parteien erfolgen (Abs. 2 S. 1). Neben der internationalen Zuständigkeit des Ausgangsgerichts[724] setzt das Vorgehen nach Art. 15 Brüssel II *bis*-VO stets voraus, dass das Kind eine besondere Bindung zu einem anderen Mitgliedstaat hat. Abs. 3 der Vorschrift nennt eine Reihe von Anknüpfungspunkten, die typischerweise eine besondere Beziehung des Kindes zu einem Mitgliedstaat begründen.[725] Die Aufzählung ist jedoch nicht abschließend, so dass sich ein besonderer Bezug des Kindes auch aus anderen, in der Vorschrift nicht erwähnten Umständen, ergeben kann.[726] Das Zielgericht muss aufgrund der besonderen Bindung den Rechtsstreit besser beurteilen können.[727] Ferner kommt die Verweisung nach Art. 15 Brüssel II *bis*-VO nur dann in Betracht, wenn sie dem Wohl des Kindes entspricht. Im Rahmen der Kindeswohlprüfung können insbesondere in der Person des Kindes liegende Umstände

722 Anders als bei § 281 ZPO handelt es sich bei Art. 15 Brüssel II *bis*-VO zudem um eine Verweisung durch ein zuständiges Gericht. Ferner wird nach der Verweisung gem. Art. 15 Brüssel II *bis*-VO das deutsche Verfahren vom Zielgericht nicht fortgeführt, sondern es wird ein neues Verfahren begonnen. Hierzu *Roth,* IPRax 2009, 56 f.; *Klinkhammer,* FamRBint 2006, 88, 90.

723 Vgl. Rauscher/*Rauscher,* EuZPR, Art. 15 Brüssel II *bis*-VO Rn. 1: „kooperativer Zuständigkeitstransfer".

724 Hierfür genügt auch eine gem. Art. 14 Brüssel II *bis*-VO nach autonomem Recht begründete internationale Zuständigkeit, vgl. Art. 15 Abs. 4 S. 2 und Abs. 5 S. 3 Brüssel II *bis*-VO. Grundsätzlich widersprüchlich wäre aber die Verweisung nach Art. 15 Brüssel II *bis*-VO, wenn das Ausgangsgericht seine Zuständigkeit nach Art. 12 Brüssel II *bis*-VO bejaht hat, da diese selbst dem Kindeswohl entsprechen muss, vgl. *de Boer,* NILR 2002, 307, 331.

725 Hierzu zählen der Mitgliedstaat, in dem das Kind nach oder vor Anrufung des Erstgerichts seinen gewöhnlichen Aufenthalt hat (lit. a bzw. b), dem das Kind angehört (lit. c), in dem der Träger der elterlichen Verantwortung seinen gewöhnlichen Aufenthalt hat (lit. d) oder in dem sich das Vermögen des Kindes befindet, wenn sich der Rechtsstreit auf die Erhaltung dieses Vermögens oder auf die Verfügung über dieses Vermögen bezieht (lit. e). Kritisch zu der Anknüpfung in lit. e: Stellungnahme des Wirtschafts- und Sozialausschusses vom 18. 9. 2002, ABl. EU 2002 Nr. C 61, S. 76, 79.

726 AnwK-BGB/*Gruber,* Art. 15 EheVO 2003 Rn. 5; *ders.,* IPRax 2005, 293, 297 f.; *Schulz,* NJW 2004, Beilage zu Heft 18, S. 2, 3; MünchKommZPO/*Gottwald,* Art. 15 EheGVO Rn. 6; a.A. Leitfaden der Kommission, S. 27, abrufbar unter: http://ec.europa.eu/civiljustice/parental_resp/parental_resp_ec_vdm_de.pdf (zuletzt abgerufen am 26. 2. 2012).

727 MünchKommZPO/*Gottwald,* Art. 15 EheGVO Rn. 7.

wie etwa Sprachkenntnisse berücksichtigt werden.[728] Schließlich ist das Vorgehen nach Art. 15 Brüssel II *bis*-VO ausdrücklich nur in Ausnahmefällen zulässig,[729] was noch einmal verdeutlichen soll, dass allein das Vorliegen eines der Anknüpfungsmerkmale nach Abs. 3 nicht automatisch zu einer Verweisung führt. Vielmehr muss das Erstgericht im Wege einer Abwägung aller Umstände des Einzelfalls zu der Überzeugung gelangen, dass ein Gericht eines anderen Mitgliedstaates den betreffenden Fall deutlich besser beurteilen kann und dies zugleich im objektiv verstandenen Interesse des Kindes ist.[730] Dem Gericht steht somit ein erheblicher Ermessensspielraum zu.

b) Leitmotiv

Nach allgemeiner Ansicht beruht die Regelung des Art. 15 Brüssel II *bis*-VO auf der *forum non conveniens*-Lehre.[731] Während die anglo-amerikanische Ermessensausübung lediglich zu einer Aufgabe eigener Gerichtszuständigkeit ermächtigt, zielt Art. 15 Brüssel II *bis*-VO jedoch auf eine Verweisung ab, wenngleich mit Einverständnis des Zweitgerichts. Ein weiterer Unterschied liegt darin, dass die Initiative für die Verweisung von dem an sich nicht zuständigen Gericht ausgehen kann. Insofern geht daher Art. 15 Brüssel II *bis*-VO über die nach der *forum non conveniens*-Lehre bestehenden Handlungsmöglichkeiten der Gerichte weit hinaus.[732] Andererseits ist das Ermessen nach Art. 15 Brüssel II *bis*-VO an bestimmte gesetzliche Vorgaben, namentlich das Kindeswohl, gebunden, was die Vorschrift im Vergleich zum *forum non conveniens* wiederum als weniger weitreichend erscheinen lassen kann. Wegen dieser Unterschiede wird teilweise eine

---

728 *Klinkhammer,* FamRBint 2006, 88, 89; *KG Berlin* NJW 2006, 3503.

729 Vgl. dazu Erwägungsgrund 13 zur Brüssel II *bis*-VO; KOM (2002) 222 endg./2, S. 11.

730 Zöller/*Geimer,* ZPO, Anh. II, Art. 15 Rn. 5; *Geimer/Schütze,* EuZVR, A 2 – Art. 15 EuEheVO Rn. 5; Hk-ZPO/*Dörner,* Art. 15 EheGVVO Rn. 7 f.; *Solomon,* FamRZ 2004, 1409, 1414; *KG Berlin* NJW 2006, 3503 f. – kritisch hierzu *Völker,* jurisPR-FamR 18/2006 Anm. 5. Vgl. ferner *Tribunal civil de Bruxelles,* Journal des tribunaux, 2007, 280; *Cour d'appel de Bruxelles,* Journal des tribunaux, 2007, 623.

731 *Geimer/Schütze,* EuZVR, A 2 – Art. 15 EuEheVO Rn. 1; Geimer/Schütze/*Dilger,* IRV, Art. 15 EheVO Rn. 1; Rauscher/*Rauscher,* EuZPR, Art. 15 Brüssel II *bis*-VO Rn. 1; AnwK-BGB/*Gruber,* Art. 15 EheVO 2003 Rn. 1; *ders.,* IPRax 2005, 293, 297; MünchKommZPO/*Gottwald,* Art. 15 EheGVO Rn. 1; MünchKommBGB/*Siehr,* Anhang I zu Art. 21 EGBGB Rn. 124; Zöller/*Geimer,* ZPO, Anh. II, Art. 15 Rn. 1; Hk-ZPO/*Dörner,* Art. 15 EheGVVO Rn. 2; *de Boer,* NILR 2002, 307, 331; *Burgstaller/Neumayr,* FS Schlosser, S. 119, 120; *Roth,* IPRax 2009, 56; *Schlosser,* FS Schwab, S. 1255, 1256; *Schulz,* NJW 2004, Beilage zu Heft 18, S. 2; *Solomon,* FamRZ 2004, 1409, 1413; *Niklas,* Die europäische Zuständigkeitsverordnung in Ehe- und Kindschaftsverfahren, S. 176; *Schäuble,* Die Einweisung der Erben in die Erbschaft nach österreichischem Recht durch deutsche Nachlassgerichte, S. 185.

732 So insbesondere *Coester-Waltjen,* FamRZ 2005, 241, 245; *dies.,* JURA 2004, 839, 842.

von der *forum non conveniens*-Lehre losgelöste Einordnung des Art. 15 Brüssel II *bis*-VO befürwortet.[733] Dies ist indes nicht gerechtfertigt. Das prägende Merkmal der *forum non conveniens*-Lehre ist die Aufgabe eigener Zuständigkeit aufgrund besserer Eignung eines anderen, ausländischen Forums. Dies zeichnet auch Art. 15 Brüssel II *bis*-VO aus. Die von der Vorschrift vorgesehene Zusammenarbeit mit dem Zweitgericht soll negative Kompetenzkonflikte und Verfahrensverzögerungen vermeiden. Wie die hier vorgenommene Untersuchung zeigt, sind die englischen Gerichte im Rahmen der allgemeinen Anwendung der *forum non conveniens*-Lehre ebenfalls bestrebt, deren Härten auszugleichen, indem sie etwa die Ablehnung eigener Zuständigkeit an bestimmte Bedigungen knüpfen[734] oder durch den Erlass eines *stay* die Wiederaufnahme des englischen Verfahrens ermöglichen, falls der Kläger sein Recht im Ausland nicht verfolgen kann.[735] Insofern sind Absicherungen gegen Nachteile, die eine Zuständigkeitsablehnung mit sich bringen kann, der *forum non conveniens*-Lehre nicht fremd. Auch das Erfordernis der Kindeswohlprüfung kann dem Art. 15 Brüssel II *bis*-VO seinen *forum non conveniens*-Charakter nicht nehmen. Denn die englische Rechtspraxis hat ebenfalls Abwägungskriterien – wie etwa die *convenience*-Faktoren – entwickelt,[736] die bei der Suche nach dem besser geeigneten Forum berücksichtigt werden. Wie beim Gesichtspunkt des Kindeswohls aus Art. 15 Brüssel II *bis*-VO handelt es sich dabei lediglich um Hilfskriterien, die nicht allein entscheidend sind, sondern in die Gesamtabwägung aller Umstände des Einzelfalls mit einfließen. Aus all diesen Gründen ist es gerechtfertigt, den Art. 15 Brüssel II *bis*-VO als eine Ausprägung der *forum non conveniens*-Lehre zu bezeichnen.

Auf den ersten Blick mutet es seltsam an, dass die *forum non conveniens*-Lehre in Gestalt des Art. 15 Brüssel II *bis*-VO an demselben Tag Eingang ins europäische Zivilverfahrensrecht fand, an dem ihr der *EuGH* in seiner *Owusu*-Entscheidung eine grundsätzliche Absage erteilt hat. Beim genaueren Hinsehen wird jedoch deutlich, dass es sich hier um verschiedene Interessenlagen handelt, die jeweils eine unterschiedliche Beurteilung rechtfertigen. Art. 15 Brüssel II *bis*-VO muss im Lichte des Grundsatzes der *perpetuatio fori* gesehen werden. Die Vorschrift betrifft ausschließlich Prozesse, die eine Änderung eines Dauerrechtsverhältnisses, namentlich der elterlichen Verantwortung betreffen. Diese zeichnen sich durch einen starken Personenbezug aus, der oftmals eine besondere Nähe zwischen dem Richter und dem betroffenen Kind erfordert. Eine starre Anwendung der *perpetuatio fori* würde hier zu unbilligen Ergebnissen führen, da

733 *Blobel*, GPR 2005, 140, 142.

734 Etwa die Bedingung, dass sich der Beklagte der Zuständigkeit des ausländischen Forums unterwirft. Hierzu bereits oben Kap. 1, IV, 2, a).

735 Vgl. oben Kap. 1, II.

736 Vgl. oben Kap. 1, IV, 2, b), bb).

sie in vielen Fällen ein Verfahren vor einem Richter erzwingen würde, der keine besondere Bindung (mehr) zu dem betroffenen Kind hat.[737] Art. 15 Brüssel II *bis*-VO soll in erster Linie die Härten der *perpetuatio fori* ausgleichen und damit ermöglichen, dass stets der Richter mit dem Fall befasst wird, der sich am besten ein Bild von den Fallumständen verschaffen und am treffendsten die Belange des Kindes bewerten kann. Die Entscheidung in der Rechtssache *Owusu* betraf dagegen eine punktuelle vermögensrechtliche Streitigkeit.[738] Bei solchen Streitigkeiten steht im Hinblick auf die Zuständigkeitsfrage nicht der Personenbezug, sondern die Streitgegenstandsnähe im Vordergrund. Jenseits der vom *EuGH* genannten Argumente besteht hier also auch kein Bedarf für eine Durchbrechung der *perpetuatio fori.* Die begrenzte Zulassung der *forum non conveniens*-Lehre im internationalen Kindschaftsrecht und deren grundsätzliche Ablehnung im sonstigen Anwendungsbereich des europäischen Zivilverfahrensrechts waren deshalb berechtigt.

4. Art. 5 der geplanten EuErbVO

Nachdem Art. 15 Brüssel II *bis*-VO den Gedanken des *forum non conveniens* ins europäische Zivilverfahrensrecht eingeführt hat, stellt sich die Frage nach einer möglichen Vorbildwirkung der Vorschrift für andere Regelungswerke. Zu denken ist hier etwa an Art. 5 des Vorschlags der EG-Kommission für eine Erbrechtsverordnung.[739] Danach soll ein für die Nachlasssache nach Art. 4 EuErbVO zuständiges Gericht des Aufenthaltsstaates die Möglichkeit haben, das Verfahren auszusetzen und die Parteien dazu aufzufordern, die Gerichte des Heimatstaates anzurufen, wenn der Erblasser das Recht seines Heimatstaates zum Erbstatut bestimmt hatte (vgl. Art. 17 EuErbVO). Voraussetzung für das Vorgehen nach Art. 5 EuErbVO ist ein Antrag einer Partei. Des Weiteren muss das Erstgericht der Ansicht sein, dass die Rechtssache vor dem Zweitgericht besser beurteilt werden kann.[740] Um negative Kompetenzkonflikte und Verfahrensverzögerungen zu vermeiden setzt das angerufene Gericht den Parteien eine

---

737 Zur vergleichbaren Rechtslage im deutschen Recht vgl. oben Kap. 2, II, 1.

738 Für eine Differenzierung zwischen punktuellen vermögensrechtlichen Streitgkeiten und Dauerrechtsverhältnissen bereits *Gottwald,* FS Jayme, S. 277, 279 f., 282.

739 Vorschlag für eine Verordnung des Europäischen Parlaments und des Rates über die Zuständigkeit, das anzuwendende Recht, die Anerkennung und die Vollstreckung von Entscheidungen und öffentlichen Urkunden in Erbsachen sowie zur Einführung eines Europäischen Nachlasszeugnisses v. 14. 10. 2009, KOM (2009) 154 endg., vgl. oben Fn. 562.

740 Hierzu *Schäuble,* Die Einweisung der Erben in die Erbschaft nach österreichischem Recht durch deutsche Nachlassgerichte, S. 188 ff.

Frist, innerhalb deren die Heimatstaatengerichte anzurufen sind (Art. 5 Abs. 2 EuErbVO). Die Heimatstaatengerichte können sich wiederum innerhalb einer Frist von acht Wochen nach ihrer Anrufung für zuständig erklären (Art. 5 Abs. 2 EuErbVO). Bleiben die Parteien untätig oder nehmen die Heimatstaatengerichte die Zuständigkeit nicht an, so bleibt das zuerst angerufene Gericht zuständig (Art. 5 Abs. 2 S. 2 und Abs. 3 S. 2 EuErbVO).

Zweck der Vorschrift ist es, den Gleichlauf zwischen internationaler Zuständigkeit und dem anwendbaren Recht zu sichern. Nach Art. 4 EuErbVO besteht eine internationale Zuständigkeit in dem Mitgliedstaat, in dem der Erblasser seinen letzten gewöhnlichen Aufenthalt hatte. Die zuständigen Gerichte wenden grundsätzlich ihr eigenes Recht an. Etwas anderes gilt nur dann, wenn der Erblasser eine Rechtswahl zugunsten seines Heimatrechts getroffen hat (Art. 17 EuErbVO). Um auch in diesen Fällen einen Gleichlauf zwischen *forum* und *lex* zu ermöglichen, soll Art. 5 EuErbVO eine Verweisung an die Gerichte des Heimatstaates des Erblassers erlauben. Die Vorschrift eröffnet dem Erstgericht einen bedeutenden Ermessensspielraum. Denn die Verweisung soll nicht schon automatisch erfolgen, wenn der im Aufenthaltsstaat Verstorbene das Recht seines Heimatstaates gewählt hat. Vielmehr muss das Gericht alle im Einzelfall betroffenen Interessen berücksichtigen, insbesondere die des Erblassers, der Erben, Vermächtnisnehmer und Gläubiger. Die Regelung gleicht insofern der *forum non conveniens*-Doktrin als sie die Ablehnung eigener Zuständigkeit aufgrund besserer Eignung eines anderen Forums ermöglicht. Anders als bei der anglo-amerikanischen Lehre ist aber die Anwendung des Art. 5 EuErbVO nur in einem bestimmten Fall, nämlich zugunsten der Gerichte des Heimatstaates des Erblassers zulässig. Im direkten Vergleich mit Art. 15 Brüssel II *bis*-VO fällt demgegenüber hauptsächlich auf, dass Art. 5 EuErbVO keine Zusammenarbeit zwischen den betroffenen Gerichten vorsieht. Vielmehr liegt es danach allein in der Hand der Beteiligten, ob sie die alternativen Gerichte anrufen oder nicht. In dieser Hinsicht kommt Art. 5 EuErbVO dem Gedanken des *forum non conveniens* daher etwas näher als sein Vorbild aus der Brüssel II *bis*-VO. Darüber hinaus ist die Anwendung beider Vorschriften an jeweils andere spezielle sachliche Gesichtspunkte gebunden.

Die geplante Regelung verdient insofern Zustimmung als sie zu angemessenen Lösungen insbesondere in Fällen führen kann, in denen der Erblasser erst kurze Zeit vor dem Erbfall in einen anderen Mitgliedstaat als seinen Heimatstaat verzogen ist, sämtliche Erben aber weiterhin in seiner Heimat leben.[741] Allerdings vermag die Vorschrift nicht immer die Belange der Erbberechtigten hinrei-

741 Vgl. Begründung des Verordnungsvorschlags zur EuErbVO, KOM (2009) 154 endg., S. 6.

chend zu berücksichtigen.[742] Die Zulassung der Verfahrensaussetzung ausschließlich zur Sicherung des Gleichlaufgrundsatzes erscheint zu eng. So ist es etwa denkbar, dass in dem Heimatstaat des Erblassers auch unabhängig einer Rechtswahl der sachnächste Gerichtsstand liegt, wenn dort sämtliche Erbberechtigte leben oder wenn sich dort nahezu der gesamte Nachlass befindet.[743] Im Einzelfall kann sogar allein der Wohnort der Erbberechtigten oder allein die Belegenheit des Nachlasses den Schwerpunkt des Falles auch außerhalb des Heimatstaates des Erblassers begründen. Die Verordnung sollte daher – zumindest in nicht-streitigen Verfahren[744] – den *forum non conveniens*-Gedanken und damit eine Verweisungsmöglichkeit generell auch zugunsten des Mitgliedstaates zulassen, in dem die Mehrheit der Erbberechtigten ihren Wohnsitz hat oder in dem sich der Hauptteil der Nachlassgegenstände befindet.

5. Ansätze des *forum non conveniens* in der Rechtsprechung des *EuGH*

Schließlich bleibt noch die Frage, ob und inwieweit die *forum non conveniens*-Lehre in der Rechtsprechung des *EuGH* eine Rolle spielen kann. Zu denken ist hier in erster Linie an die Auslegung des Art. 24 EuGVÜ, die unverändert auch für Art. 31 Brüssel I-VO Bestand hat.[745]

a) Ausgangslage

Art. 31 Brüssel I-VO verweist für die Zuständigkeit der Gerichte für Maßnahmen des einstweiligen Rechtsschutzes auf die Gerichtsstände der nationalen Verfahrensordnungen. Daneben darf auch das Gericht, das nach den Art. 2, 5-24 Brüssel I-VO für die Hauptsache zuständig ist, stets alle erforderlichen Eilmaß-

742 So auch *Dörner*, ZEV 2010, 221, 224.

743 Vgl. *Dörner*, ZEV 2010, 221, 224, der zutreffend darauf hinweist, dass in solchen Fällen der Vorteil eines räumlich nahen Gerichts und die Vertrautheit mit der Gerichtssprache durchaus die Vorteile überwiegen können, die mit der Anwendung der *lex fori* verbunden sind.

744 Für streitige Verfahren wird mitunter angeregt, anstatt einer Verweisungsmöglichkeit eine Gerichtsstandsvereinbarung der Parteien zuzulassen, vgl. Stellungnahme Deutscher Notarverein vom 19. 1. 2010, abrufbar unter: http://www.schiedsgerichtshof.de/_files/Dokumente/Stellungnahmen/ErbVOStellungnahmeDNotV_clean_VersandVO.pdf (zuletzt abgerufen am 26. 2. 2012) sowie *Dörner*, ZEV 2010, 221, 224. Es ist jedoch fraglich, ob es gerechtfertigt ist, die Verweisungsmöglichkeit von der oft zufälligen (vgl. *Heldrich*, S. 165 f.) und vertragsautonom nur sehr schwierig zu realisierenden Zuordnung einer Rechtssache zur freiwilligen oder zur streitigen Gerichtsbarkeit abhängig zu machen.

745 Die folgenden Ausführungen beziehen sich daher ausschließlich auf Art. 31 Brüssel I-VO.

nahmen erlassen, ohne dass diese Zuständigkeit von weiteren Voraussetzungen abhängt.[746] Ferner kann nach zutreffender Ansicht auch jedes nach Art. 2, 5-24 Brüssel I-VO für eine Hauptsacheklage zuständige Gericht einstweilige Maßnahmen anordnen, auch wenn die Klage bereits vor einem anderen Gericht eines Mitgliedstaates anhängig ist.[747] Art. 31 Brüssel I-VO wird daher nur dann relevant, wenn der einstweilige Rechtsschutz vor einem Gericht begehrt wird, das nicht schon nach Art. 2, 5-24 Brüssel I-VO zuständig ist.[748] Ziel der Vorschrift ist es, die Möglichkeiten des Gläubigers, einstweiligen Rechtsschutz zu erlangen, bewusst zu erweitern[749] und den Gläubiger effektiv davor zu schützen, dass er durch die gerade im internationalen Rechtsverkehr oft überlange Verfahrensdauer einen Schaden erleidet.[750] Die Verweisung des Art. 31 Brüssel I-VO auf das nationale Recht wurde von der h.A. in der Weise verstanden, dass der Ausschluss exorbitanter Gerichtsstände nach Art. 3 Abs. 2 Brüssel I-VO für die Eilzuständigkeiten keine Anwendung findet.[751] Diese Ausgangslage führte jedoch zu groben Missständen: Da die im Gerichtsstand des Art. 31 Brüssel I-VO ergangenen Eilmaßnahmen ebenfalls der grundsätzlichen Anerkennung nach Art. 32 Brüssel I-VO unterliegen, kann die Zulassung des einstweiligen Rechtsschutzes in den ausgeschlossenen Gerichtsständen – insbesondere bei Leistungsverfügungen – das der gesamten Verordnung zugrundeliegende Prinzip der Entschei-

---

746 *EuGH,* Urt. v. 17. 11. 1998, Rs. C-391/95 – *Van Uden Maritime BV ./. Deco-Line KG.,* Slg. 1998, I-7091 = JZ 1999, 1103, Rn. 19; *EuGH,* Urt. v. 27. 4. 1999, Rs. C-99/96 – *Hans-Hermann Mietz ./. Intership Yachting Sneek BV,* Slg. 1999, I-2277 = JZ 1999, 1105 Rn. 41. Dies gilt unabhängig davon, ob die Hauptsacheklage schon anhängig ist oder nicht, vgl. *Stadler,* JZ 1999, 1089, 1092; Kropholler/*von Hein,* EuZPR, Art. 31 Rn. 12.

747 So *Stadler,* JZ 1999, 1089, 1094, *Heß/Vollkommer,* IPRax 1999, 220, 221; Rauscher/*Leible,* EuZPR, Art 31 Brüssel I-VO Rn. 17. Wohnt der Antragsgegner nicht in einem Mitgliedstaat, so bestimmt sich vorbehaltlich der Art. 22 und 23 Brüssel I-VO die Zuständigkeit für Eilmaßnahmen allein nach nationalem Recht, Art. 4 Abs. 1 Brüssel I-VO.

748 Vgl. *EuGH,* Urt. v. 27. 4. 1999, Rs. C-99/96 – *Hans-Hermann Mietz ./. Intership Yachting Sneek BV,* JZ 1999, 1105, Rn. 40.

749 *Stadler,* JZ 1999, 1089, 1091; MünchKommZPO/*Gottwald,* Art. 31 EuGVO Rn. 5; *Hess,* EuZPR, § 6 Rn. 247.

750 So Rauscher/*Leible,* EuZPR, Art 31 Brüssel I-VO Rn. 2 unter Hinweis auf *EuGH,* Urt. v. 28. 4. 2005, Rs. 104/03 – *St. Paul Dairy Industries ./. Unibel Exser,* Slg. 2005 I-3481 = JZ 2005, 1166, Rn. 12.

751 Für diese Lesart spricht insbesondere die systematische Stellung des Art. 31 Brüssel I-VO außerhalb der sonstigen Zuständigketsregelungen in Art. 2, 5-24 Brüssel I-VO. Hierzu: *Stadler,* JZ 1999, 1089, 1091; Rauscher/*Leible,* EuZPR, Art. 31 Brüssel I-VO Rn. 2; *Hess,* EuZPR, § 6 Rn. 247; *Schack,* IZVR, Rn. 484; *ders.,* ZEuP 1998, 931, 953; *Geimer/Schütze,* EuZVR, A1 – Art. 31 EuGVVO Rn. 1; *EuGH,* Urt. v. 17. 11. 1998, Rs. C-391/95 – *Van Uden Maritime BV ./. Deco-Line KG.,* JZ 1999, 1103, Rn. 42.

dung durch das möglichst sachnahe Gericht unterlaufen und unerwünschtes *forum shopping* begünstigen.[752]

b) Das Kriterium der „realen Verknüpfung"

Um den Missständen entgegenzuwirken, entwickelte der *EuGH* in *Van Uden*[753] eine zusätzliche ungeschriebene Voraussetzung für die Anordnung einstweiliger Maßnahmen nach Art. 31 Brüssel I-VO: Danach muss zwischen dem Gegenstand der beantragten Maßnahme und der gebietsbezogenen Zuständigkeit des Mitgliedstaats, dessen Gerichte angerufen wurden, eine „reale Verknüpfung" bestehen.[754] Begründet hat dies der *EuGH* damit, dass der Erlass solcher Maßnahmen vom angerufenen Gericht eine besondere Umsicht und genaue Kenntnis der konkreten Umstände erfordere, in deren Rahmen die beantragten Maßnahmen wirken sollen. So sei es etwa möglich, dass das Gericht die Anordnung je nach Lage des Falles befristen, gegebenenfalls Bankbürgschaften verlangen oder einen Sequester bestellen sowie diese ganz allgemein an Voraussetzungen knüpfen können muss, die den einstweiligen Charakter der Maßnahme sichern.[755] Hierzu – so die Richter – sei am besten das Gericht in der Lage, in dessen Zuständigkeit sich die betroffenen Vermögensgegenstände befinden.[756]

Was sich konkret unter der geforderten „realen Verknüpfung" verbirgt, ist bis heute noch nicht hinreichend geklärt. Um den Terminus etwas verständlicher zu machen, empfiehlt es sich, das Umfeld der *Van Uden*-Entscheidung und deren

---

752 Vgl. *Schack*, IZVR, Rn. 485; *Heß/Vollkommer*, IPRax 1999, 220; Rauscher/*Leible*, EuZPR, Art. 31 Brüssel I-VO Rn. 3 und eingehend Rn. 23.

753 *EuGH*, Urt. v. 17. 11. 1998, Rs. C-391/95 – *Van Uden Maritime BV ./. Deco-Line KG.*, Slg. 1998, I-7091 = JZ 1999, 1103.

754 *EuGH*, Urt. v. 17. 11. 1998, Rs. C-391/95 – *Van Uden Maritime BV ./. Deco-Line KG*, JZ 1999, 1103 Rn. 40 unter Bezugnahme auf sein früheres Urteil in *Denilauler*, in dem er obiter dicta die Eilzuständigkeit der Gerichte am Vollzugsort als zur Entscheidung am besten geeignet ansah, vgl. *EuGH*, Urt. v. 21. 5. 1980, Rs. C-125/79 – *Denilauler ./. Couchet Frères*, Slg. 1980 I-1553 Rn. 16. Die weitere Einschränkung speziell für Leistungsverfügungen aus *Van Uden* und *Mietz*, wonach sich die einstweilige Maßnahme auf Vermögensgegenstände des Antragsgegeners im örtlichen Zuständigkeitsbereich des erlassenden Gerichts beziehen müsse, betrifft nach der hier vertretenen Lesart nicht die Gerichtszuständigkeit als solche, sondern die territoriale Wirkung und damit die Anerkennung und Vollstreckung der angeordneten Maßnahme selbst. Siehe *Van Uden*, Rn. 47 und *EuGH*, Urt. v. 27. 4. 1999, Rs. C-99/96 – *Hans-Hermann Mietz ./. Intership Yachting Sneek BV*, JZ 1999, 1105 Rn. 42 f. Hierzu *Stadler*, JZ 1999, 1089, 1097 f. Bei der vorliegenden Untersuchung bleibt diese Einschränkung daher ohne Betracht.

755 *EuGH*, Urt. v. 17. 11. 1998, Rs. C-391/95 – *Van Uden Maritime BV ./. Deco-Line KG*, JZ 1999, 1103 Rn. 38.

756 *EuGH*, Urt. v. 17. 11. 1998, Rs. C-391/95 – *Van Uden Maritime BV ./. Deco-Line KG*, JZ 1999, 1103 Rn. 39.

ratio näher zu beleuchten. Aus der Begründung des *EuGH* lässt sich entnehmen, dass die Richter – wie schon in *Denilauler* – als maßgeblich die besondere Eignung des Gerichts angesehen haben, gerade den Sicherungscharakter der Maßnahmen zu gewährleisten. Die Betonung der Nähe des Erlassgerichts zu den betroffenen Vermögensgegenständen deutet darauf hin, dass der *EuGH* insbesondere die Gerichte desjenigen Mitgliedstaates als geeignet und damit eilzuständig wissen wollte, in dem die einstweilige Maßnahme vollzogen werden soll.[757] Zu eng und daher abzulehnen wäre die Lesart, wonach diese Einschränkungen nur für den Fall gelten sollen, dass das Gericht seine Eilzuständigkeit auf die Vermögensbelegenheit gestützt hat. Wie *Stadler* zutreffend bemerkt, wurde in *Van Uden* die Zuständigkeit gerade nicht mit der Belegenheit des Vermögens, sondern mit dem Wohnsitz des Klägers nach Art. 126 Abs. 3 Rv begründet.[758] Richtigerweise gilt daher die Rechtsprechung auch für solche nationalen Gerichtsstände, die keinen Vollstreckungsbezug haben. Ferner lässt sich der Entscheidung sinngemäß entnehmen, dass nur hinreichendes Vermögen zuständigkeitsbegründend sein kann. Eine *umbrella rule* soll unterbunden werden. Schließlich bezieht sich die Rechtsprechung nicht nur auf Maßnahmen, die einer Realexekution unterliegen. Vielmehr können auch Unterlassungsverfügungen und sonstige Anordnungen zur Vornahme unvertretbarer Handlungen im Gerichtsstand des Art. 31 Brüssel I-VO erlassen werden. Eine gegenteilige Ansicht würde den Rechtsschutz des Gläubigers zu sehr einschränken und den Zielen der Verordnung widersprechen. „Realer Bezug" ist daher schon dann gegeben, wenn im Erlassstaat eine reale Zugriffsmöglichkeit besteht. Es genügt daher, wenn das Zwangsgeld im Erlassstaat vollstreckt werden kann.[759]

---

757 *Stadler,* JZ 1999, 1089, 1093: „Vollstreckungskonnexität"; *Heß/Vollkommer,* IPRax 1999, 220, 223: „Vollziehung der Anordnung im Erlassstaat"; *Hess,* EuZPR, § 6 Rn. 247; Rauscher/*Leible,* EuZPR, Art. 31 Brüssel I-VO Rn. 24; *Schack,* IZVR, Rn. 486: „vollstreckungsbezogene Entscheidungszuständigkeit"; *ders.,* ZEuP 1998, 931, 954; *Geimer/Schütze,* EuZVR, A1 – Art. 31 EuGVVO Rn. 14: „reale Zugriffsmöglichkeit".

758 *Stadler,* JZ 1999, 1089, 1093.

759 Ausführlich hierzu *Stadler,* JZ 1999, 1089, 1093 f.; ferner: *Geimer/Schütze,* EuZVR, A1 – Art. 31 EuGVVO Rn. 11-14; Rauscher/*Leible,* EuZPR, Art. 31 Brüssel I-VO Rn. 23-24.
Eine ähnliche – allerdings gesetzlich normierte – Einschränkung enthält Art. 20 Brüssel II *bis*-VO. Danach sind einstweilige Maßnahmen auf im Erlassstaat befindliche Personen und Güter begrenzt. Gemeint ist damit zugleich ein Ausschluss grenzüberschreitender Wirkung von einstweiligen Maßnahmen nach Art. 20 Brüssel II *bis*-VO. Vgl. *Stadler,* JZ 1999, 1089, 1098; *Heß/Vollkommer,* IPRax 1999, 220, 223 und eingehend *Pauly,* Einstweilige Maßnahmen im Lichte der Verordnung (EG) Nr. 2201/2003, S. 177 ff.

c) Einordnung im Lichte der *forum non conveniens*-Lehre

Trotz einiger Hinweise und Interpretationshilfen für die künftige Handhabung aus der Literatur[760] lässt das Merkmal den Gerichten einen gewissen Interpretationsspielraum, der im Einzelfall zu Rechtsunsicherheit führen kann – ein Zustand, der allgemein als misslich empfunden wird.[761] So ist etwa unklar, welche Voraussetzungen an die Wahrscheinlichkeit, dass die Anordnung im Inland vollzogen werden kann, zu stellen sind.[762] Für die Einschränkung durch den *EuGH* sprechen aber die Sachnähe und die damit verbundene Richtigkeitsgewähr. Außerdem bringt die Verknüpfung der internationalen Zuständigkeit mit dem Vollstreckungsort eine Beschleunigung und Vereinfachung des Verfahrens mit sich.[763] In der Regel erübrigt sich eine Vollstreckung im Ausland.[764]

Im Ergebnis ähnelt die Rechtsprechung stark einer Anwendung der *forum non conveniens*-Lehre. Sowohl das Erfordernis der „realen Verknüpfung" als auch die anglo-amerikanische Lehre schränken eine zugunsten des Klägers (zu) weit gefasste Kompetenzvorschrift ein und dienen so dem gerechten Ausgleich von Kläger- und Gläubigerinteressen. In beiden Fällen wird dem Richter ein gewisser Beurteilungsspielraum eingeräumt; das zur Entscheidung berufene Gericht wird im Wege einer Abwägung von Fall zu Fall ermittelt. Unterschiede bestehen lediglich insofern, als die *Van Uden*-Formel ein bestimmtes Kriterium – nämlich die „Vollstreckungskonnexität"[765] – für die Ermittlung der Sachnähe vorgibt und sich das Ermessen nur auf seine Ausfüllung beschränkt. Die *forum non conveniens*-Lehre ermöglicht dagegen die Berücksichtigung einer ganzen Palette von Abwägungskriterien; das Ermessen bezieht sich hier sowohl auf die einzelnen Kriterien als solche, als auch auf deren Gewichtung und Zusammenspiel. Ferner ist das Merkmal der „realen Verknüpfung" Teil der Zuständigkeitsprüfung selbst. Die *forum non conveniens*-Lehre fungiert demgegenüber nur als Korrektiv, nachdem ein an sich zuständiges Gericht ermittelt wurde. Beide Rechtsinstrumente zielen indes darauf ab, das zur Entscheidung am besten geeignete Forum zu finden und unerwünschtes *forum shopping* zu beschneiden. Eine an der

760 Vgl. statt vieler *Stadler*, JZ 1999, 1089, 1093 f.

761 *Geimer/Schütze*, EuZVR, A1 – Art. 31 EuGVVO Rn. 11; *Stadler*, JZ 1999, 1089, 1093.

762 Dass der Schuldner möglicherweise künftig im Erlassstaat relevantes Vermöges erlangen wird, ist nicht ausreichend. Vgl. *Geimer/Schütze*, EuZVR, A1 – Art. 31 EuGVVO Rn. 11; *Stadler*, JZ 1999, 1089, 1094.

763 Vgl. *Stadler*, JZ 1999, 1089, 1093.

764 *Hess*, EuZPR, § 6 Rn. 247; *Schack*, IZVR, Rn. 486.

765 *Stadler*, JZ 1999, 1089, 1093.

forum non conveniens-Lehre orientierte Interpretation der *Van Uden*-Formel ist daher gerechtfertigt.[766]

766 So auch im Ergebnis *Grosheide,* GRUR Int. 2000, 310, 319; ablehnend dagegen *Heinze,* Einstweiliger Rechtsschutz im europäischen Immaterialgüterrecht, S. 245.

Zusammenfassung der Ergebnisse

Im deutschen autonomen Zuständigkeitsrecht ist die *forum non conveniens*-Lehre in ihrer herkömmlichen Form als ein Mittel zur Korrektur bereits gefundener Zuständigkeiten grundsätzlich nicht anwendbar. Im Regelfall besteht im deutschen Recht kein Bedarf nach einer Einschränkung der Zuständigkeiten, denn die bestehenden Vorschriften können die infrage kommenden Zuständigkeitsinteressen gebührend berücksichtigen und führen aus sich heraus zur Berufung eines angemessenen Forums. Ausnahmen können nur vereinzelt bei Verfahren nach dem FamFG – insbesondere bei der Regelung von Dauerverhältnissen wie Adoption oder Sorgerecht – angenommen werden. Dort kann die Lehre Härten ausgleichen, die durch eine starre Anwendung des Grundsatzes der *perpetuatio fori* entstehen würden. Den Gedanken des *forums non conveniens* hat auch der Gesetzgeber aufgegriffen und für das Verfahren in Familiensachen und in den Angelegenheiten der freiwilligen Gerichtsbarkeit unter bestimmten Voraussetzungen eine Abgabe der Sache an die Gerichte eines anderen Staates nach § 4 und § 273 FamFG sowie § 99 Abs. 2 und 3 FamFG vorgesehen. Darüber hinaus kann die Lehre die Auslegung des Vermögensgerichtsstandes (§ 23 ZPO) ermöglichen, indem die aus ihr bekannten Ermessenskriterien wie Rechts- und Beweisnähe zur Konkretisierung des von der Rechtsprechung verlangten Inlandsbezugs herangezogen werden. Ein ähnlicher Ansatz wird hier auch für den Bereich der internationalen Zuständigkeit nach § 343 FamFG vertreten. Eine Anwendung der *forum non conveniens*-Gesichtpunkte zur Präzisierung des Begriffs der Mutwilligkeit nach § 114 ZPO scheidet dagegen aus, weil sie die Rechtsschutzgewährung zu sehr einschränken würde. Schließlich kann sich ein deutsches Gericht nach der hier vertretenen Ansicht im Falle der Nichtfeststellbarkeit des ausländischen Rechts unter bestimmten Voraussetzungen für *forum non conveniens* erklären. Es ist denkbar, dass in Zukunft noch weitere Ansätze hinzukommen.[767]

Auch im Bereich des europäischen Zivilverfahrensrechts scheidet eine Berichtigung bestehender Zuständigkeiten mittels der *forum non conveniens*-Lehre

767 So könnte möglicherweise die Abkehr vom Gleichlaufgrundsatz im Bereich der internationalen Zuständigkeit der Nachlassgerichte (vgl. § 105 FamFG sowie BT-Drucks. 16/6306 S. 221) dazu führen, dass viele Richter ihre Zuständigkeit zugunsten der Gerichte des anwendbaren Rechts ablehnen möchten.

grundsätzlich aus. Die Zulassung nationaler Ermessensbefugnisse würde das abschließende System der Brüsseler Zuständigkeiten beeinträchtigen und den Grundsätzen der Rechtssicherheit, der Vorhersehbarkeit und der Einheitlichkeit der Rechtsanwendung widersprechen. Entschieden hat dies der *EuGH* ausdrücklich nur in Bezug auf Art. 2 EuGVÜ/Brüssel I-VO, jedoch gelten diese Argumente auch in Ansehung der Zuständigkeiten nach Abschnitt 1 bis Abschnitt 5 der Brüssel I-VO. Aus den gleichen Gründen scheidet zudem die Anwendung des *forum non conveniens*-Einwands im Rahmen einer Zuständigkeit nach Art. 22 und Art. 23 Brüssel I-VO aus. Die von der herrschenden Ansicht befürwortete Ausschlusswirkung des Art. 22 Brüssel I-VO zugunsten drittstaatlicher Gerichte ist nicht auf die *forum non conveniens*-Lehre, sondern auf eine analoge Anwendung der Vorschrift selbst zurückzuführen. Dementsprechend kann der Einwand auch nicht zur Durchsetzung einer Gerichtsstandsvereinbarung zugunsten von Drittstaatengerichten herangezogen werden. Vielmehr richtet sich hier die Derogation europäischer Zuständigkeiten nach Art. 23 Brüssel I-VO analog. *De lege lata* enthält das europäische Verfahrensrecht keine explizite Regelung zur Beachtung einer drittstaatlichen Rechtshängigkeit. Eine analoge Anwendung der Art. 27 ff. Brüssel I-VO kommt nicht in Betracht, da diese auf die Besonderheiten des europäischen Verfahrensrechts zugeschnitten sind. Die englischen Gerichte können daher weiterhin die *lis alibi pendens* im Wege einer *forum non conveniens*-Prüfung berücksichtigen. *De lege ferenda* wäre die Aufstellung einer einheitlichen Vorschrift nach dem Vorschlag der *European Group for Private International Law* wünschenswert. Jedenfalls zulässig bleibt die Heranziehung der Lehre durch die englischen Gerichte, wenn deren Zuständigkeit aus Art. 4 Brüssel I-VO in Verbindung mit nationalem Recht abgeleitet wird. Sollte es zu der im Grünbuch der Kommission vom 21. 4. 2009 angeregten Erweiterung der Verordnung auf Drittstaatenbeklagte kommen, wird auch hier die Berufung auf den *forum non conveniens*-Einwand scheitern.

All dies bedeutet jedoch nicht das – vielerorts diskutierte – Ende der *forum non conveniens*-Lehre im europäischen Zuständigkeitsrecht. Lediglich in ihrer ursprünglichen Gestalt als eine Generalklausel, kraft derer eine an sich gegebene Zuständigkeit abgelehnt werden kann, hat sie schlechte Zukunftsperspektiven. Ihr Gedanke findet aber im Rahmen des Art. 15 Brüssel II *bis*-VO Beachtung, der im Verfahren betreffend die elterliche Verantwortung eine Verweisung an ein besser geeignetes Gericht bereithält. Eine ähnliche Regelung enthält auch Art. 5 der künftigen EuErbVO, wonach unter bestimmten Voraussetzungen ein Verfahren zugunsten der Heimatstaatengerichte ausgesetzt werden kann. Etwas weiter von dem Gedanken entfernt, aber seine Grundidee dennoch tragend, ist die Einschränkung des Art. 31 Brüssel I-VO durch die Rechtsprechung des *EuGH*. Auch hier werden *forum non conveniens*-Kriterien gebraucht, um das

Merkmal des „realen Bezugs“ zu präzisieren und im Ergebnis das zur Entscheidung am besten geeignete Forum zu finden. In all dieser Form besteht für das Rechtsinstitut des *forum non conveniens* nach wie vor Bedarf.

Literaturverzeichnis

Abbott, Raymond T.: The Emerging Doctrine of Forum Non Conveniens: A Comparison of the Scottish, English and United States Applications, 18 Vand. J. Transnat'l L. 111-147 (1985)

Andrews Neil: A New Civil Procedural Code for England: Party-Control „Going, Going, Gone", ZZPInt 4 (1999) 3-25

Anwaltkommentar BGB, Band 1, Allgemeiner Teil mit EGBGB, hrsg. von Thomas Heidel, Rainer Hüßtege, Heinz-Peter Mansel, Ulrich Noack, Bonn 2005 (zit.: AnwK-BGB/*Bearbeiter*)

von Bar, Christian/Mankowski, Peter: Internationales Privatrecht, Band I, Allgemeine Lehren, 2. Auflage, München 2003

Barrett, Edward L.: The Doctrine of Forum Non Conveniens, Calif. L. Rev. 35 (1946/47), 380-422

Bassenge, Peter/Roth, Herbert: Gesetz über das Verfahren in Familiensachen und in den Angelegenheiten der freiwilligen Gerichtsbarkeit, Rechtspflegergesetz, 12. Auflage, Heidelberg u.a. 2009 (zit.: Bassenge/Roth/*Bearbeiter*, FamFG)

Berenbrok, Marius: Internationale Nachlaßabwicklung – Zuständigkeit und Verfahren, Berlin 1989

Berger, Don: Zuständigkeit und Forum Non Conveniens im amerikanischen Zivilprozeß, RabelsZ 41 (1977) 39-70

Blobel, Felix: Unzulässigkeit der forum non conveniens-Doktrin im Europäischen Zivilprozessrecht – EuGH, Urteil vom 1. März 2005, Rs. C-281/02 – Owusu, GPR 2005, 140-142

Blobel, Felix/Späth, Patrick: Zum Entwicklungsstand der Lehre vom „forum non conveniens" in England – Zugleich eine Besprechung der Entscheidung des House of Lords in Lubbe et al v. Cape Plc. (U.K.), RIW 2001, 598-604

Blum, Claude: Forum non conveniens – Eine Darstellung der anglo-amerikanischen Doktrin und die Anwendungsmöglichkeiten im kontinentalen Recht am Beispiel der Züricher Zivilprozessordnung, Dissertation Zürich 1979

de Boer, Th. M.: Jurisdiction and enforcement in international family law: A labyrinth of european and international legislation, NILR 2002, 307-351

Böttger, Günter: Das schottische Zivilprozeß-, Zwangsvollstreckungs- und Konkursrecht, Berlin 1982

Braucher, Robert: The inconvenient federal forum, 60 Harv. L. Rev. 908-939 (1947)

Briggs, Adrian: The Death of Harrods: Forum non Conveniens and the European Court, (2005) 121 L.Q.R. 535-540

Broggini, Gerardo: Die Maxime „iura novit curia“ und das ausländische Recht, Ein Beitrag zur Präzisierung des § 293 ZPO, AcP 155 (1956) 469-485

Bruns, Alexander: Anmerkung zu EuGH, Urt. v. 1. 3. 2005, Rs. C-281/02 – *Owusu ./. Jackson u.a.,* (JZ 2005, 887-890 = EuZW 2005, 345-349), in: JZ 2005, 890-892

Bunge, Jürgen: Zivilprozess und Zwangsvollstreckung in England und Schottland. Eine Gesamtdarstellung mit internationalem Zivilprozessrecht, einem Glossar und einer Bibliographie, 2. Auflage, Berlin 2005

Burgstaller, Alfred/Neumayr, Matthias: Beobachtungen zu Grenzfragen der internationalen Zuständigkeit: Von *forum non conveniens* bis Notzuständigkeit, in: Grenzüberschreitungen, Beiträge zum Internationalen Verfahrensrecht und zur Schiedsgerichtsbarkeit, Festschrift für Peter Schlosser zum 70. Geburtstag, hrsg. von Birgit Bachmann, Stephan Breidenbach, Dagmar Coester-Waltjen, Burkhard Heß, Andreas Nelle und Christian Wolf, Tübingen 2005, S. 119-134

Calliess, Christian/Ruffert, Matthias (Hrsg.): EUV/AEUV, Das Verfassungsrecht der Europäischen Union mit Europäischer Grundrechtecharta, Kommentar, 4. Auflage, München 2011 (zit.: Calliess/Ruffert/*Bearbeiter*, EUV/AEUV)

Calliess, Christian/Ruffert, Matthias (Hrsg.): EUV/EGV, Das Verfassungsrecht der Europäischen Union mit Europäischer Grundrechtecharta, Kommentar, 3. Auflage, München 2007 (zit.: Calliess/Ruffert/*Bearbeiter*, EUV/EGV, 3. Aufl.)

Canaris, Claus-Wilhelm: Systemdenken und Systembegriff in der Jurisprudenz entwickelt am Beispiel des deutschen Privatrechts, 2. Auflage, Berlin 1983

Carl, Eberhard: Möglichkeiten der Verringerung von Konflikten im HKÜ-Verfahren, FPR 2001, 211-215

Cheshire, Geoffrey C./North, Peter M./Fawcett, James J.: Private International Law, 14. Auflage, Oxford, New York 2008 (zit.: *Cheshire/North/Fawcett*)

Coester-Waltjen, Dagmar: Die Berücksichtigung der Kindesinteressen in der neuen EU-Verordnung „Brüssel IIa“, FamRZ 2005, 241-248

Coester-Waltjen, Dagmar: Aktuelle Entwicklungen im europäischen internationalen Familienverfahrensrecht, JURA 2004, 839-842

Coester-Waltjen, Dagmar: Die Bedeutung des EuGVÜ und des Luganer Abkommens für Drittstaaten, Festschrift für Hideo Nakamura zum 70. Geburtstag, hrsg. von Andreas Heldrich und Takeyoshi Uchida, Tokyo 1996, S. 89-115

Cohn E. J.: Rezension zu Ulrich Wahl, Die verfehlte internationale Zuständigkeit – Forum non conveniens und internationales Rechtsschutzbedürfnis, Berlin 1974, in: AcP 175 (1975) 372-374

Collins, Lawrence: Forum Non Conveniens and the Brussels Convention, (1990) 106 L.Q.R. 535-539

Dicey, A. V./Morris, J. H. C./Collins, L. u.a. (Hrsg.): The Conflikt of Laws, Volume 1, 14. Auflage, London 2006 (zit.: *Dicey/Morris/Collins)*

Dietl, Clara-Erika/Lorenz, Egon: Wörterbuch für Recht, Wirtschaft und Politik, Bd. 1, Englisch-Deutsch, 6. Auflage, München 2009 (zit.: *Dietl/Lorenz*, Wörterbuch für Recht, Wirtschaft und Politik)

Dilger, Jörg: Die Regelungen zur internationalen Zuständigkeit in Ehesachen in der Verordnung (EG) Nr. 2201/2003, Vergemeinschaftung, Anwendungsbereich und insbesondere die Anknüpfung an die Staatsangehörigkeit, Dissertation Köln 2004

Dörner, Heinrich: Der Entwurf einer europäischen Verordnung zum Internationalen Erb- und Erbverfahrensrecht – Überblick und ausgewählte Probleme, ZEV 2010, 221-228

Dorsel, Christoph: Forum non conveniens – Richterliche Beschränkung der Wahl des Gerichtsstandes im deutschen und amerikanischen Recht, Dissertation Freiburg 1994

Droz, Georges A. L.: Compétence judiciaire et effet des jugements dans le marché commun (Etude de la Convention de Bruxelles du 27 septembre 1968), Paris 1972

Duintjer Tebbens, Harry: The English Court of Appeal in Re Harrods: An unwelcome interpretation of Brussels Convention, in: Law and Reality, Essays on National and International Procedural Law in Honour of Cornelis Carel Albert Voskuil, hrsg. von: Mathilde Sumampouw, L.A.N.M. Barnhorn, Judith A. Freedberg-Swartzburg, J.J.M. Tromm, J.A. Wade, Dordrecht u.a 1992, S. 47-61

Dutta, Anatol/Heinze, Christian A.: Prozessführungsverbote im englischen und europäischen Zivilverfahrensrecht, ZEuP 2005, 428-461

Dutta, Anatol/Scherpe, Jens: Die Durchsetzung von Rückführungsansprüchen nach dem Haager Kindesentführungsübereinkommen durch deutsche Gerichte, FamRZ 2006, 901-912

Eardley, Aidan: Libel Tourism in England: Now the welcome is even warmer, Ent.L.R. 2006, 17(1), 35-38

Engisch, Karl: Einführung in das juristische Denken, 10. Auflage, Stuttgart 2005

Erwand, Christine: Forum non conveniens und EuGVÜ, Dissertation Regensburg 1994

Fawcett, J.J.: Trial in England or Abroad: The Underlying Policy Considerations, (1989) 9 Oxford J.L.S. 205-229

Fischer, Klaus: Zum „hinreichenden Inlandsbezug eines Rechtsstreits“ nach § 23 ZPO, RIW 1992, 57-59

Freyer, Helge: Verjährung im Ausland, 1. Auflage, Aachen 2000

Gaudemet-Tallon, Hélène: Le „forum non conveniens“, une menace pour la convention de Bruxelles? (A propos de trois arrêts anglais récents), RCDIP 1991, 491-524

Geimer, Reinhold: Internationales Zivilprozeßrecht, 6. Auflage, Köln 2009 (zit.: *Geimer*, IZPR)

Geimer, Reinhold: Verfassungsrechtliche Vorgaben bei der Normierung der internationalen Zuständigkeit, in: Europa im Aufbruch, Festschrift Fritz Schwind zum 80. Geburtstag, hrsg. von Franz Matscher und Ignaz Seidl-Hohenveldern, Wien 1993, S. 17-42

Geimer, Reinhold: Rechtsschutz in Deutschland künftig nur bei Inlandsbezug?, NJW 1991, 3072-3074

Geimer, Reinhold: Kompetenzkonflikte im System des Europäischen Gerichtsstands- und Vollstreckungsübereinkommens, Festschrift für Winfried Kralik zum 65. Geburtstag, hrsg. von Walter H. Rechberger und Rudolf Welser, Wien 1986, S. 179-188

Geimer, Reinhold: Die Prüfung der internationalen Zuständigkeit, WM 1986, 117-123

Geimer, Reinhold: Anmerkung zu BGH, Urt. vom 20. 1.1986, II ZR 56/85, in: NJW 1986, 1439-1440

Geimer, Reinhold/Schütze, Rolf A.: Europäisches Zivilverfahrensrecht, Kommentar zur EuGVVO, EuEheVO, EuZustellungsVO, EuInsVO, EuVTVO, zum Lugano-Übereinkommen und zum nationalen Kompetenz- und Anerkennungsrecht, 3. Auflage, München 2010 (zit.: *Geimer/Schütze*, EuZVR)

Geimer, Reinhold/Schütze Rolf A. (Hrsg.): Internationaler Rechtsverkehr in Zivil- und Handelssachen, Loseblatthandbuch mit Texten, Kommentierungen und Länderberichten, Band I und II, Stand: Oktober 20011 (zit.: Geimer/Schütze/ *Bearbeiter,* IRV)

Geimer, Reinhold/Schütze, Rolf A.,: Internationale Urteilsanerkennung, Band I, 1. Halbband – Das EWG-Übereinkommen über die gerichtliche Zuständigkeit und die Vollstreckung gerichtlicher Entscheidungen in Zivil- und Handelssachen, München 1983 (zit.: *Geimer* in Geimer/Schütze, Internationale Urteilsanerkennung, Bd. I, 1. Halbband)

Giuliano, Mario/Lagarde Paul: Bericht über das Übereinkommen vom 19. 6. 1980 über das auf vertragliche Schuldverhältnisse anzuwendende Recht, ABl. EG 1980 Nr. C 282, S. 1-47

Gloag, W. M./Henderson, R. Candlish: Introduction to the Law of Scotland, 9. Auflage, Edinburgh 1987

Gottwald, Peter: Das Wetterleuchten des forum non conveniens, Festschrift für Erik Jayme, hrsg. von Heinz-Peter Mansel, Thomas Pfeiffer, Herbert Kronke, Christian Kohler und Rainer Hausmann, München 2004, Band I, S. 277-284

Gottwald, Peter: Anmerkung zu OLG Frankfurt, Beschl. vom 10. 9. 1990, 1 WF 111/90, in: FamRZ 1991, 94-95

Grolimund, Pascal: Drittstaatenproblematik des europäischen Zivilverfahrensrechts, Dissertation Basel 1999

Grosheide, Willem: Durchsetzung von Urheberrechten im Wege einstweiliger Maßnahmen, GRUR Int. 2000, 310-324

Gruber, Urs Peter: Die neue EheVO und die deutschen Ausführungsgesetze, IPRax 2005, 293-300

Grundmann, Stefan: Zur internationalen Zuständigkeit der Gerichte von Drittstaaten nach Art. 16 EuGVÜ, IPRax 1985, 249-254

Habscheid, Walther J. (Hrsg.): Der Justizkonflikt mit den Vereinigten Staaten von Amerika, Berichte von Rolf Stürner, Dieter G. Lange und Yasuhei Taniguchi mit der anschließenden Diskussion anlässlich der Tagung der Wissenschaftlichen Vereinigung für Internationales Verfahrensrecht, Verfahrensrechtsvergleichung und Schiedsgerichtswesen e.V. am 10. und 11. Oktober 1985 in München, Bielefeld 1986

Hannes, Miriam: Schadensersatzklagen gegen deutsche Unternehmen in den USA – Schreckgespenst oder reelle Gefahr?, PHi 2004, 130-137

Hare C.: Forum non conveniens in Europe: Game Over or Time for „Reflexion"?, [2006] J.B.L. 157-179

Hartley, Trevor: The Brussels Convention and forum non conveniens, Eur.L.Rev. 1992, 553-555

Hartley, T. C.: Civil Jurisdiction and Judgments – The application in England of the Convention on Jurisdiction and the Enforcement of Judgments in Civil and Commercial Matters under the Civil Jurisdiction and Judgments Act 1982, London 1984

Hausmann, Rainer: Die Revision des Brüsseler Übereinkommens von 1968 – Teil I: Internationale Zuständigkeit, EuLF 1-2000/01, 40-49

Hausmann, Rainer: Zur Prüfung der Gerichtsbarkeit der New Yorker Gerichte über ein iranisches Staatsunternehmen im inländischen Arrestverfahren, IPRax 1982, 51-56

Hay, Peter/Hampe, Georg: Nichtermittelbarkeit ausländischen Rechts und Forum Non Conveniens – Parallele Probleme im deutschen und US-amerikanischen Verfahrensrecht, RIW 1998, 760-765

Heck, Ph.: Gesetzesauslegung und Interessenjurisprudenz, AcP 112 (1914) 1-313 *von Hein, Jan*: Kapitalanlegerschutz im Verbrauchergerichtsstand zwischen Fernabsatz und konventionellem Vertrieb: Zur Konkretisierung der „Ausrichtung“ in Art. 15 Abs. 1 lit. c EuGVO, IPRax 2006, 16-20

Heinze, Christian A.: Einstweiliger Rechtsschutz im europäischen Immaterialgüterrecht, Tübingen 2007

Heinze, Christian A./Dutta, Anatol: Ungeschriebene Grenzen für europäische Zuständigkeiten bei Streitigkeiten mit Drittstaatenbezug, IPRax 2005, 224-230

Heldrich, Andreas: Internationale Zuständigkeit und anwendbares Recht, Tübingen 1969

Henrich, Dieter: Abschied vom Staatsangehörigkeitsprinzip?, Festschrift für Hans Stoll zum 75. Geburtstag, hrsg. von Gerhard Hohloch, Rainer Frank und Peter Schlechtriem, Tübingen 2001, S. 437-449

Henrich, Dieter: Zum Wegfall der internationalen Zuständigkeit in Sorgerechtssachen, IPRax 1998, 247-249

Hess, Burkhard: Europäisches Zivilprozessrecht, Heidelberg 2010 (zit.: *Hess,* EuZPR)

Hess, Burkhard: Die „Europäisierung des internationalen Zivilprozessrechts durch den Amsterdamer Vertrag – Chancen und Gefahren, NJW 2000, 23-32

Heß, Burkhard/Vollkommer, Gregor: Die begrenzte Freizügigkeit einstweiliger Maßnahmen nach Art. 24 EuGVÜ, IPRax 1999, 220-225

von Hoffmann, Bernd: Das EWG-Übereinkommen über die gerichtliche Zuständigkeit und die Vollstreckung gerichtlicher Entscheidungen in Zivil- und Handelssachen, AWD 1973, 57-64

von Hoffmann, Bernd/Thorn Karsten: Internationales Privatrecht einschließlich der Grundzüge des Internationalen Zivilverfahrensrechts, 9. Auflage, München 2007 (zit.: *von Hoffmann/Thorn,* Internationales Privatrecht)

Horndasch, K.-Peter/Viefhues, Wolfram: Kommentar zum Familienverfahrensrecht inkl. Betreuungs- und Unterbringungsrecht sowie Nachlass- und Teilungssachen, Münster 2009 (zit.: Horndasch/Viefhues/*Bearbeiter,* FamFG)

Huber, Peter: Die englische forum-non-conveniens-Doktrin und ihre Anwendung im Rahmen des Europäischen Vollstreckungsübereinkommens, Dissertation Regensburg 1993

Huber, Peter: Forum non conveniens und EuGVÜ, RIW 1993, 977-983

Huber, Peter/Stieber Christoph: Anmerkung zu EuGH, Urt. v. 1. 3. 2005, Rs. C-281/02 – *Owusu ./. Jackson u.a.,* (ZZPInt 10 (2005) 277-285 = EuZW 2005, 345-349), in: ZZPInt 10 (2005) 285-290

Jasper, Dieter: Forum shopping in England und Deutschland, Dissertation Münster 1990

Jayme, Erik (Hrsg.): Ein internationales Zivilverfahrensrecht für Gesamteuropa, EuGVÜ, Lugano-Übereinkommen und die Rechtsentwicklungen in Mittel- und Osteuropa, Länderberichte – Modellvergleich – Erfahrungen; Beiträge und Diskussionen des Symposiums 1991 in Heidelberg mit einschlägigen Materialien im Anhang. Mit Beiträgen von Michael Bogdan u.a., Heidelberg 1992

Jayme, Erik: Grundfragen zum Anwendungsbereich des EuGVÜ – Zwei Vorlagen an den EuGH, IPRax 1992, 357-358

Jayme, Erik: Forum non conveniens und anwendbares Recht, IPRax 1984, 303-304

Jayme, Erik: Anmerkung zu OLG Frankfurt/M, Beschl. vom 19. 5. 1982, 3 WF 200/81 (IPRspr. 1982, Nr. 140), in: IPRax 1983, 46-47

Jayme, Erik: Kollisionsrecht und Bankgeschäfte mit Auslandsberührung, Berlin 1977

Jayme, Erik: Zur Übernahme der Lehre vom „forum non conveniens" in das deutsche Internationale Verfahrensrecht – Zugleich Besprechung von Ulrich Wahl: Die verfehlte internationale Zuständigkeit, StA 1975, 91-94

Jayme, Erik: Anmerkung zu LG Frankfurt/M, Urt. vom 12. 7. 1972, 2/3 R 862 71 II (FamRZ 1972, 507-508), in: FamRZ 1972, 508

Jayme, Erik/Hausmann, Rainer: Internationales Privat- und Verfahrensrecht, 15. Auflage, München 2010

Jayme, Erik/Hausmann, Rainer: Internationales Privat- und Verfahrensrecht, 14. Auflage, München 2008

Jenard, P.: Bericht zu dem Übereinkommen vom 27. 9. 1968 über die gerichtliche Zuständigkeit und die Vollstreckung gerichtlicher Entscheidungen in Zivil- und Handelssachen, ABl. EG 1979 Nr. C 59, S. 1-70

Juenger, Friedrich K.: Forum non Conveniens – Who needs it?, in: Wege zur Globalisierung des Rechts: Festschrift für Rolf A. Schütze zum 65. Geburtstag, hrsg. v. Reinhold Geimer, München 1999, S. 317-336

Juenger, Friedrich K.: Jurisdiction, choice of law, and the elusive goal of decisional harmony, in: Law and Reality, Essays on National and International Procedural Law in Honour of Cornelis Carel Albert Voskuil, hrsg. v. Mathilde Sumampouw, L.A.N.M. Barnhoorn, Judith A. Freedberg-Swartzburg, J.J.M. Tromm, J.A. Wade, Dordrecht u.a. 1992, S. 137-147

Juenger, Friedrich K.: Der Kampf ums Forum, RabelsZ 46 (1982) 708-716

Junker, Abbo: Discovery im deutsch-amerikanischen Rechtsverkehr, Dissertation Münster 1986

Kaufmann-Kohler, Gabrielle/Bärtsch Philippe: Discovery in international arbitration: How much is too much?, SchiedsVZ 2004, 13-21

Keidel, Theodor: Kommentar zum Gesetz über das Verfahren in Familiensachen und die Angelegenheiten der freiwilligen Gerichtsbarkeit, hrsg. von Helmut Engelhardt und Werner Sternal, 17. Auflage, München 2011 (zit.: Keidel/*Bearbeiter,* FamFG)

Kessel, Christian: Grundsätze des englischen Zivilprozeßrechts, ZVglRWiss 92 (1993) 395-419

Kindl, Johann: Ausländisches Recht vor deutschen Gerichten, ZZP 111 (1998) 177-203

Kindler, Peter: Vom Staatsangehörigkeits- zum Domizilprinzip: das künftige internationale Erbrecht der Europäischen Union, IPRax 2010, 44-50

Kitzmüller, Martina/Prisching, Margareth: Forum non conveniens und die Zuständigkeit in der Causa Kaprun, ZfRV 2007, 147-154

Klinkhammer, Frank: Internationale Verweisung von Kindschaftsverfahren nach der Brüssel IIa-VO, FamRBint 2006, 88-91

Kohler, Christian: Staatsvertragliche Bindungen bei der Ausübung internationaler Zuständigkeit und richterliches Ermessen – Bemerkungen zur *Harrods*-Entscheidung des englischen Court of Appeal, in: Verfahrensgarantien im nationalen und internationalen Prozeßrecht, Festschrift, Franz Matscher zum 65. Geburtstag, hrsg. von Oskar J. Ballon und Johann J. Hagen, Wien 1993, S. 251-263

Kreuzer, Karl: Einheitsrecht als Ersatzrecht, Zur Frage der Nichtermittelbarkeit fremden Rechts, NJW 1983, 1943-1948

Kronke, Herbert: Neue Entwicklungen im englischen Recht der internationalen Zuständigkeit, RIW 1977, 613-615

Kropholler, Jan: Internationales Privatrecht einschließlich der Grundbegriffe des Internationalen Zivilverfahrensrechts, 6. Auflage, Tübingen 2006 (zit.: *Kropholler,* IPR)

Kropholler, Jan/von Hein, Jan: Europäisches Zivilprozeßrecht, Kommentar zu EuGVO, Lugano-Übereinkommen 2007, EuVTVO, EuMVVO und EuGFVO 9. Auflage, Frankfurt am Main 2011 (zit.: Kropholler/*von Hein,* EuZPR)

Kropholler, Jan: Problematische Schranken der europäischen Zuständigkeitsordnung gegenüber Drittstaaten, Festschrift für Murad Ferid zum 80. Geburtstag, hrsg. von Andreas Heldrich und Hans Jürgen Sonnenberger, Frankfurt am Main 1988

Kropholler, Jan: Das Unbehagen am forum shopping, Festschrift für Karl Firsching zum 70. Geburtstag, hrsg. v. Dieter Henrich und Bernd von Hoffmann, München 1985, S. 165-173

Kropholler, Jan: Internationale Zuständigkeit, in: Handbuch des Internationalen Zivilverfahrensrechts, Band 1, Kapitel III, Tübingen 1982 (zit.: *Kropholler,* in: Hdb. IZVR I Kap. III)

Larenz, Karl: Methodenlehre der Rechtswissenschaft, 6. Auflage, Berlin u.a. 1991

Linke, Hartmut: Internationales Zivilprozessrecht, 4. Auflage, Köln 2006 (zit.: *Linke*, IZPR)

Lüke, Wolfgang: Anmerkung zu BGH, Urt. vom 2. 7. 1991, XI ZR 206/90 (BGHZ 115, 90 ff. = ZZP 105 (1992) 314 ff.), in ZZP 105 (1992) 321-329

Mack, Marcus: Forum Non Conveniens – Abweisung ohne Zuständigkeitsprüfung, zu U.S. Supreme Court, 5. 3. 2007 – Sinochem International Co. Ltd. v. Malaysia International Shipping Corp., IPRax 2007, 464-466

Mäsch, Gerald: „Grenzüberschreitende" Undertakings und das Haager Kindesentführungsabkommen aus deutscher Sicht, FamRZ 2002, 1069-1078

Mankowski, Peter: Kurzkommentar zu US District Court of New York, Memorandum and Order v. 8. 11. 2006, 04 Civ. 667, EWiR 2007, 275-276

Mankowski, Peter: Entwicklungen im Internationalen Privat- und Prozessrecht 2004/2005 (Teil 2), RIW 2005, 561-579

Mankowski, Peter: Fiscus non conveniens – oder: Einzug der Lehre vom forum non conveniens in das deutsche Recht der Prozeßkostenhilfe?, IPRax 1999, 155-158

Mansel, Heinz-Peter: Vermögensgerichtsstand und Inlandsbezug bei der Entscheidungs- und Anerkennungszuständigkeit am Beispiel der Anerkennung US-Amerikanischer Urteile in Deutschland, Festschrift für Erik Jayme, hrsg. von Heinz-Peter Mansel, Thomas Pfeiffer, Herbert Kronke, Christian Kohler, und Rainer Hausmann, München 2004, Band I, S. 561-573

Mansel, Heinz-Peter: Anmerkung zu OLG Zweibrücken, Beschl. vom 12. 2. 1999, 2 WF 7/99 (IPRspr. 1999 Nr. 141), in: IPRax 1999, 475-477

Mansel, Heinz-Peter: Grenzüberschreitende Prozeßführungsverbote (antisuit injunctions) und Zustellungsverweigerung, EuZW 1996, 335-340

Mansel, Heinz-Peter/Thorn, Karsten/Wagner, Rolf: Europäisches Kollisionsrecht 2009: Hoffnungen durch den Vertrag von Lissabon, IPRax 2010, 1-27

Maunz, Theodor/Dürig, Günter: Grundgesetz, Kommentar (Loseblatt), Band I, Stand: Mai 2009 (zit.: Maunz/Dürig/*Bearbeiter*)

Morris, J. H. C./McClean, David/Beevers: The Conflict of Laws, 6. Auflage, London 2005

Morse, C. G. J.: Not in the Public Interest? Lubbe v. Cape PLC, (2002) 37 Texas IntLJ 541-557

Muchlinski, Peter: Corporations in international Litigation: Problems of Jurisdiction and the United Kingdom Asbestos Cases, ICLQ 50 (2001) 1-25

Müller, Klaus: Zur Nichtfeststellbarkeit des kollisionsrechtlich berufenen ausländischen Rechts, NJW 1981, 481-486

Münchener Kommentar zum Bürgerlichen Gesetzbuch, Band 10: Internationales Privatrecht, Rom I-Verordnung, Rom II-Verordnung, Einführungsgesetz zum Bürgerlichen Gesetzbuche (Art. 1-24), 5. Auflage, München 2010 (zit.: MünchKommBGB/*Bearbeiter*)

Münchener Kommentar zur Zivilprozessordnung, Band 1: Einleitung, §§ 1-510c, 3. Auflage, München 2008 (zit.: MünchKommZPO/*Bearbeiter*)

Münchener Kommentar zur Zivilprozessordnung, Band 3: §§ 946-1086, EGZPO, GVG, EGGVG, UKlaG, Internationales Zivilprozessrecht, 3. Auflage, München 2008 (zit.: MünchKommZPO/*Bearbeiter*)

Münchener Kommentar zur Zivilprozessordnung, Band 4: Gesetz über das Verfahren in Familiensachen und in den Angelegenheiten der freiwilligen Gerichtsbarkeit (FamFG), München 2010 (zit.: MünchKommZPO/*Bearbeiter*)

Musielak, Hans-Joachim: Kommentar zur Zivilprozessordnung mit Gerichtsverfassungsgesetz, 8. Auflage, München 2011 (zit.: Musielak/*Bearbeiter,* ZPO)

Musielak, Hans-Joachim/Borth, Helmut/Grandel, Mathias: Familiengerichtliches Verfahren, 1. und 2. Buch, München 2009 (zit.: Musielak/*Borth/Grandel,* FamFG)

Nagel, Heinrich/Gottwald, Peter: Internationales Zivilprozessrecht, 6. Auflage, Köln 2007 (zit.: *Nagel/Gottwald,* IZPR)

Niegisch, Martin: Mehrspurigkeit des Internationalen Zivilverfahrensrechts in den Mitgliedsstaaten der Europäischen Gemeinschaft am Beispiel des Vereinigten Königreichs – Die Doktrin forum non conveniens und das EuGVÜ, Dissertation Heidelberg 1993

Niklas, Isabella Maria: Die europäische Zuständigkeitsverordnung in Ehe- und Kindschaftsverfahren, Dissertation Hamburg 2003

North, P. M.: The Brussels Convention and Forum Non Conveniens, IPRax 1992, 183-184

Palandt: Bürgerliches Gesetzbuch, 71. Auflage, München 2012

Pauly, Heike: Einstweilige Maßnahmen im Lichte der Verordnung (EG) Nr. 2201/2003 – Eine Darstellung der Verordnung (EG) Nr. 2201/2003 unter besonderer Berücksichtigung der Bestimmungen zu einstweiligen Maßnahmen, Dissertation Konstanz 2008

Piltz, Burghard: Die Zuständigkeitsordnung nach dem EWG-Gerichtsstands- und Vollstreckungsübereinkommen, NJW 1979, 1071-1072

PONS-Großwörterbuch Englisch: Englisch-Deutsch/Deutsch-Englisch, Rund 390 000 Stichwörter und Wendungen, Ernst Klett Verlag, Stuttgart, Dresden 2008

PONS-Wörterbuch für Schule und Studium, Latein-Deutsch, Rund 90000 Stichwörter und Wendungen, Ernst Klett Verlag, Stuttgart, Dresden 2007

Posch, Willibald: Ambulance Chasing im Dienste U.S.-amerikanischer Rechtshegemonie, ZfRV 2001, 14-19

Rausch, Hans: Elterliche Verantwortung – Verfahren mit Auslandsbezug vor und nach „Brüssel IIa“, FuR 2005, 53-58

Rauscher, Thomas (Hrsg.): Europäisches Zivilprozess- und Kollisionsrecht, EuZPR/EuIPR, Kommentar, Bearbeitung 2010, Brüssel IIa-VO, EG-UntVO, EG-ErbVO-E, HUntStProt 2007, München (zit.: Rauscher/*Bearbeiter,* EuZPR)

Rauscher, Thomas: Unzulässigkeit einer anti-suit injunction unter Brüssel I, IPRax 2005, 405-409

Rauscher, Thomas/Fehre Alexander: Anmerkung zu EuGH, Urt. v. 1. 3. 2005, Rs. C-281/02 – *Owusu ./. Jackson u.a.,* (ZEuP 2006, 459-463 = EuZW 2005, 345-349), in: ZEuP 2006, 463-475

Rauscher, Thomas/Gutknecht Uta: Teleologische Grenzen des Art. 21 EuGVÜ?, IPRax 1993, 21-24

Reus, Alexander: Die „forum non conveniens-doctrine“ in Großbritannien und den USA in Zukunft auch im deutschen Prozeß?, RIW 1991, 542-553

Rodger, Barry J.: Forum non conveniens post-Owusu, (2006) 2 J.Pr.I.L. 71-97

Roth, Herbert: Zur Anfechtbarkeit von Zwischenentscheidungen nach Art. 15 Abs. 1 lit. b EuEheVO, IPRax 2009, 56-58

Rüthers, Bernd/Fischer, Christian/Birk, Axel: Rechtstheorie mit Juristischer Methodenlehre, 6. Auflage, München 2011

Saenger, Ingo (Hrsg.): Zivilprozessordnung, Handkommentar, 4. Auflage, Baden-Baden 2011 (zit.: Hk-ZPO/*Bearbeiter*)

Samtleben, Jürgen: Internationale Gerichtsstandsvereinbarungen nach dem EWG-Übereinkommen und nach der Gerichtsstandsnovelle, NJW 1974, 1590-1596

Schack, Haimo: Einführung in das US-amerikanische Zivilprozessrecht, 4. Auflage, München 2011

Schack, Haimo: Internationales Zivilverfahrensrecht, 5. Auflage, München 2010 (zit.: *Schack,* IZVR)

Schack, Heimo: Unglücke in Europa – Klagen in den USA, in: Grenzüberschreitungen, Beiträge zum Internationalen Verfahrensrecht und zur Schiedsgerichtsbarkeit: Festschrift für Peter Schlosser zum 70. Geburtstag, hrsg. v. Birgit Bachmann, Stephan Breidenbach, Dagmar Coester-Waltjen, Burkhard Heß, Andreas Nelle, Christian Wolf, Tübingen 2005, S. 839-850

Schack, Heimo: Höchstrichterliche Rechtsprechung zum Internationalen Privat- und Verfahrensrecht, 50 Entscheidungen für Studium und Examen, 2. Auflage, München 2000

Schack, Heimo: Entscheidungszuständigkeiten in einem weltweiten Gerichtsstands- und Vollstreckungsübereinkommen, ZEuP 1998, 931-956

Schack, Heimo: Die Versagung der deutschen internationalen Zuständigkeit wegen forum non conveniens und lis alibi pendens, RabelsZ 58 (1994) 40-58

Schack, Heimo: Anmerkung zu BGH Urt. vom 2. 7. 1991, XI ZR 206/90, (BGHZ 115, 90 ff. = JZ 1992, 51 ff), in JZ 1992, 54-56

Schack, Haimo: Derogation des Vermögensgerichtsstandes zwischen deutscher lex fori und ausländischem Prorogationsstatut, IPRax 1990, 19-20

Schäuble, Daniel: Die Einweisung der Erben in die Erbschaft nach österreichischem Recht durch deutsche Nachlassgerichte: Eine Untersuchung auf Grundlage des FamFG und der Erbrechtsverordnung, Dissertation Konstanz 2011

Schäuble, Daniel: Die Erbscheinerteilung in internationalen Erbfällen nach neuer Rechtslage, ZErb 2009, 200-206

Schlosser, Peter F.: EU-Zivilprozessrecht, EuGVVO, AVAG, VTVO, MahnVO, BagatellVO, HZÜ, EuZVO, HBÜ, EuBVO, Kommentar, 3. Auflage, München 2009

Schlosser, Peter: Neue Perspektiven der Zusammenarbeit von Gerichten verschiedener EG-Staaten im Kindschaftsrecht, in: Perspektiven des Familienrechts, Festschrift für Dieter Schwab zum 70. Geburtstag, hrsg. von Sibylle Hofer, Diethelm Klippel, Ute Walter, Bielefeld 2005, S. 1255-1266

Schlosser, Peter: Common Law Undertakings aus deutscher Sicht, RIW 2001, 81-93

Schlosser, Peter: „Forum non conveniens" wegen Inaktivität der Prozessbeteiligten?, IPRax 1983, 285-286

Schlosser, Peter: Bericht zu dem Übereinkommen vom 9. 10. 1978 über den Beitritt des Königreichs Dänemark, Irlands und des Vereinigten Königreichs Großbritannien und Nordirland zum Übereinkommen über die gerichtliche Zuständigkeit und die Vollstreckung gerichtlicher Entscheidungen in Zivil- und Handelssachen sowie zum Protokoll betreffend die Auslegung dieses Übereinkommens durch den Gerichtshof, ABl. EG 1979 Nr. C 59, S. 71-151

Schmidt, Christian: Anti-suit injunction im Wettbewerb der Rechtssysteme, RIW 2006, 492-498

Schröder, Jochen: Internationale Zuständigkeit – Entwurf eines Systems von Zuständigkeitsinteressen im zwischenstaatlichen Privatverfahrensrecht aufgrund rechtshistorischer, rechtsvergleichender und rechtspolitischer Betrachtungen, Opladen 1971

Schütze, Rolf A.: Rechtsverfolgung im Ausland, RIW 2007, 801-807

Schütze, Rolf A.: Forum non conveniens und Rechtschauvinismus, Festschrift für Erik Jayme, hrsg. von Heinz- Peter Mansel, Thomas Pfeiffer, Herbert Kronke, Christian Kohler, und Rainer Hausmann, München 2004, Band I, S. 849-858

Schütze, Rolf A.: Zum Stand des deutsch-amerikanischen Justizkonfliktes, RIW 2004, 162-167

Schütze, Rolf A.: Richterwahlsponsoring: Überlegungen zur ordre public-Widrigkeit von Urteilen US-Amerikanischer Staatsgerichte, ZVglRWiss 100 (2001) 464-470

Schütze, Rolf A.: Zum Vermögensgerichtsstand des § 23 ZPO – Zugleich Besprechung von BGH v. 2. 7. 1991 – XI ZR 206/90; DWiR 1991, 239-243

Schütze, Rolf A.: Rezension zu Ulrich Wahl, Die verfehlte internationale Zuständigkeit – Forum non conveniens und internationales Rechtsschutzbedürfnis, Berlin 1974, in: ZZP 88 (1975) 478-480

Schulz, Andrea: Die Verordnung (EG) Nr. 2201/2003 (Brüssel IIa) – eine Einführung, Beilage zu NJW Heft 18/2004 und FPR 6/2004, S. 2-5

Schumann, Ekkehard: Der internationale Gerichtsstand des Vermögens und seine Einschränkungen, Studi in onore di Enrico Tullio Liebman, Mailand 1979, Band II, S. 839-870 (zit.: *Schumann,* FS Liebman)

Siehr, Kurt: „Forum Shopping" im internationalen Rechtsverkehr, (1984) 25 ZfRvgl. 124-144

Siehr, Kurt: Ehrenzweigs lex-fori-Theorie und ihre Bedeutung für das amerikanische und deutsche Kollisionsrecht, RabelsZ 34 (1970) 585-635

Slater, A. G.: Forum non Conveniens: A View from the Shop Floor, 104 L.Q.R. (1988) 554-575

Smart, P. St. J.: Lis alibi pendens: Staying or discontinuing English proceedings, (1990) Lloyd's M.C.L.Q 326-329

Sobich, Philip: Neuere Entwicklungen im englischen Zivilprozessrecht, ZVglRWiss 103 (2004) 69-87

Sobich, Philip: Die Civil Procedure Rules 1999 – Zivilprozeßrecht in England, JZ 1999, 775-780

Solomon, Dennis: „Brüssel IIa" – Die neuen europäischen Regeln zum internationalen Verfahrensrecht in Fragen der elterlichen Verantwortung, FamRZ 2004, 1409-1419

Stadler, Astrid: Erlaß und Freizügigkeit einstweiliger Maßnahmen im Anwendungsbereich des EuGVÜ – Auswirkungen der EuGH-Rechtsprechung auf das Gefüge des europäischen einstweiligen Rechtsschutzes, JZ 1999, 1089-1099

Stadler, Astrid: Der Schutz des Unternehmensgeheimnisses im deutschen und U.S.-amerikanischen Zivilprozeß und im Rechtshilfeverfahren, Dissertation Konstanz 1988

von Staudingers, J.: Kommentar zum Bürgerlichen Gesetzbuch mit Einführungsgesetz und Nebengesetzen – Einführungsgesetz zum Bürgerlichen Gesetzbuche/IPR, Art. 11-29 Rom I-VO; Art. 46b, c EGBGB (Internationales

Vertragsrecht 2), Neubearbeitung 2011 von Christian Armbrüster, Rainer Hausmann, Ulrich Magnus, Peter Winkler von Mohrenfels, Berlin (zit.: Staudinger/*Hausmann*)

von Staudingers, J.: Kommentar zum Bürgerlichen Gesetzbuch mit Einführungsgesetz und Nebengesetzen – Einführungsgesetz zum Bürgerlichen Gesetzbuche/IPR, Art. 25, 26 EGBGB (Internationales Erbrecht), Neubearbeitung 2007 von Heinrich Dörner, Berlin (zit.: Staudinger/*Dörner*)

von Staudingers, J.: Kommentar zum Bürgerlichen Gesetzbuch mit Einführungsgesetz und Nebengesetzen – Einführungsgesetz zum Bürgerlichen Gesetzbuche/IPR, IntVerfREhe (Internationales Verfahrensrecht in Ehesachen), Neubearbeitung 2005 von Ulrich Spellenberg, Berlin (zit.: Staudinger/*Spellenberg*)

Stein/Jonas: Kommentar zur Zivilprozessordnung, Band 1, Einleitung, §§ 1-40, 22. Auflage, Tübingen 2003 (zit.: Stein/Jonas/*Bearbeiter,* ZPO)

Stein/Jonas: Kommentar zur Zivilprozessordnung, Band 2, §§ 41-127a, 22. Auflage, Tübingen 2004 (zit.: Stein/Jonas/*Bearbeiter,* ZPO)

Stein/Jonas: Kommentar zur Zivilprozessordnung, Band 3, §§ 128-252, 22. Auflage, Tübingen 2005 (zit.: Stein/Jonas/*Bearbeiter,* ZPO)

Stürner, Rolf: Verletzung der Hoheitsrechte der Bundesrepublik Deutschland durch eine antisuit injunction eines britischen Gerichts?, ZZP 109 (1996) 224-233

Süß, Rembert: Der Vorschlag der EG-Kommission zu einer Erbrechtsverordnung (Rom IV-Verordnung) vom 14. Oktober 2009, ZErb 2009, 342-348

Thiele, Christian: Forum non conveniens im Lichte europäischen Gemeinschaftsrechts, RIW 2002, 696-700

Thomas, Heinz/Putzo Hans: Zivilprozessordnung, FamFG, Verfahren in Familiensachen, GVG, Einführungsgesetze, EG-Zivilverfahrensrecht, Kommentar, 32. Auflage, München 2011

Tschentscher, Axel: Demokratische Legitimation der dritten Gewalt, Tübingen 2006

Ultsch, Michael: Internationale Zuständigkeit in Nachlaßsachen – Ein Beitrag zum Justizgewährungsanspruch, MittBayNot 1995, 6-16

Völker, Mallory: Grenzüberschreitende Verweisung eines Umgangsverfahrens nach Art. 15 der Brüssel IIa-Verordnung, Anmerkung zu KG Berlin, Beschl. vom 10. 7. 2006, 16 UF 90/06, in: jurisPR-FamR 18/2006 Anm. 1.

Vogenauer, Stefan: Zur Begründung des Mehrparteiengerichtsstands aus Art. 6 Nr. 1 LugÜ in England und Schottland, IPRax 2001, 253-257

Vossler, Norbert: Die gerichtliche Zuständigkeitsbestimmung für Streitgenossen, NJW 2006, 117-122

Wahl, Ulrich: Die verfehlte internationale Zuständigkeit – Forum non conveniens und internationales Rechtsschutzbedürfnis, Berlin 1974
Walchshöfer, Alfred: Die deutsche internationale Zuständigkeit in der streitigen Gerichtsbarkeit, ZZP 80 (1967) 165-229
Wank, Rolf: Die Auslegung von Gesetzen, 5. Auflage, Köln u.a. 2011
Weber, Johannes: Rechtshängigkeit und Drittstaatenbezug im Spiegel der EuGVVO, RIW 2009, 620-625
Weitz, Karol: Wyłączenie stosowania doktryny *forum non conveniens* w prawie europejskim, EPS Nr. 11/2005, 42-48
Wengler, Wilhelm: Der deutsche Richter vor unaufklärbarem und unbestimmtem ausländischen Recht, JR 1983 221-227
Wengler, Wilhelm: Buchbesprechung zu Albert A. Ehrenzweig, Treatise on the Conflict of Laws, AcP 165 (1965), 367-371
Wengler, Wilhelm: Zur Adoption deutscher Kinder durch amerikanische Staatsangehörige, NJW 1959, 127-130
Wenner, Christian: Grundstückseigentum im Ausland – Gerichtsstand im Inland? Ein Beitrag zu § 24 ZPO und Art. 22 Nr. 1 EuGVO, in: Festschrift für Walter Jagenburg zum 65. Geburtstag, hrsg. v. Klaus Brügmann, Peter Michael Oppler, Christian Wenner, München 2002, S. 1013-1026
Wieczorek, Bernhard/Schütze Rolf A.: Zivilprozessordnung und Nebengesetze, Großkommentar, Band 1, Teilband 1, Einleitung: §§ 1-49, 3. Auflage, Berlin 1994 (zit.: Wieczorek/Schütze/*Bearbeiter,* ZPO)
Wiethölter, Rudolf: Internationales Nachlaßverfahrensrecht, in: Lauterbach, Wolfgang: Vorschläge und Gutachten zur Reform des deutschen internationalen Erbrechts, Tübingen 1969, S. 141-184
Winkler, Rolf M./Graf von der Recke, Kai: US-amerikanischer Gerichtsstand für Klagen gegen ausländische Unternehmen – Aktuelle Entwicklungen in der amerikanischen Rechtsprechung, NZG 2005, 241-248
Wittreck, Fabian: Die Verwaltung der Dritten Gewalt, Tübingen 2006
Wollenschläger, Peter: Zum Merkmal des hinreichenden Inlandsbezuges in § 23 ZPO – Auslegungsdifferenzen in den verschiedenen Verfahrensarten der Zivilprozeßordnung?, IPRax 2002, 96-100
Zöller, Richard: Zivilprozessordnung, 29. Auflage, Köln 2011 (zit.: Zöller/*Bearbeiter,* ZPO)
Zweigert Konrad/Kötz Hein: Einführung in die Rechtsvergleichung, 3. Auflage, Tübingen 1996

Schriften zum internationalen Privat- und Verfahrensrecht

Herausgegeben von Rainer Hausmann und Astrid Stadler

Band 1 Frederike Schwenke: Factoring im deutsch-französischen Rechtsverkehr. 2006.

Band 2 Sinja Rüberg: Auf dem Weg zu einem europäischen Scheidungskollisionsrecht. 2006.

Band 3 Hava Erdem: Ehescheidung im deutsch-türkischen Rechtsverkehr. 2007.

Band 4 Nadja Probst: Die internationale Zuständigkeit zur Eröffnung von Insolvenzverfahren im europäischen Insolvenzrecht. Autonome Bestimmung der Eröffnungszuständigkeit, insbesondere für Konzerninsolvenzen, und Anforderungen für die gemeinschaftsweite Anerkennung grenzüberschreitender Insolvenzen nach der EuInsVO. 2008.

Band 5 Maximiliane-Stephanie Wild: Die anwaltliche Verschwiegenheitspflicht in Deutschland und Frankreich. Unter besonderer Beachtung der sich aus dem grenzüberschreitenden Rechtsverkehr ergebenden Kollisionsfälle. 2008.

Band 6 Catharina Klumpp: Die Zustellungsformen der Verordnung (EG) Nr. 805/2004 zur Einführung eines Europäischen Vollstreckungstitels. Vergleich mit den Zustellungsordnungen Deutschlands und Frankreichs. 2009.

Band 7 Daniel Wied: Zivilprozessuale Qualifikationsprobleme im Spannungsfeld von Vertrag und Delikt. Ein Beitrag zur Auslegung nationalen Zivilprozessrechts in europäischer Perspektive. 2010.

Band 8 Gerald Gräfe: Gläubigerschutz bei der englischen Limited mit Verwaltungssitz in Deutschland. Eine europarechtliche Untersuchung. 2010.

Band 9 Martin Bläsi: Das Haager Übereinkommen über Gerichtsstandsvereinbarungen. Unter besonderer Berücksichtigung seiner zu erwartenden Auswirkungen auf den deutsch-amerikanischen Rechtsverkehr. 2010.

Band 10 Christian Groß: Die internationale Durchsetzung wettbewerbsrechtlicher Unterlassungsansprüche im Wege des vorläufigen Rechtsschutzes. Vor dem Hintergrund der EuGVO und des Lugano-Übereinkommens. Unter Berücksichtigung der Rechtslage in der Bundesrepublik Deutschland, Österreich und der Schweiz. 2010.

Band 11 Daniel Schäuble: Die Einweisung der Erben in die Erbschaft nach österreichischem Recht durch deutsche Nachlassgerichte. Eine Untersuchung auf Grundlage des FamFG und der Erbrechtsverordnung. 2011.

Band 12 Lara Puñal García: Eigentumsvorbehalt und reserva de dominio als Sicherungsmittel im deutsch-spanischen Warenverkehr. 2012.

Band 13 Monika König: Die Anwendbarkeit des *forum non conveniens* im deutschen und europäischen Zivilverfahrensrecht. 2012.

www.peterlang.de